财政干部教育培训用书
现代财政制度系列教材

现代政府间财政关系研究

财政部干部教育中心　组编

中国财经出版传媒集团
经济科学出版社
Economic Science Press

图书在版编目（CIP）数据

现代政府间财政关系研究/财政部干部教育中心组编. —北京：经济科学出版社，2017.9

财政干部教育培训用书 现代财政制度系列教材

ISBN 978-7-5141-8424-2

Ⅰ.①现… Ⅱ.①财… Ⅲ.①财政关系-研究- Ⅳ.①F810

中国版本图书馆 CIP 数据核字（2017）第 250929 号

责任编辑：白留杰 刘殿和
责任校对：郑淑艳
责任印制：李 鹏
封面设计：陈宇琰

现代政府间财政关系研究

财政部干部教育中心 组编

经济科学出版社出版、发行 新华书店经销

社址：北京市海淀区阜成路甲 28 号 邮编：100142

教材分社电话：010-88191354 发行部电话：010-88191522

网址：www.esp.com.cn

电子邮箱：bailiujie518@126.com

天猫网店：经济科学出版社旗舰店

网址：http://jjkxcbs.tmall.com

北京密兴印刷有限公司印装

710×1000 16 开 17.25 印张 250000 字

2017 年 9 月第 1 版 2017 年 9 月第 1 次印刷

ISBN 978-7-5141-8424-2 定价：60.00 元

（图书出现印装问题，本社负责调换。电话：010-88191510）

（版权所有 侵权必究 举报电话：010-88191586

电子邮箱：dbts@esp.com.cn）

前　言

党的十八届三中全会通过的《中共中央关于全面深化改革若干重大问题的决定》提出了财政是国家治理的基础和重要支柱的重要论断，并就深化财税体制改革作出了总体部署。当前，统筹推进"五位一体"总体布局和协调推进"四个全面"战略布局，牢固树立和贯彻落实新发展理念，努力实现"两个一百年"奋斗目标和中华民族伟大复兴的中国梦，都迫切需要充分发挥财政对于推进国家治理体系和治理能力现代化的基础和支柱作用，构建与我国综合国力和国际影响力相匹配的财政体系和财政能力。中央政治局会议审议通过的《深化财税体制改革总体方案》明确提出，到2020年基本建立现代财政制度。现代财政制度在体系上要构建全面规范、公开透明的预算管理制度，公平统一、调节有力的税收制度，中央和地方事权与支出责任相适应的制度；在功能上要适应科学发展需要，更好地发挥财政稳定经济、提供公共服务、调节分配、保护环境、维护国家安全等方面的职能；在机制上要符合国家治理体系与治理能力现代化的新要求，包括权责对等、有效制衡、运行高效、可问责、可持续等一系列制度安排。

深化财税体制改革是一场关系我国国家治理现代化的深刻变革，是完善社会主义市场经济体制、加快转变政府职能的迫切需要，是转变经济发展方式、促进经济社会持续稳定健康发展的必然要求，是建立健全现代国家治理体系、实现国家长治久安的重要保障。财政干部在深化财税体制改革、建立现代财政制度中责任重大，使命光荣。

为满足广大财政干部的学习需求，财政部人事教育司、干部教育中心组织协调中央财经大学、上海财经大学、中南财经政法大学、东北财经大学、江西财经大学、山东财经大学 6 所部省共建高校和部内有关司局，联合研究编写了我国现代财政制度系列教材。系列教材共分 7 本：《中国现代财政制度建设之路》《现代预算制度研究》《现代税收制度研究》《现代政府间财政关系研究》《现代财政法治化研究》《现代财政宏观调控研究》《现代财政监督研究》。教材突出前瞻性、实用性、科学性和通俗性，希望能为广大财政干部学习专业知识、提高业务能力提供帮助，进而为加快推进建立我国现代财政制度作出积极贡献。

《现代财政制度系列教材》编写组

2017 年 9 月

目 录

第一章　政府间财政关系：内涵界定与理论分析　/ 1

第一节　事权和支出责任、财权与财力的基本内涵　/ 2

一、事权和支出责任的一般概述　/ 2

二、财权与财力的基本含义　/ 5

三、事权、支出责任、财权、财力之间的逻辑关系　/ 6

第二节　政府间财政关系的主要内容　/ 10

一、多级政府与政府间财政关系　/ 11

二、财政分权、分级财政与财政级次　/ 14

三、事权和支出责任的划分　/ 17

四、政府间的收入划分　/ 21

五、政府间的转移支付制度　/ 24

第三节　政府间财政关系的主要模式及特点　/ 26

一、单一制国家的政府间财政关系　/ 26

二、联邦制国家的政府间财政关系　/ 28

三、政府间财政关系模式的发展趋势　/ 31

第四节 现代财政制度下科学构建政府间财政关系的必要性 / 35

一、现代社会正确处理政府与市场关系的客观需要 / 35
二、切实提升国家治理水平的体制保障 / 36
三、有效履行政府公共财政职能的重要基石 / 38
四、增强各级政府履行职责的能动性与积极性 / 40

第二章 分税制改革以来政府间财政关系的梳理与评价 / 43

第一节 1994年分税制财政体制改革 / 44

一、中央与地方的事权和支出划分 / 44
二、中央与地方的收入划分 / 45
三、中央财政对地方财政的税收返还 / 46
四、原体制中央补助、地方上解及有关结算事项的处理 / 47

第二节 1994年后政府间财政关系的调整与变动 / 47

一、中央与地方政府间收入划分的调整 / 48
二、财政转移支付制度的建立与发展 / 50
三、省以下财政体制的改革与变化 / 53

第三节 分税制财政体制改革的主要成效 / 54

一、构建了分级财政体制的基本框架，规范了各级政府间的财政关系 / 55
二、调动了各方面积极性，国家财政实力显著增强 / 55
三、中央调控能力增强，促进了地区协调发展 / 57
四、强化了地方财政的预算约束，增强了地方加强收支管理的主动性和自主性 / 58

第四节 政府间财政关系中存在的主要问题 / 59

一、政府间事权和支出责任划分不清晰、不合理和不规范 / 59

二、政府间收入划分不够规范　/ 60

三、政府间财政转移支付制度有待完善　/ 61

四、省以下财政体制亟待进一步优化　/ 62

五、地方债务负担加剧　/ 62

第三章　典型国家政府间财政关系的比较和借鉴　/ 65

第一节　典型联邦制国家政府间财政关系的演变历程　/ 66

一、美国政府间财政关系实践　/ 66

二、德国政府间财政关系实践　/ 75

三、印度政府间财政关系实践　/ 79

第二节　典型单一制国家政府间财政关系的演变历程　/ 82

一、日本政府间财政关系实践　/ 82

二、英国政府间财政关系实践　/ 93

第三节　转型国家政府间财政关系的演变历程　/ 96

一、俄罗斯政府间事权和支出责任划分　/ 97

二、俄罗斯政府间财政收入划分　/ 99

三、俄罗斯政府财政转移支付制度　/ 101

第四节　典型国家政府间财政关系的特征　/ 102

一、政府间事权和支出责任划分的特征　/ 102

二、政府间财政收入划分的特征　/ 103

三、财政转移支付制度的特征　/ 104

第四章　重构政府间财政关系：目标与思路　/ 108

第一节　建立现代财政制度与重构政府间财政关系　/ 108

一、我国现实国情的机遇和挑战　/ 109

二、现代财政制度对重构政府间财政关系的必然要求 / 111

三、我国政府间财政关系重构的理想模式 / 114

第二节 理顺政府间财政关系的总体目标（至2020年） / 117

一、政府间事权和支出责任划分清晰明确，服务于国家治理和全面深化改革战略 / 118

二、政府间财力配置与事权和支出责任划分相适应，助推现代财政制度建设 / 120

三、完善政府间财政转移支付制度，推动基本公共服务均等化 / 123

第三节 理顺政府间财政关系的基本原则 / 124

一、坚持分税制财政体制框架 / 125

二、坚持事权与支出责任相适应 / 125

三、处理好财力划分与支出责任的关系 / 128

四、促进地区间财力均衡配置 / 130

第五章 建立事权与支出责任相适应的财政体制 / 134

第一节 我国财政事权与支出责任划分的现状 / 135

一、我国政府事权和支出责任划分的法律框架 / 135

二、中央与地方事权和支出责任划分的现实考察 / 138

三、中央政府与地方政府支出比重 / 143

第二节 中央与地方事权和支出责任划分的演变 / 146

一、高度集中的"统收统支"阶段（新中国成立之初） / 147

二、"统一领导、分级管理"（1951~1979年） / 147

三、"划分收支、分级包干"（1980~1993年） / 151

四、"分税制"财政体制（1994年至今） / 154

第三节 当前中央与地方事权和支出责任划分中存在的问题 / **156**

一、政府职能定位不清 / 156

二、中央与地方事权和支出责任划分不清 / 157

三、中央和地方提供基本公共服务的职责交叉重叠 / 157

四、省以下财政事权和支出责任划分不尽规范 / 158

五、财政事权和支出责任划分缺乏法律依据 / 158

第四节 中央与地方事权和支出责任改革的思路 / **159**

一、从财政事权入手推进事权划分改革 / 159

二、合理界定政府与市场的边界 / 160

三、明确政府间事权的划分层级，强化中央政府的事权和支出责任 / 161

四、合理划分省以下政府的事权和支出责任 / 162

五、通过法律明确各级政府间的事权 / 163

第六章 政府间的收入划分与财力配置 / **165**

第一节 目前我国政府间收入划分的现状 / **166**

一、税收收入 / 167

二、非税收入 / 168

第二节 我国政府间收入划分的体制沿革 / **169**

一、1994年分税制对中央与地方收入的划分 / 169

二、分税制改革后中央与地方收入划分的调整 / 175

第三节 我国现行政府间收入划分模式存在的主要问题及原因分析 / **182**

一、存在的问题 / 182

二、原因分析 / 185

第四节　我国政府间收入划分的改革方向 / **187**

一、政府间收入划分遵循的原则 / 188

二、税种的划分 / 190

三、完善税收制度 / 192

四、规范非税收入 / 193

五、进一步完善现行税收征管体制 / 194

六、赋予地方政府适当税收立法权 / 194

第七章　财政转移支付制度优化与财力配置 / **196**

第一节　财政转移支付制度的现实政策目标 / **197**

一、弥补纵向财政失衡，实现各级财政收支平衡 / 198

二、弥补横向财政缺口，推进基本公共服务均等化 / 201

三、矫正地方公共产品供给中的外溢性问题 / 202

四、增强国家凝聚力，实现社会政治目标 / 205

第二节　我国财政转移支付制度的现状与体制沿革 / **206**

一、我国财政转移支付制度的现状 / 206

二、我国转移支付制度的体制沿革 / 237

第三节　我国财政转移支付制度存在的主要问题与
　　　　　改革方向 / **242**

一、我国财政转移支付制度存在的主要问题 / 243

二、改革和完善中央对地方财政转移支付制度的总体要求 / 244

三、改革和完善中央对地方财政转移支付制度的政策思路 / 245

参考文献　/ 253

后记　/ 262

第一章　政府间财政关系：内涵界定与理论分析

本章导读：政府间财政关系，也可称为财政管理体制，是财税改革的核心内容。经济体制是资源配置方式各个组成部分的集合，财政管理体制确定政府职能和公共资源配置方式，是与市场机制相对应的经济体制构成。事权、支出责任、财权、财力是政府间财政关系的基本构成要素，其各自的内涵与彼此关联为多级政府财政管理体制模式的选择与改革提供了理论基石，特别是分权财政管理体制中政府间事权和支出责任的划分、收入的分配、转移支付制度的设计，更构成了财政联邦主义政府间财政关系的主要内容。同时，政府间财政关系与一国的政治体制及历史演进密切相关，从世界范围内看，无论是单一制国家还是联邦制国家在财政管理体制具体模式的选择上既有区别也有共同特征，并且随着社会公共需求的变化、技术的进步，及政府部门管理方式的改变，政府间财政关系模式也呈现出新的发展趋势。当然，法制健全、权责明晰、运行高效、保障有力的现代政府间财政关系是所有国家政府所追求的，也是当今多数发达市场经济国家在不同程度上所呈现出的显著特征，其与现代财政制度相辅相成，是正确处理政府与市场关系、提升国家治理水平、有效履行政府公共财政职能、充分调动各级政府履职尽责的能动性与积极性的重要体制保障。

第一节 事权和支出责任、财权与财力的基本内涵

现代国家与政府的本质属性是实现公共利益的最大化,其职能定位、体制安排、制度设计是间接或者直接地促进经济发展和维护社会稳定,并为此提供必要的公共产品与服务,使人民安居乐业,而要落实这些公共职能就需要中央、区域、地方各级政府依据一定的原则、法规、程序在各自负责的事务上有所分工并明确各自的支出责任,同时,在各级政府间事权和支出责任合理划分的基础上,匹配以与所担当的事权和支出责任相适应的财权设置与财力保障,最终构成一个逻辑清晰、结构完整、运转高效的政府间财政关系,从而为最大限度地利用好政府手中的公共资源,使其发挥最大的效能,有效提升政府职能履行的绩效与人民的满意程度提供体制蓝图。

一、事权和支出责任的一般概述

当一个国家的行政安排是由多级政府构成时,不同级别政府所拥有的职能与所负有的支出义务的合理划分就变得十分必要和关键,其中,各级政府事权的明确划分与科学调整是优化财政体制的逻辑起点,只有在明晰政府间事权划分的基础上,才能界定各级政府间的支出责任,这是科学合理的行政秩序、社会秩序和市场秩序,提高国家治理能力与公共资源配置效率的基本前提,也是减少寻租、遏制腐败的重要条件,还是实现财力与事权合理匹配的根本依据。

然而,要想实现各级政府间事权的合理划分与支出责任的科学安排,首先应深刻理解"事权"与"支出责任"的本质含义,进而再探讨彼此间以及与其他相关概念之间的关联。从西方公共经济学文献与我国改革开放的历史

来看,"事权"一词极具中国特色。在改革开放之前,"事权"通常是指计划经济体制下各级政府对其治下的国营企事业单位的行政管理权,突出的是一种行政隶属关系。改革开放之后,特别是1994年分税制改革以来,随着我国历次以适应市场经济为导向的财政体制改革以及公共财政理念的逐步树立,从社会公民的角度,事权的概念逐渐被改变为政府的公共服务职责,即各级政府承担的由本级政府提供公共服务的职能和责任,各级政府事权的划分不再依据行政管理关系,而是公共服务的层次。而从政府行政的角度,事权可以概括为各级政府基于不同的公共职能而应拥有的处理社会公共事务和经济事务的权力,主要包括行政决策权、行政立法权、行政执行权、行政监督权、行政管理权、人事行政权,以及其他事项的办理权等。

当然,从广义的"大事权"概念来看,事权不仅涉及行政权,还涉及立法、司法等公共服务部门,而作为政府事权的重要组成部分,财政事权无论是从广义的事权还是狭义的政府行政事权来看,都是政府间事权划分的核心。具体而言,财政事权是指一级政府应承担的运用财政资金提供基本公共服务的任务和职责。[①] 当前,就我国完善社会主义市场经济制度、加快政府职能转变、推进法治化的改革进程来看,从财政事权入手破冰全面事权划分改革,既具备了新《预算法》的法律基础,并具有"牵一发而动全身"的破解诸多紧迫难题的改革效果,抓住了提供基本公共服务这一政府核心职责,又能够为未来全面推进事权划分改革积累经验、趟出路子。

与"事权"相比,"支出责任"的概念与含义的出现和逐步厘清同样具有鲜明的中国特色,且是伴随着我国财税体制改革目标的不断深化而逐渐清晰起来的。在十八届三中全会《决定》出台之前,我国主流财税界一直存在着将"事权"与"支出责任"或"政府职能"混为一谈的普遍现象。而根据对十八届三中全会《决定》的权威解读,人们已经能够拥有非常明晰的认知,即事权是一级政府在公共事务和服务中应承担的任务和职责,支出责任是政

[①] 《关于推进中央与地方财政事权和支出责任划分改革的指导意见》(国发〔2016〕49号)。

府承担的运用财政资金履行其事权、满足公共服务需要的财政支出义务，而相对于财政事权，支出责任可再次表述为政府履行财政事权的支出义务和保障。这一认知将传统意义上的财政责任进一步细分为事权与事责（即支出责任）。政府到底将钱用于做什么事、用于哪一类，表现为权力，称为事权。而做事必须支出，体现效果，表现为责任，称为事责，体现在财政活动上的事责就是支出责任。

多数情况下，事权和支出责任是一致的，拥有什么样的事权就要承担什么样的支出责任。而在某些特殊情况下，由于政治、管理、成本等原因，某一级政府需要委托其他级次政府承担相应的开支，这就形成了事权在一级政府，而支出责任在另一级政府的情况。在多级政府间关系中，所谓"事权"未必是一家独享、他人不可染指之"权"。准确地说，是行事之"责"，即哪些事物应该由哪一级政府负责。"应该"是一回事，恰当与否、是否可行是另一回事，即理论上讲，某些事物应该由某级政府承担，但由于种种原因，却实际由另一级来担当，或者低层级有责但高层级掌权。这时，事权与支出责任二者之间出现分裂，就有必要区别事权与支出责任，并进一步明确各级政府在具体事权与支出责任中的划分。

通常情况下，如果一级政府应该做什么、怎么做，可以由本级政府自主决定，不受上级政府指令约束，其事权与支出责任基本上就是吻合的，否则二者之间就会出现分裂。在我国，地方（基层）政府的事权与支出责任常常出现不相一致的情况。相对而言，介于最高和最低层级之间的中间级次政府（如我国的省）和区域性政府（如我国的地、市等）的事权与支出责任，在一定程度上最不容易界定。一方面，其希望拥有更多事权，另一方面，又不想独立承担支出责任。对上级政府较难争取或争取不到的事权，容易向下级政府征要；希望上级政府承担更多支出责任而不得时，也自然会要求下级政府承担。如此往复，中间层级的事权与支出责任也就多数不吻合，以至在一些公共服务提供中出现错位（拥有本不该有的事权）、缺位（未负本该负的事责）的情况。

明确多级政府间的事权与支出责任,并使二者尽量重叠,其意义在于建立政府间的责任体系。事权清,则责任明晰;事责混,则责任失察,无从追究。事权到位,有助于清楚地界定府际责任,消除事责缺位;权责吻合,有利于厘定责任界限,提高资源使用效率和工作运行效度,清除推诿扯皮。

二、财权与财力的基本含义

相对于事权和支出责任,财权与财力是手段,是为履行特定事权和承担相应支出责任服务的。从广义上讲,财权可以理解为在法律框架下,某一级政府所拥有的财政管理权限,包括财政收入权和支出权;从狭义上看,财政权主要指财政收入权。在讨论事权、财权与财力的关系时,一般采用第二种含义,即各级政府为履行公共服务职能而拥有的财政资金的筹集权与支配权,包括征税权、收费权、国有资产收益权、发债权等,其中最为基础的是征税权。从法律角度看,财权也可分解为财政立法权、执法权与司法权三个要素,这三大要素在中央与地方之间的不同组合,便形成了三种类型的财政体制,即各级政府均拥有相对独立的财政立法权、执法权和司法权的分散型财政体制;立法权集中,执法权分散的适度集中型财政体制;财政立法权和执法权主要集中于中央政府,地方政府只拥有较小调整权限的集中型财政体制。

相对于"财权"的含义,"财力"也可以从广义和狭义两个角度来理解。从广义上看,财力是一级政府在一定时期为履行公共职能拥有的全部财政资金,是财政资源分配的最终结果,它主要由政府因财权取得的税收、上级政府的转移支付、非税收收入、各种政府债券融资和扣除本级政府的上解收入多种部分组成。通过税(含费)收权获得的收入且可以随意支配的部分,可称为自有财力;通过其他途径获得的收入且可以支配,通常称为可支配财力。从狭义上看,财力可作两种理解:一是指某一级政府直接组织和支配的财政收入,加上"直接"二字,是为了区别于政府通过转移支付而间接获得的财政收入;二是指某一级政府的财政收入能力,包括征税能力、收费能力、获取资产收益能力、借债能力等，当然也不包括转移支付在内。两者分别从静态和动态的角度来认识财力，前者是后者的结果，因而在本质上是一致的。与财权的核心是征税权相适应，财力的核心是征税能力。一级政府拥有的财力大小主要由两个因素决定：一是财政资源的丰裕程度，这取决于经济发展水平。一般来说，税基分为三类，即财产、所得和消费。经济发展水平越高，居民的收入和消费水平就越高，财产积累也越多，政府的征税能力就越强。二是政府征税的权力大小。这主要从三方面判断：首先，政府是否拥有确定税基和税率的权力，在大多数国家，这项权力都由中央政府行使，地方政府没有被赋予这方面的权力；其次，政府是否拥有独立的税收征管权，中央政府与地方的税收征管是否分开；最后，政府的税收收入是否由自己支配。如果一级政府拥有上述三方面的权力，那么它的征税权力就较大，反之则较小。

财权与财力既有联系也有区别，拥有财权的政府，一般拥有相应的财力，拥有财力的政府却不一定拥有相应的财权。财力是指各级政府在一定时期内拥有的以货币表示的财政资源，来源于本级政府税收、上级政府转移支付、非税收入及各种政府债务等。上一级政府由于具有调节地区间公共服务水平的职责，下一级政府则只需要履行本地区公共服务的职责，因此，上一级政府的财权必须大于其最终支配的财力，应该拥有比下一级政府更大的财权，下一级政府则可以从上一级政府获得部分财力，其财权往往要小于其实际支配的财力。

三、事权、支出责任、财权、财力之间的逻辑关系

对"事权""支出责任""财权""财力"之间的相互适应、一致性、匹配、非对称关系的深刻理解是科学处理多级政府间财政关系，构建合理财政体制的核心内容。

从现代财政体制设计的总体逻辑关系看，事权规定了一级政府承担社会

经济事务的性质和范围，而政府从事社会经济事务需要相应的财政支出作为物质保障，因此，事权实际上确定了政府的支出责任。同时，财政支出总是以相应的财力所体现出的财政收入为前提的，而财政收入又是由财权决定的。因此，事权最终必然与财权发生联系，进一步看，这种联系表现为事权决定财权，两者具有某种程度上的一致性。

遵循上述逻辑，多级政府间财政体制与制度构建的理想规划应当是：首先，根据国家宪政结构，合理界定政府与市场的边界，从整体上明确国家的职能并确定政府的事权；其次，根据相应的原则合理划分各级政府以及政府各部门的事权与支出责任；再次，根据事权与支出责任的划分，合理构建税制结构，并确定各级政府的税收以及整个财政收入分配关系，辅之以财政转移支付制度来调整政府间财政关系，做到财力与事权相匹配；最后，通过预算制度、财政绩效评价制度和财政监督制度来确保财政收支行为的有效运转。

由此可见，建立事权与支出责任相适应的制度，实为整个财税体制构建的基石或称逻辑起点。明晰事权划分是为了界定支出责任，十八届三中全会的《决定》中提出的"必须完善立法、明确事权、改革税制、稳定税负、透明预算、提高效率，建立现代财政制度，发挥中央和地方两个积极性"就蕴含了这种改革攻坚，集中精力解决以往财政体制改革中事权改革缺位、支出责任划分错位的问题，将政府间事权与支出责任的调整与转变先于财政收入改革的思路。

事权和支出责任相适应，要求事权与责任必须如影随形，事权归属于哪一级，支出责任就要放在哪一级。这也强调了权责一致性的理念。如果建立事权与支出责任相适应的制度，则下级政府将可以通过明确的责任清单来要求上级政府提供委派或指示任务所需要的资金，这对于理顺上下级政府关系具有积极意义。然而，在某些特殊情况下，某一级次的政府出于政治或管理的原因委托其他级次政府承担相应的支出责任，出现了事权在一级政府，而支出责任却在另一级政府的情况，即事权与支出责任并不总是一一对应，有时也存在着非对称关系。以中央和地方的事权和支出责任为例，除了有中央承担支出责任的中央事权和地方承担支出责任的地方事权外，还有委托地方承担支出责任的中央事权、地方无力承担而由中央承担支出责任的地方事权、中央与地方的共同事权。省及以下各级地方政府之间的事权和支出责任也存在着类似的情况。在这样的现实条件下，就要通过划定支出责任承担比例和转移支付等方式，调整支出责任使之与事权相适应。

在合理确定各级政府间事权与支出责任的基础上，应进一步明确事权与财权的一致性。这种一致性表现在性质与数量两个方面。从性质上来看，不同的事权对应着不同的财权。例如，政府提供公共产品的资金来源是税收，这要求政府拥有征税权。政府提供混合产品的资金应由税收和使用费共同承担，这要求政府不仅拥有征税权，还要拥有收费权。从数量上来看，某一级政府承担的事权大小与其拥有的财权大小是一致的。例如，我国1994年分税制改革之后，由于地方政府事权的增多，地方政府所拥有的财权也在逐步扩大。又如，地方政府在提供具有效益外溢特征的地方性公共产品时，有权要求获得中央财政的转移支付。

虽然，事权与财权原则上是一致的，但它们与财力之间是不对称的。这种不对称性表现在横向与纵向两个方面。所谓横向不对称，是指与最低公共服务水平相比，有的地区财力充足，有的地区却财力匮乏。造成横向不对称的原因有两点，一是各地区的自然资源禀赋、经济发展水平和人口状况等存在差异，从而使得它们的财政收入能力各不相同；二是各地区提供公共产品的成本存在差异。纵向不对称，则是指更高层次政府掌握的财力一般大于本级支出的需要，而下级政府掌握的财力往往小于本级支出的需要。造成纵向不对称的原因在于，更高层次政府担负着收入分配与经济稳定的责任，需要掌握一块"多余"的财力来保障宏观调控的实现。

那么，如何解决事权、财权与财力间的不对称问题呢？这就需要清晰地认识财权、财力与支出责任相匹配的重要性。与事权和支出责任相适应不同，财权与支出责任的对应关系体现在数量规模和结构功能上。在政府间划分财权的目的在于使每级政府拥有对事权的自我出资能力，从资金上满足其履行自身公共服务职责的需要。因此，在分税制财政体制下，在划分各级政府间财权的背后，实质上却是政府应该承担的具体事权的出资责任划分。也正因为如此，分税制下处理政府间财政关系的基本原则是事权与财权相适应，即在给予一级政府事权的同时必须赋予相应的财权。而在现实中，高层级的政府拥有较多的税收权和支配权，超出其承担的事权的需要。低层级政府拥有的税收权少，支出责任重，自有财力无法满足所承担的支出责任。这就需要高层级政府通过转移支付增加基层政府的可支配财力，从而改善上下级政府之间的纵向平衡，使承担支出责任多的层级获得与其所负事责相称的可支配财力，这就在数量上体现为财力与支出责任的匹配。财权是财力基础，但有财权不一定有财力。当一级政府通过财权获得的收入不足以满足事权支出需要时，上级政府的转移支付可以弥补缺口，通过实现财力与支出责任的匹配，进而实现与事权的匹配。因此，实现财力与支出责任的匹配离不开科学的财政转移支付制度。

从我国的财政改革实践来看，对事权、支出责任、财权、财力之间的逻辑关系及财政体制改革原则的认识与把握，经历了从"事权与财权相结合"到"财力与事权相匹配"，再到"事权和支出责任相适应"的一个由浅入深的历史过程。1994年按照"事权与财权相结合"的原则设计的分税制改革[①]，主要是根据中央和地方政府的职能安排不同税种收入的归属，但在事权的界定上基本是对现状的"白描"，进一步明确中央和地方的事权划分成为历史必然。之后，由于事权划分问题没能得到切实解决，随之地方财力不足问题越发突出，因此，在十七大报告中"事权与财权相结合"的原则进一步被"财力与事权相匹配"所取代[②]，而新原则的出台仍是以"进一步明确中央和地方的事权"为前提的[③]。然而，是"财力与事权相匹配"，还是"财权与事权

[①] 参见《国务院关于实行分税制财政管理体制的决定》（国发〔1993〕85号）。
[②] 参见胡锦涛：《高举中国特色社会主义伟大旗帜　为夺取全面建设小康社会新胜利而奋斗——在中国共产党第十七次全国代表大会上的报告》，2007年10月15日。
[③] 《中共中央关于构建社会主义和谐社会若干重大问题的决定》（2006年10月11日中国共产党第十六届中央委员会第六次全体会议通过）。

相匹配",在学术上和政府不同部门之间也存在不同看法。总的来说,财权与事权相匹配的提法是不准确的。事权是按职能性质细化并落实到支出责任,如果财权的分配不顾及税种的职能属性,也不考虑不同区域之间的一致性,而只是考虑直接征集的收入能够满足履行支出责任的需要,这种做法很可能出现一个地区一个收入分享比例的情况,导致政府间财政关系回到 20 世纪 90 年代分税制改革之前的混乱局面①。事实上,"财力与事权相匹配"的改革原则同样体现出较为明显的过渡特征。由于事权与支出责任划分在财政体制改革中的核心地位仍未得到充分且直接的肯定,即使公共服务的财力保障到位,也仍存在着各级政府之间由于事权与支出责任划分不明确、不适合而导致公共服务供给缺失,效率低下,绩效难以满足公共需求的突出问题。近年来,为了从根本上解决财政体制改革的事权划分依据问题,党的十八届三中全会《关于全面深入改革若干重大问题的决定》以及 2014 年 6 月中央政治局会议审议通过的《深化财税体制改革总体方案》中都明确提出建立"事权和支出责任相适应"的制度。可以说,这一新时期我国政府间财政关系深化改革原则的确立,再次重申并进一步明确了事权划分是深化财政体制改革的逻辑起点,只有在明晰政府间事权划分的基础上,才能界定各级政府的支出责任,这是形成科学合理的行政秩序、社会秩序和市场秩序,提高国家治理能力与效率的基本前提,也是减少寻租、遏制腐败的重要条件。因此,明确政府间事权及其相适应的支出责任作为现代财政制度有效运转的基础,既是建立现代国家治理体系的关键,也是深化财政体制改革的突破口②。

第二节 政府间财政关系的主要内容

在现实经济社会中,绝大多数国家的政府都是由多个级次的政权组织构

---

① 楼继伟:《中国政府间财政关系再思考》,中国财政经济出版社 2013 年版。
② 楼继伟:《深化财税体制改革》,人民出版社 2015 年版。

成的，即多级政府，包括联邦制国家中的联邦政府、州和地方政府，单一制国家中的中央政府和地方政府。无论政府结构如何，政府的基本职责就是提供公共服务。在多级政府中，这些公共支出责任是由不同级别的政府在分工合作的基础上共同分担的，具体表现为财政管理组织形式上的分级财政体制。政府间财政关系所包含的便是分级财政体制条件下中央与地方以及地方上下级之间的多重性收支划分、往来、调整等诸方面的相互关系。政府间财政关系的有效处理，对于充分发挥各级政府财政的职责，促进经济社会的可持续发展，具有极为重要的作用与功效。

一、多级政府与政府间财政关系

从国家政权的行政管理体制上看，当今世界多数国家存在多级政府，这与政府职能在多级政府间的纵向分工与合作所体现出的显著优势密切相关。大多数国家多级政府的设置首先要服从于国家的政治制度和政治体制，以单一制或者联邦制为基础。其次，多级政府职能分工遵从效率的要求，遵从责任政府、服务型政府的要求。多级政府间政府职能分工的主要内容包括行政管理的领域、职权和权限、相关监督权的划分，以及这些领域和相应的职权、权限构成的行政管理事项和行政内部监督事项。

多级政府之间的关系除了分工关系之外，还有联系与合作，大致包括三个方面的问题。一是各级政府之间相对独立性的强弱，具体体现为一级政府管辖行政领域的广泛性、行政管理权的多样性、行政管理权权限的全面性以及行政内部监督权的归属。二是高级次政府在包括低级次政府管辖的行政区内实施行政管理的方式以及与低级次政府之间的关系。例如，高级次政府可以通过委托、命令、制定规章等方式，实现行政管理。三是高级次政府对低级次政府的行政管理事项是否具有领导、指导和监督的关系。

依据多级政府间政府职能分工是行政管理领域，还是行政管理权、行政管理权的权限，以及各级政府对管辖的行政管理事项实施行政管理的相对独立性，可以将多级政府间政府职能分工的模式划分为两种，即事权划分模式和权限分级模式。联邦制国家的联邦（中央）政府、州（省）政府和地方政府之间的事权划分关系，可以定义为多级政府间政府职能分工的"事权划分模式"；单一制国家纵向的多级政府间职能职权划分方法可以定义为"权限分级模式"。多级政府间政府职能分工模式是一国行政与财政管理体制的重要构成部分，也是形成政府规模、政府效率不同的制度根源。

在多级政府间政府职能分工的事权划分模式中，不同级次政府管辖特定的行政领域并享有比较完整的行政管理权，特定级次的政府为特定的行政领域负责，上级政府不再管辖相同的事务，也不干涉低级次政府如何履行职能。在多级政府间政府职能分工的权限分级模式中，各级政府管辖的行政领域、行政职权基本相似，但是同一行政领域中具体的管辖对象不同，处理权限存在差别。同时，上级政府不仅管辖行政事务，而且对下级政府具有监督管理权。可见，两种模式的主要区别在于，权限分级模式的高级次政府不仅要管理特定的行政管理事项，而且监督低级次政府对该事项的管理，对低级次政府发布决定和命令，低级次政府受高级次政府的领导和监督；在分事模式中，高级次政府和低级次政府都面向各自分工的行政管理事项实施管理，高级次政府不负责管理低级次政府，各级政府在各自分工的范围内独立行使行政职权。

与一国不同模式的多级政府的行政管理体制相适应，为了能够切实履行和落实各项政府职责，政府间财政关系的确立就变得尤为重要。这一关系的优化设计既应体现出其与多级政府体制在资源高效利用、权责相称等方面的一致性，也应为多级政府体制的不断完善提供改革空间与创新手段。

政府间财政关系关联着中央和地方各级政府的经济利益与政治权利的分配，对充分调动各级政府履行各自公共职责的积极性具有重要影响，是宏观调控和经济发展的重要体制基础。同时，政府间财政关系安排事关中央和地方各级政府的财政汲取能力和财政服务能力，是现代国家治理制度构建的必然要求。此外，现代国家治理制度的构建要求公平享有公共品是公民的一项基本权利，而政府间财政关系安排是否合理将直接影响各级政府的公共品供给水平、结构与质量，从而使政府间财政关系具有权利政治的重要政治意涵。政府间财政关系的这种"一体多面"的特征决定了政府间财政关系改革是一项与国民经济发展、国家治理制度构建、民主政治、法制建设等相连接的"顶层设计"，因此应把政府间财政关系改革提升到体制、制度与机制建设的层面，进行全面设计，统筹规划。

总体而言，政府间财政关系包括理论层面上对财政分权、分级财政与财政级次问题的研究与探讨，实践层面上政府间事权和支出责任的划分、政府间收入的划分、转移支付制度等几个方面的分析与判断。从现实中政府级次与组织结构的普遍安排上看，政府间财政关系包括纵向、横向两个重要的维度。

首先，政府间财政关系的纵向维度是指上下级政府间的财政关系，包括中央与地方，以及地方上下级政府间的财政关系。在以上关系中依据财政分权、公共财政、公共产品等理论，结合具体国情与体制传统，设定各级政府间事权与财政支出责任划分的原则，并以法律法规的形式明确各级政府的具体事权与财政支出责任是最为重要的内容，也是政府间收入划分、分级财政与财政级次安排的核心依据和前提。

其次，政府间财政关系的横向维度主要包括两个方面：一是政府内部部门之间的财政关系；二是同级政府之间的财政关系。政府内部部门之间的财政关系主要包括财政部门与税务机关、商务部门、投资审批部门、海关以及其他涉及财政政策制定与执行、财政收入与支出分配权限的政府机关之间的财政联系，这种关联还可能延伸到财政部门与立法机关之间在财税问题上的彼此立场。同级政府之间的财政关系是指不具有隶属关系、主体地位平等的政府之间的财政关系，包括省级政府之间、市级政府之间、县级政府之间和乡级政府之间的财政关系。在这一横向关系中，同级政府间既有合作也有竞争，其中，对于地方政府间不当竞争的疏导、调节与约束也是优化政府间财政关系需要重点考虑的。

当然，除了纵向与横向的政府间财政关系外，在一些特殊历史条件和时空背景下，还有可能出现跨越不同隶属关系、不同层级的辖区政府或职能部门之间的特殊财政关系，如灾后重建、贫困地区的扶贫开发、环境生态保护等。

二、财政分权、分级财政与财政级次

当今世界，财政分权与集权思想一同构成了解析各国政府间财政关系构成的重要维度，其中，财政分权作为从理论和实践两个层面上共同指导一个国家财政体制安排与改革的重要思想，其理论演进与改革遵从已经得到了越来越多不同经济发展水平和体制转轨国家的认同。财政分权的思想与原则直接影响到多级政府国家分级财政体制的构建，并为分级财政体制的不断完善提供制度创新的理论指引与改革路径。同时，在财政分权理论指导下建立起来的分级财政体制也将对财政层级或级次的设定提出具体要求，使其最大限度地匹配分级财政体制在事权、支出责任、财权、财力等方面作出的规范性安排，从而将公共财政资源的效用发挥到最大。

具体而言，所谓财政分权是指中央政府给予地方政府一定的税收权和支出责任范围，允许地方政府自主决定其预算支出规模和结构，其预期结果是地方政府能够更有效率地提供当地居民所需要的地方性公共物品或服务。换句话说，从政府间关系的角度而言，财政分权是指通过法律等规范化的形式，界定中央和地方各级政府间的财政收支范围，并赋予地方政府相应的预算管理权限，其核心是地方政府具有一定程度的财政自主权。通常采用地方财政收入、地方财政支出、省级政府预算收入中平均留成比例、子级政府支出与中央政府支出之比、预算收入的边际分成率、自治权指标和垂直不平衡度等指标来衡量财政分权的程度。

财政分权思想的演进体现了各国改革实践与理论研究并进的特征。从实践上看，当今世界无论是单一制还是联邦制政体的发达市场经济国家普遍实行财政分权，而越来越多的发展中国家和经济转型国家也在致力于不同形式和程度的财政分权改革。从理论上看，财政分权理论大体可分为第一代和第二代财政分权理论。第一代财政分权理论以新古典经济学的规范理论为分析框架，考察了财政职能如何在不同级次的政府间进行合理配置和协调配合，其核心观点可以概括为：如果将资源配置的权力本身更多地向地方政府倾斜，那么，通过地方政府之间的竞争，能够迫使政府官员的财政决策更好地反映纳税者的偏好，从而强化对政府行为的预算约束，相当程度上改变中央政府在财政决策中存在的不倾听地方公民意见的状态。这个论点实质上是强调地方政府的竞争机制的作用。因此，第一代财政分权理论一般认为财政职能在不同级次政府之间应该进行如下分工：宏观经济稳定职能归中央政府；收入分配职能也主要归中央政府，但地方政府应承担一定的补充责任；而资源配置职能主要应由地方政府承担。因此，大量公共产品的供给及其相应的财政来源需要在中央和地方之间进行分工。第一代财政分权理论与新古典厂商理论相一致，把组织（政府、公司）视为"黑箱"，忽视了政府官员为什么有激励去提供公共产品和维护市场秩序。第二代财政分权理论以委托—代理理论和公共选择理论为主要工具，承认政府本身存在激励机制。它假定政府并不是普济众生式的救世主，政府官员也有物质利益，官员有可能从政治决策中寻租。一个有效的政府结构应该实现官员和地方居民福利之间的激励相容。第二代财政分权理论的研究重心从中央与地方政府间的财政职能和公共物品供给责任分工转向地方政府的行为模式。此论点认为政治过程的参与者（包括官员和选民）都有自己的目标函数，他们在特定的政治环境限制下最大化自己的利益。此外，集体选择的结果在很大程度上依赖于政治过程中的信息，与完全信息条件相比，各方参与人在偏好、成本函数、努力程度等方面的信息不对称条件下的最优过程和制度设计有很大不同。因此，第二代财政分权理论大量地将产业组织理论和微观经济学解决信息问题的方法引入其理论中。

对于财政分权的缘由，可以总结为以下几个方面：一是与中央政府相比，从信息获取的对称性与成本角度，地方政府更接近于自己的居民，比中央政府更了解它所管辖的居民对不同种类、数量和质量公共产品的效用与需求偏好，并能够较为直接和低成本地获取相应的信息；二是在一个国家内，不同地区和群体的人们有权对不同种类和不同数量的公共服务进行投票表决，为实现资源配置的有效性和财富分配的公平性，公共决策应该在相对更接近公共服务收益人群的政府部门进行；三是不同级次的政府部门具有不同的职能，相互之间不能替代。从国家的经济职能来看，实现宏观调控、收入再分配的职能要由中央政府来实施，而资源配置的目的是获得最大的效用，因此消费者的满足程度应是选择资源配置取向的参照标准。就公共产品来说，消费者的意愿一般具有明显的地域性，而地方政府恰好能敏感地顺应其区域利益，取得资源配置的最好效果。因此，应该明确并划分各级政府的职能即事权与支出责任，再依据各级政府正常行使其职能的财力需要，相应地划分财政管理权限。

简单地说，分级财政是指在相应政府行政级次划分与财政分权思想的框架下，一国政府依据相关财政预算法规具体设计的以多层次财政预算管理权限划分为特点的分级财政体制安排。

由于地方政府在了解当地居民偏好信息方面处于更好的位置，分级财政体制能够使地方公共决策最大限度地吻合地方居民的意愿与需求，提高公共服务的效率。分级财政体制也有助于地方居民更好地监督地方政府，进而有助于加强地方政府的责任性。此外，与集权财政体制相比，分级财政体制更有利于激发地方的创新精神和改革积极性。当然分级财政体制的上述优势并不会自动产生，它需要具备一系列前提条件。概括地说，一个是财政责任，另一个是财政能力。只有当地方政府与官员在事权和支出责任的划分中具备强大的责任机制，同时在财权与财力的划分中具备较强的财政能力时，分级财政体制才会逐步走向成熟。实践证明，没有责任的分权是不符合需要的分权，没有能力的分权是没有意义的分权。除了责任与能力外，分级财政体制还应包括建立强有力的财政约束框架（如财政赤字约束和债务约束等），这一框架能够约束分权财政体制下的地方财政行为，而不至于破坏中央稳定宏观经济和促进财政可持续性的努力。

财政级次作为分级财政体制与多级次政府行政体制的具体财政管理机构的设置安排，有可能采取"一级政府，一级财政"的模式，也有可能采用跨行政级次设置财政级次的模式。从世界范围来看，以国家政权级次设置相应财政级次的情况较为普遍，即每个级次的财政对本级次的政府行政部门负责，从事本级次的相对独立的财政收支活动。如美国是一个联邦制国家，其政权大体上由联邦政府、州政府和地方政府组成，与之相适应，财政级次也有联邦财政、州财政和地方财政三个级次构成。日本是单一制国家，政府机构分为中央、都道府县和市町村三级，相应地，其财政级次由中央、都道府县和市町村三级财政组成。然而，对于政府纵向级次相对较多的国家，为了有效提高财政资金的往来和使用效率，减少资金的流转成本和不当损失，以上这种政府级次与财政级次完全一一对应的情况也可能被跨行政级次设置的财政级次模式所打破，如我国一些地方实行的"省管县"和"乡财县管"的财政级次安排。

三、事权和支出责任的划分

政府间的事权和支出责任划分所要解决的核心问题是如何在各层级政府间形成最优分权模式，以确保各级政府能够有效地履行其职责。在这个问题上公共经济学已经展开了诸多方面的研究，形成了马斯格雷夫最佳社会结构模型中的分权原理；斯蒂格勒在解析地方政府存在合理性的基础上提出的最优分权模式；奥茨从经济效率角度强调公共服务责任下放优势的分权原理；运用布坎南"俱乐部"理论探讨地方政府管辖范围的分权原理；上级政府有可能错误认识下级政府的社会偏好而形成的特里西"偏好误识"理论；以选民跨区域自由流动为主要特征的蒂波特"以足投票"理论等。

理论研究的目的是要为政府间事权和支出责任的划分树立标准、选择依据。根据公共产品理论和政府间分权原理，政府间事权与支出责任的划分是否恰当应主要遵循以下原理：

一是公共产品的受益范围。现实生活中，公共产品的有效提供确实会受到地理和空间因素的影响，因为不同的公共产品其受益范围是不同的。从一般意义上讲，受益范围局限于某一特定辖区的公共产品，就应该属于地方性公共产品；如果受益范围是跨辖区的，甚至全国范围内的，那么，该产品就是全国性公共产品。根据受益范围原则和成本与受益对称原则，公共产品应由能使这一产品在成本与效益内部化的最小地理范围的辖区来提供。根据公共产品的受益范围确定分担公共产品成本的辖区范围，使成本分担的地理边界与受益边界相一致，据此实现成本与受益在地理范围上的完全内部化，而不至于外溢到其他辖区。如果某项改革产品的受益能够在最低层级的辖区范围内完全内部化，那么，由该级政府来负责提供此项产品就是有效率的；如果该项公共产品的受益范围是全国性的，那么，该项公共产品的提供成本就应该分摊到全国，而由中央政府来负责提供该项公共产品就是有效率的。

按受益范围来划分政府间事权和支出责任的难点在于地方政府责任范围与地方公共服务的受益范围经常不一致，即地方提供的公共产品所带来的收益时常出现或多或少的辖区间外溢。同时，由中央政府提供的一些公共产品，也可能仅仅在某一特定区域内释放其效应（如救灾补助和对相对落后地区的扶贫开发等）。在这种情况下，公共产品的成本分担应主要遵循以下原则：第一，各自按受益的多少来分担成本；第二，将此类公共产品的支出责任划分给涵盖全部受益区域的更高一级政府；第三，由更高层级政府进行协调，促成有关各方达成都可以接受的成本分担及受益分享协议，实现合作共赢；第四，必要时由高层级政府通过提供专项补助的方式以使外溢内部化。

二是公共产品的规模经济属性。不同类型的公共产品具有不同的规模经济效应。从理论上讲，任何一种公共产品都存在最佳的供应规模，由此决定了公共产品的层次性，即有不同层级的政府提供不同规模的公共产品，才能取得单位成本上的节约。有些公共产品的规模经济涉及一个较小的辖区范围，这样的公共产品应当属于地方性公共产品，如城市供水、排水系统等；有些公共产品可能根本没有规模经济特征，如警察、消防等，在这种情况下，由较低层级的政府负责提供就是恰当的。但对于重大水利枢纽工程或省际高速公路、铁路而言，由于其规模经济辐射范围大，属于具有跨区域或是全国性规模经济效应的公共产品，如果仍由较低层级的地方政府来负责提供，将会极其没有效率，而由中央政府融资兴建将会带来融资成本和管理成本的节约。

三是公共产品的需求偏好差异。不同个体对公共产品的偏好是不同的。如果所有的居民不论居住在哪个辖区，都对某项公共产品具有相同的需求偏好或偏好差异很小，那么，该项改革产品就应属于全国性公共产品，由中央政府集中提供是最有效率的。国防就是最好的例子。当然，对于大部分公共产品而言，不可能所有的居民都对其有相同的偏好。事实上，大多数公共产品在不同群体间的需求偏好差异是明显的，甚至是巨大的，而能够以最小成本获取这种偏好差异的程度、特征、缘由等信息的，只有地方政府。因此，这些偏好差异较大的公共产品，当属于地方性公共产品，主要应该由地方政府来负责提供，偏好差异越大，就越应由更低层级的政府来供应。

四是坚持事权和支出责任划分的法定。事权是支出责任划分的前提，同时也是分级财政体制协调过程中的基础环节，要用法律的形式将政府间事权确定下来，并在此基础上不断进行细化、调整，最大限度地规避人为因素的左右。在政府间事权法定的前提下，与支出责任划分相关的某级政府的筹资手段、支出比例等也就有了进一步的法定依据。实现政府间事权和支出责任均有法可依将为各级政府有效地行使职责创造良好的条件。

五是中央政府与地方政府在公共财政职能上的分工。首先，在收入分配职能上的分工。一般地，收入再分配政策要求具有一定的倾斜度，即把对高收入者课征的累进税收转移给低收入者，以缩小贫富差距的程度。如果某一地方政府独自实施收入再分配政策，在课征较高的个人累进所得税的同时给予低收入者较多的转移支付的话，那么，就会出现地区高收入者移出，外地低收入者大量涌入的情况，从而导致了加剧地区贫困的后果。因此，若想使收入分配政策真正奏效，就需要承认和发挥中央政府的作用，由中央政府在全国范围内运用这一政策，这样一来，人力资源的流动就会变得合理起来。其次，在稳定增长职能上的分工。市场经济条件下的全国市场是统一的、整体的，而不是分散的，地方经济则是相对的，它不可能独立于其他地区的经济而存在。地方政府在调节社会总供求方面所采取的任何措施，都会超越本地域的界限，对其他地方产生影响，从而降低该措施在本地区内所产生的效应。因此，中央政府在运用财政政策、货币政策调节宏观经济方面处于有利地位，并能发挥有效作用，促进并稳定经济增长的相关事权也应交由中央政府。最后，在资源配置职能上的分工。与公共产品的收益范围相对应，各级政府作为不同的责任主体，分别在一定范围内提供用于满足社会成员不同偏好的公共产品与服务。除了国防、外交、法律体系、大规模交通基础设施等应由中央政府提供外，绝大多数与民生更为密切的公共产品与服务的供给事权及支出责任方面的资源配置，是由管辖范围相对较小的地方政府实现的，包括具有区域性收益特征的基础设施、基本公共服务、文化与传播媒介、社会管理等。由于上述地方性公共产品的区域性受益特征极强，而地方政府在了解本地居民的消费偏好方面处于较佳的地位，这会有助于使地方政府财政将来源于本地区的财政收入与本地公共利益切实地结合起来，从而有效提供地方公共产品。

需要进一步明确的是，事权与支出责任在不同级别政府间进行合理划分的同时，特定级别的政府所承担的事权和支出责任还需要进一步分解，这些分解的事权和支出责任的某些次要部分甚至可以转交市场或私人部门承担，即公私合作模式（PPP）的衍生基础。对于某项特定公共服务来说，其供应职责通常可以分解为决策责任（事权）、筹资责任（支出责任）、管理责任和监督责任。应当注意的是：当提到"供应某项服务的职责应该划归某级政府"时，其确切的含义是"决策责任"的划分，即事权的划分：服务的类型、供应水平、质量标准、供给对象、供给渠道与方式，以及何时供应的决策，由某一层级政府作出，并由其承担决策后果的全部责任。然而，决策责任划归某一层级政府，并不表明该项服务的资金安排（支出责任）、日常管理和执行情况的监督责任，必须同时划归该层级政府，虽然在有些情况下确实如此。

四、政府间的收入划分

政府收入是政府履行其财政职能、提供公共服务的资金保障，如何科学合理地构建政府间收入关系是处理好各级政府间财政关系的重要方面，其主体内容由政府间的财权划分与财力配置两个部分组成。从理论上讲，政府间收入划分既要遵循其自身特性又要遵循受益原则，而从世界上大多数国家的实践来看，无论是联邦制国家还是单一制国家都普遍拥有一个相对集中的财权与财力体制和相对分权的事权与支出责任体制。

一般来讲，政府收入主要包括税收收入、收费收入、国有资产收益、债务收入等，而通常将税收收入以外的政府收入统称为非税收入。因此，政府间收入划分从财力的角度而言包括税收收入与非税收入的划分两个部分。若从更为基础的财权划分而言，政府间的收入划分主要涉及三个基本问题：收入归谁所有（中央收入还是地方收入）？谁负责征集和管理这些收入？谁有权制定相应的法律法规？这三个问题可依次对应政府的主要收入来源——税收及其划分的三个层面：税收收入归属权、税务行政管理权和税收立法权。多数国家的情形是：中央政府控制主要的税收立法权，同时在不同程度上让地方政府分享收入和税务行政管理（执法）权，但对地方的税务立法权予以较多的限制，由此形成相对集权型的收入划分格局。

税收立法权的划分往往作为政府间财权划分的核心影响到政府间收入划分的全局，而对于为什么地方政府的税收立法权被普遍限制，从经济学的角度可以作出如下解释：首先，由于开放经济中资源的流动性，地方辖区间的差别税率（源于允许地方自主制定税收法规）将导致资源的扭曲配置，诱使资源流向那些税率较低但并不具有经济合理性的地方。一般来讲，越是层级较低（地理范围较小）的辖区之间——例如乡镇政府之间，辖区间的流动性越强，税权的分散越容易扭曲资源配置。在实务上，在那些允许地方拥有地方税收立法权的国家，通常也只是将立法权赋予级别较高的地方政府，基层政府即使拥有税收立法权，也是非常有限的。在全球化的背景下，虽然国家间的流动性日益增强，但相对而言，国家间的流动性比国家内部各地方辖区间的流行性仍然要弱得多。这意味着：在各国仍然保留税收主权的背景下，由中央或联邦政府掌握税收立法的主导权，从促进国内统一市场的运作和资源配置的角度讲，不失为有效的体制安排。其次，财政公平要求一国内部无论人们身居何处，具有相同纳税能力的人承担相同的纳税义务（横向公平），较高纳税能力的人承担较高纳税义务（纵向公平）。如果赋予地方辖区控制主体税种的税基和税率，那么，财政公平是无法实现的。因为在这种过度分权的税后安排下，很可能会出现贫困辖区税率反而高于富裕辖区的现象。相反，由中央政府控制主体税种的税基和税率，可以在全国范围内根据能力原则一视同仁地对待纳税能力相同的人们，同时让纳税能力较高者承受较高的税负，而无论人们身居何处，从而有效地促进财政公平。

虽然相对集权性的税收安排具有经济上的合理性，仍有必要让地方政府拥有部分税权。问题是哪些税收或是税种划给地方政府较为合适。一般地讲，从税种本身的特性，以及有利于政府职能的履行与政府目标实现的角度来看，对于流动性强、涉及国际贸易、政策目的明显、以调节收入再分配为主要目标的税种及其收入最好划归中央政府。同时，从效率原则出发，哪一级政府能够更为及时、有效、全面地掌握有关税基的信息，此种税收就应由哪一级政府来负责征收，即拥有相应的税收管辖权。而根据政府履行事权和支出责任的需要，某种税收与哪一级政府的具体支出责任直接相关就应由哪一级政府负责征收和使用，即拥有相应的税收管辖权和归属权。因此，通常将税源依附于居住地、流动性很弱、不能转嫁税负、税务管理与执法上规模经济不明显、与地方公共服务受益多少相关度较高的税收较适合划归地方政府。

非税收入作为政府收入的重要来源，虽说其重要性远不及税收，但在一些国家，特别是发展中国家，其筹集财政收入的作用不容小视，不同性质的非税收入也同样涉及在多级政府间如何划分收入权限的问题。

首先，收费收入是国家政府机关或国家事业机构等单位，在提供某些特定的公共服务、产品、基金或批准使用国家某些资源时，向受益人收取一定费用的一种财政收入形式，由于服务供给和收益需求的对应性和确定性，使得收费收入在政府间的划分变得较为容易，通常哪一级政府提供的服务，就应该由哪一级政府收取费用并归其使用。

其次，国有资产收益是国家（或代表国家的某一级政府）以国有资产所有者身份，凭借所有权从国有企业获取的经营利润、租金、股息（红利）等收入，由于此种政府收入以企业经营收益为载体，因此，政府间的收入划分也应遵循市场原则，即"谁出资、谁受益"，由哪一级政府出资组建的国有企业，其国有资产收益就应归属哪一级政府。

最后，对于债务收入的政府间划分，其中，中央政府举借的各种债务所形成的收入由中央政府使用和支配基本不存在什么质疑，主要问题体现在地方政府举债权及其债务收入的使用同中央政府的关系上。从理论上讲，地方政府举债权是地方财权的重要组成部分，地方债务收入属于地方专属财力，政府间债务收入划分的重点在于地方政府举债管理权限的划分。由于债务融资的特殊性，市场会对政府的举债行为形成天然的约束机制，但这种约束必须满足一系列条件，才能使得地方政府的债务融资行为无须外力，良性运转。这些条件包括：第一，自由和开放的市场；第二，信息充分的市场，即市场充分了解政府的财政信息（包括政府的经常性预算和偿债能力等方面）；第三，不存在地方政府获得中央政府或上级政府或金融机构救助的预期；第四，地方政府能够对资本市场信号作出灵敏反应，以避免违约或被排除出信贷市场，这需要建立政治制度上有效的财务责任机制，以及较高的地方财政自给能力。然而，目前这些条件在多数发达市场经济国家都很难全面实现，而广大发展中国家和经济转轨国家就更不可能具备。因此，在地方政府举债管理权限上（包括发行规模、利率、期限、偿还方式、收入使用等）实行中央和地方政府间的有选择的分权，综合使用市场约束机制和政府直接的债权分权手段，以及相关规则的限制来监督和约束地方政府债务，是最为现实的选择。

五、政府间的转移支付制度

政府间转移支付制度是政府间财政关系的重要内容和纽带，是实现事权和支出责任、财权与财力等政府间财政关系核心要素相互适应、匹配、对称的主要制度保障，它与政府间事权和支出责任的划分、财权与财力的划分共同构成政府间财政关系的三大支柱。完善政府间转移支付制度是深化财税体制改革的重要举措，是建立现代财政制度的关键环节，也是健全现代国家治理体系、实现国家长治久安的重要手段。

所谓政府间转移支付制度，是指在中央政府与地方政府之间或者上下级政府之间，不同地区的同级政府之间通过财政资金的无偿拨付，来调节各级政府收支水平的一项制度，即在既定的政府间支出责任和收入划分框架下，通过财政资金在各级政府之间的无偿拨付以弥补财政纵向与横向失衡、校正辖区间外溢、稳定宏观经济、促进区位效率、实现其他非经济目标的一项财政资源再分配制度。从转移支付方向考虑，政府间转移支付有两种模式：一种是上下级政府间的资金转移，即纵向转移支付，通过中央对地方财政的转移支付，使不同级次的财力与其支出责任的履行相一致，实现财政分配的纵向公平；另一种是同级政府间的资金转移，即横向转移支付，表现为财力富裕地区向财力不足地区转移资金，使相同级次的各级政府间财力与其支出责任的履行相一致，实现财政分配的横向公平。

除了解决政府间财政纵向失衡与横向失衡的问题外，政府间转移支付制度的存在还在于矫正辖区间公共产品提供的外溢性问题，体现拨款者在对最低公共服务标准、稳定经济、正外部性产品提供等方面的公共政策意图与偏好，引导并调整一级政府事权履行的优先顺序，对贫困地区、民族地区、受灾地区等特殊因素的调节等缘由的客观要求。可以说，政府间转移支付制度的不断完善与创新既是市场经济对公共财政的要求，也是维护多级政府政治

第一章
政府间财政关系：内涵界定与理论分析

秩序平稳、社会稳定的重要制度基础。

政府间转移支付从不同角度可以进行多种分类：从资金用途的角度可以分为一般性转移支付（或称财力性转移支付）和专项转移支付；根据资金的分配方式可分为公式补助和项目补助；根据补助款项是否要求资金配套可分为配套性转移支付与一次性非配套转移支付；按补助规模是否受到限制分为封顶与不封顶转移支付。其中，一般性转移支付通过公式以一次性非配套资金拨付为基础进行分配，拨款者不对资金用途加以限制，也不要求受补助地区提供配套资金，直接增加资金接受方的地方性财力，而专项转移支付通过公式或项目，或两者并举的方式进行资金分配，它可以是一次性非配套补助也可以是配套补助，专项补助的提供者规定了资金的具体用途，资金使用者不得将其挪作他用。同时，这两种类型的转移支付既可以是限额补助，也可以是无限额补助。

政府间转移支付制度的实施使得各个地区所获取的转移支付资金呈现出明显差距，这一方面直接缩小了地区间的财力差距，另一方面政府在使用转移支付资金后可以起到促进经济增长的作用，从而缩小地区间的经济发展差距，为实现公共服务均等化创造有利条件。

当然，由于会改变政府的可利用资源，政府间转移支付必然会对下级政府的财政决策产生一定的影响。这种影响的效果如何？转移支付资金只是取代了地方资金，还是确实带来了更多的支出？答案取决于转移支付产生的是替代效应还是收入效应。如果转移支付仅仅只是增加了政府的可用资源，则起到了收入效应。如果转移支付在增加资源的同时还减低了公共服务的边际成本，则起到了替代效应。两种效应都会对公共服务的需求量产生影响，但影响的效率有所不同，这就需要比较不同类型的转移支付，从而客观地认识其执行效果。

总的来说，对于一般性转移支付而言，其对接受补助一方具有明显的收入效应，即单纯增加地方财力，弥补地方财政缺口，基本不影响地方财政决策和支出偏好，而对于专项转移支付，其中，不封顶配套转移支付兼有收入效应和替代效应,有助于提高地方社会福利,并可在一定程度上矫正公共产品提供过程中的外部性问题,更重要的是,它是拨款政府将其公共政策偏好强加于受补助政府的一种强有力工具,而由于存在拨款政府对预算成本的控制,封顶配套转移支付的效果与前者相似,但程度上将有所折扣。

第三节　政府间财政关系的主要模式及特点

政府间财政关系的确立及其运转要受到诸多复杂因素的影响和制约,其中的一个重要背景因素,便是政府体制。不同的政府体制在很大程度上影响着政府间财政关系的集中或是分散程度,如果单纯从集权和分权的意义上进行分类的话,那么,可以把当今世界各国的政体组织形式主要划分为"单一制"和"联邦制"两种基本类型。其中任何一种形式的选择和实行,均极大地影响着财政体制的模式和运行,以及政府间财政关系的协调方式。

一、单一制国家的政府间财政关系

不难理解,单一制的政体组织形式强调的是国家权力和决策的集中,也强调居民对公共产品的同等享用权,各级地方政府对中央政府有着较多的依存关系,即使存在着多级政府和多级财政,也仍然由最高一级的中央政府对各级地方政府进行调控。有时,甚至只存在着一个级次的政府。在这种情况下,单一制的特征便会表现得更为突出和明显。世界上许多国家采取了单一制的政权组织形式。建立在城市基础之上的新加坡、摩纳哥、安道尔只有一级政府,是典型的单一制国家。英国、法国、意大利、西班牙、葡萄牙、土耳其、埃及、日本、韩国、印度尼西亚、新西兰等,均设立有多级政府,但却属于单一制国家。把中国划为单一制国家,也是许多学者所接受的观点。

相对于联邦制国家,单一制国家权力结构的特点是自上向下授权。这也

第一章
政府间财政关系：内涵界定与理论分析

决定了单一制国家的政府间财政关系更强调财政权力的制衡机制。如中央政府高度集中税收立法权，留给地方政府自由运作的空间较为狭窄。不过，需要强调的是，即使是单一制国家，其联邦主义财政色彩也非常强烈。简单地以一些指标考察，部分单一制国家的分权程度甚至可能高于部分联邦制国家。

由于受不同历史、文化背景、经济发展轨迹等因素的影响，单一制国家的政府间财政关系也是各有特色，但总的来说，对其特征的把握可归结为以下几点。

首先，单一制国家的政府间财政关系在宪法、财政基本法、若干财政专项法律的约束下，对于各级政府的事权、支出责任、税权及收入划分、转移支付、财力保障等，都有清晰明确的界定，事权与支出责任法定、税权与财力保障法定的特点明显。事实上，这一特征可能在众多发达国家均存在，无论其是联邦制国家，还是单一制国家。从英国、法国、日本等典型单一制国家的情况来看，政府间财政关系的相关规定，都有明确的法律支撑，各个级次政府的责、权、利较为清晰。这种清晰、明确，以法律为基础的政府间财政关系，可以较好地稳定各级次政府职能的履行甚至是未来改革的预期，最大限度地避免人为因素对政府间财政关系不确定的袭扰，防止政府间相互扯皮和不必要的冲突。

其次，单一制国家的各级政府间事权划分，较好地遵循了以外部性、信息复杂性、管理复杂性为标准的原则，且受国家规模的影响。事权划分是政府间财政关系的基础，只有事权得以较为清晰、合理地划分，政府整体职能才能较为充分地实施。财权划分以及政府间转移支付都是为更好地实施政府整体职能而设计。从典型单一制国家的情况来看，例如，社会保障中的养老保障部分，由于管理相对简单，信息相对复杂，因此需要中央和地方政府合作，其中，中央政府主要侧重在资金方面。其他类社会保障业务由于相对零散，管理相对复杂，则侧重由地方政府管理。在社会资本领域，较为明显地体现出按外部性程度来划分事权的原则：外部性较高的，由中央或省级政府来承担，较低的则由地方政府承担。在事权清晰、合理划分的基础上，中央政府还会利用专项转移支付的方式，就特定事权支持地方政府，也可以将特定事权委托地方政府执行。这种效能较高、清晰合理的事权划分方式，普遍存在于发达的单一制国家，如英国、法国、日本，而发达的联邦制国家如美国、德国也基本遵循这种模式。

再次，从财政支出与收入筹集的政府间比重来看，联邦主义财政色彩较为突出的单一制国家，其中央政府对地方政府财政收支均有较强的控制能力。在普遍实行财政联邦主义的单一制国家中，出现中央政府支出比重低于很多联邦制国家的情况也是较为常见的。然而，单一制国家的中央政府会在财政权力划分、权限分解、政策制定、立法等多个方面对地方政府财政具有干预能力，如税收政策制定的权力基本上集中在中央，中央政府可以委托地方政府承担部分事务，对于地方自治事务依法律中央也可以有部分干预的权力，在人事上中央对地方选举官员也有一定的罢免权，在地方债务问题上也有较强的干预能力。更重要的是，中央政府会通过各种转移支付，引导地方政府的行为。由此可见，政府间财政关系的集权分权程度并不能简单地只用收支比重来判断，执行政府职能的各项权力配置同样重要。在这方面，单一制国家相对于联邦制国家的中央政府拥有更大的权力。

最后，单一制国家财政分权与集权趋势的演变，受到本国国情以及历史背景的深刻影响。在历史上较为集权的国家，往往在经历了多次甚至较为重大的财政分权改革后，由于其单一制政体的历史惯性，许多财政集权的特征还会被遗留下来，财政分权改革只能是对集权程度的改观，在整体架构上依然会保留单一制国家的特点，英国、日本的财政分权改革都证实了这一点。从这个角度来说，财政分权是一种国际趋势，但各国政府间财政关系的安排，必然会受到本国历史以及具体国情的影响，从而具备其独特性。

二、联邦制国家的政府间财政关系

在联邦制国家的内部必定会存在着多级政府，然而相对于单一制国家，

第一章
政府间财政关系：内涵界定与理论分析

与政府职能、财政权责相关的决策权却极大地分散化了，各级政府均在一定程度上拥有决策的自主权。这种形式有助于各级政府因地制宜地实施其政策措施，但也不可避免地存在着机构及政策实施重叠、各级次政府之间关系相当复杂等一系列问题。在有的联邦制国家里，中央对地方所产生的控制极其有限，不少地方在确定税基和选择税率方面有相当可观的权限。同时，有的联邦制国家也通过有条件补助等转移支付方式对地方政府决策施加一定的影响。许多国家选择了单一制，但实行联邦制的国家也不在少数。美国、加拿大、德国、瑞士、澳大利亚是典型的经济发达的联邦制国家，而在发展中国家里，也有印度、马来西亚、巴基斯坦、巴西、墨西哥等实行联邦制的政体组织形式。

在联邦制国家的收入与支出结构中，大多数中央政府处于主导地位，但有的中央政府（如瑞士联邦政府）的处境则比较被动。总的来说，分权是联邦制的一个基本原则，这一原则在中央与地方的财政关系中也得到了具体体现和贯彻，即地方政府的财政权利受到了普遍而充分、有效的尊重和保护。在许多联邦制国家的宪法中都可以找到明确中央与地方财政关系的依据，从而指导其财政支出责任划分、收入划分、转移支付制度安排，以及政府间财政关系的调整与平衡，联邦制国家政府间财政关系的特征也主要体现在这些方面。

第一，联邦政府在联邦制国家财政实践中发挥了很大作用。联邦制国家通常是由历史上分立的国家（州）通过联合形成的，因此法律上一般赋予州政府相对较大的权利。但是，发展过程中由于经济融合、要素流动以及地区差异等原因，各种公共服务的跨域外溢效应越来越突出，而且提供这些公共服务所需的规模经济要求越来越高。相应地，出于外部性和激励相容的考虑，大量的公共服务只适合由联邦政府提供。不论是从雇员数量上看，还是从财政支出情况看，联邦政府在行使政府职能上均发挥了重要作用。

第二，联邦制国家的支出责任划分遵循外部性、信息复杂性和激励相容三原则。在联邦制国家中，具有跨境外部性和高度收入分配效应的事务，通常由联邦政府提供,体现外部性的原则。地方公共产品的提供,通常利用地方政府了解地方居民偏好的信息优势,放权给地方政府。需要复杂信息处理并具外部性的公共产品,由联邦和地方共同提供,最终形成激励相容的机制安排,在典型的联邦制国家中,如美国、加拿大、德国和澳大利亚,无一例外。在联邦、州和地方政府各自拥有相对独立的支出决定权和支出计划的三级体制中,联邦政府的支出主要用于国防、社会保险和医疗保险、社会福利、国债利息支付等,州和地方政府的财政支出主要用于教育、医院、社会治安、居民生活方面的基础设施等,联邦制还可能在跨域交通、通信、文教、能源、农业、环保等方面承担部分支出责任。

第三,联邦制国家在收入划分上充分考虑了税种的特征属性。具有高度收入分配效应的个人所得税均为联邦税收的重要组成部分,对于流转税,通常大部分税收权力归于联邦政府,或者即使次级政府具有一定的权利,也会被法律限制,如考虑到税负输出可能带来的外部性,美国规定州之间不允许征收类似关税的税收。联邦制国家地方政府通常依赖于税基相对固定、需要复杂信息评估的财产税形成财政收入,体现了信息复杂性原则。此外,这些国家通常会实施税收共享,充分调动联邦和地方的积极性,这是根据税种属性形成的激励相容的税制安排。具体而言,联邦制国家在联邦、州和地方三级财政体制中,各级政府都有其相对独立的税收体制,有些税目虽然彼此重复,但各级政府征收的侧重点是有区别的。联邦政府负责征收全国范围的税种,主要包括个人所得税、社会保险税、流转税(包括关税)、遗产和赠予税等;州政府征收流转税和州政府单独规定的个人所得税、公司所得税、消费税、遗产税等;地方政府征收财产税和地方政府自己规定的流转税、个人所得税等。其中,流转税与所得税具有共享税的特征,各级政府对其税基、税率的选择与征收权限的大小在不同国家都有所不同。

第四,虽然联邦制国家在财政实践上具有很多共性,但每个国家由于自然、经济、历史等原因往往具有一定特性,这突出表现在转移支付的安排上。如果说联邦制国家的财政体制是一种各级政府各自独立、互不统属的结构安排，那么各级政府之间纵向的财政转移则使政府之间的纵向联系得到了某种程度的加强，也有助于扭转联邦政府在中央地方财政关系中的被动局面，加强联邦政府的主导地位。美国政府大量使用分类专项转移支付，源于其注重拨款使用效率的目标和国内相对均衡的地区发展情况。加拿大政府体制与美国相似，但出于稳定的需要和人口、气候、资源、经济发展高度不平衡现状的考虑，通常采用一般性转移支付以实现公共服务均等化的政策目标。德国横向转移支付的出现和不断完善则是东、西部发展不平衡和历史上占领军意图的直接后果，其各级政府财政之间存在较多的彼此交叉。

第五，联邦制国家调整和平衡政府间财政关系的主要措施集中体现在宪法及法律规范的调整和专门机构的设立上。联邦制国家是由两个以上的主权单位为了某些共同的目标而结成的一种联盟，宪法具有某种程度的契约性质，是联邦政府与成员单位普遍尊重并共同遵守的准则和依据。因此，在各联邦制国家的宪法中，都包含有关于各级政府财政权利和义务的规定，甚至是非常详细的规定。如一些国家宪法中关于联邦政府和州、地方政府在支出责任划分、收入归属方面的规定。在有关地方政府之间实现横向财政转移方面，一些国家的宪法也有明确规定。例如，德国的《财政平衡法》规定，经济发展水平高的州必须对经济发展水平低的州提供财政补贴，以保持国内各州居民生活的相对一致。加拿大长期存在着以法裔居民为主的魁北克省与其他地区的分歧和矛盾。这一分歧的存在使得所有财政立法中都有适合于魁北克的特殊安排。此外，加拿大联邦政府为修正各省之间的不平衡，还制定了对较穷省份进行援助的倾向性政策。当然，为了更好地处理联邦政府对各州的拨款和援助，以及各州之间的横向转移支付，一些联邦制国家还设立了由联邦政府代表和州政府代表组成的专门机构，定期商讨财政补贴与借款的分配问题，如澳大利亚的贷款理事会、德国的"统一基金"等。

三、政府间财政关系模式的发展趋势

从世界各国现代政府间财政关系的发展历程与模式演进上看，围绕中央与地方在财政收入和支出上的集权与分权两个核心维度的划分,可以将大多数国家政府间财政关系在历史上及今天的模式演进与选择分为四种:"收入集权、支出集权";"收入分权、支出分权";"收入集权、支出分权";"收入分权、支出集权"。这也是政府间财政关系模式研究从理论到现实较为传统的讨论范式。

首先,"收入集权、支出分权"模式是目前世界上市场经济国家实行的主流模式,且跨越单一制和联邦制的政权组织形式。该模式有利于增强中央政府的宏观调控能力和收入再分配能力,能够有效地控制和影响地方政府行为,也可在事权和支出责任科学划分的基础上,通过法治和政策手段有效调动地方积极性和提高支出效率。虽然不同国家收入集权和支出分权的程度各不相同,各级政府间财政关系的具体安排上也存在较大差异,但是该模式的共同特点是中央政府自主收入大于自身支出需求,而地方政府的自主收入不能满足自身需求,从而需要中央政府自上而下地转移支付来满足支出需要。在一个中央政府面临多个地方政府时,转移支付制度的设计就显得尤为重要,制度设计不好或者不能有效弥补地方财政缺口也往往会带来很大的负面作用。1994年我国开始实行的分税制体制正是该种模式。作为市场经济国家政府间财政关系的主流模式,这种模式具有经济和政治上的内在逻辑。从经济角度看,中央政府在收入分配和宏观经济稳定上具有比较优势,因此划分税收收入时涉及宏观经济稳定和收入再分配的税种大多安排给中央政府,这也往往体现为中央政府在主体税种划分上占据主要地位,收入集权色彩凸显,而地方政府在地方性公共服务中体现出的资源配置优势,决定了其在支出分权中应扮演更为重要的角色。从政治逻辑上看,收入集权能够较好地维持中央(或联邦)政府的权威性,使中央政府拥有强有力的宏观调控能力,有效地控制地方政府,避免地方政府的离心化倾向,而支出分权则是实现地方社会治理与政治权益目标的必要手段。

其次,"收入集权、支出集权"模式较为特殊,这种模式的存在可能超越经济发展水平,甚至是不同国家的历史文化背景,往往出现在一个国家战争时期或战后恢复重建的初期、全国范围内经受重大自然灾害的时期，以及匹配全方位的计划经济等历史背景下。这种模式的优点是可以在短期内集中大量的收入用于重点支出，缺点是不利于调动地方的积极性发展经济，并因地制宜地提供地方性公共产品。例如，我国1949～1952年基本采取的就是这个模式，随后的1953～1978年也基本采取这种模式，不过其中经过数次改革，集权的程度有所降低。

再次，"收入分权、支出分权"模式部分存在于一些联邦制国家及经济转型国家的财政体制改革初期。这种模式的优点是可以有利地调动地方发展经济的经济性，促进经济增长，缺点是中央的宏观调控能力较弱，不利于宏观经济的稳定，也较难实现地区间的平衡发展。1978～1993年，我国实行的"财政包干制"基本上属于这种"双分权"模式。

最后，"收入分权、支出集权"模式。该模式下，中央政府的自主收入较少，收入不能满足自主需求；相反地方的自主收入较多，支出较少，中央需要地方自下而上地转移支付才能满足自身需求。该模式的缺点是不利于地方发挥积极性，因为地方政府的收入不能完全自主支配，必须上缴部分给中央。

对于政府间财政关系模式的划分，除了财政收支的集权和分权角度外，从中央政府和省级政府在省以下财政管理体制中所起的作用划分，财政管理体制可区分为两种模式：自治模式和命令模式。

所谓自治模式是指中央政府将制定省以下政府间财政关系的权力交给省级政府。在这种模式下，省以下财政管理体制由省级政府制定。国家法律、法规对于政府间财政关系的条款诸如财政支出责任的划分、有关税种的归属等都只涉及中央与省，而不涉及省以下政府。目前，世界上大多数国家都采取这种模式。自治模式下，在设计省及省以下地方政府的财政关系时，省级政府可能按照中央与省之间的财政关系设计省及省以下地方政府的财政关系，也可能按照自己的意愿重新设计。因此，省及省以下地方政府的财政关系未必反映和延续中央与省之间的财政关系。而命令模式则是指省及省以下政府间财政关系的安排由中央政府颁布命令直接规定。命令模式下，省及省以下地方政府的财政关系也是中央与省财政关系的反映和延续，二者具有统一性。德国、瑞士、巴西等国家普遍采用这种模式。命令模式的根本目的在于保障基层政府的利益，防止省级政府攫取地区政府的财政资源，确保中央与省级政府的财政关系与省及省以下政府的财政关系保持一致，便于中央政府制定的政策能够深入到地方并得到有效执行。

从发展的角度来看，政府间财政关系模式的演进在进入到20世纪80年代后呈现出不同于传统意义上对中央集权与地方自治的探讨，随着以强调绩效为核心的新公共管理运动及以企业家精神改造政府的公共管理改革浪潮的席卷，政府间财政关系呈现出网络化的发展趋势。这一新型模式的主要特征包括：第一，政府机构中等级色彩弱化，导致组织机构出现扁平化。网络关系中的各个政府虽然在管辖权限上有差别，但等级色彩与隶属关系已大大弱化，并趋向消亡。在网络世界中，政府之间联系的发生不以等级制为前提，它们的关系是多向度的、交织性的，而非等级制中自上而下的垂直控制，在政府组织结构上呈现出扁平化的特征。第二，相互依赖与分权。相互依赖是网络的本质特征。网络之所以存在是因为单个政府无法依靠自己的单独行动达到目标，而需要依靠其他政府的资源。如中央政府制定政策需要地方政府提供信息，中央政策目标的实现需要地方政府的政策执行，而地方政府的目标实现需要中央政府合法性的权威和资金支持。地方政府间需要相互提供资金、技术、劳动力以及市场等资源才能实现共赢。相互依赖性的提高需要实现政府间权力的分享，才能实现资源在各个政府之间的均衡配置。因此，网络在某种意义上是一种"多中心的制度安排"，各个政府都掌握着一定的资源，因而能够成为相对独立的决策中心，但同时又都必须依赖其他政府的资源，实现各自的目标，追求自身的利益。第三，信任与合作。网络世界中的各个政府之间，尤其是地方政府之间不是互相孤立的，当它们无法依靠自身的资源达到目标时，它们会主动进行联系，因此它们会选择合作而不是竞争。如果说行政命令是等级制的核心机制的话，那么信任与合作则是网络的核心机制。

第四节　现代财政制度下科学构建政府间财政关系的必要性

现代财政制度是国家治理现代化的重要基础,深化财税体制改革、建立现代财政制度,既是对现行政府间财政关系的继承、发展与创新,又是适应国家治理现代化新形势,对财税体制等基础制度的系统性重构。现代财政制度要求在体系上建立全面规范、公开透明的预算制度,公平统一、调节有力的税收制度,中央和地方事权与支出责任相适应的财政管理制度。因此,政府间财政关系的科学、有效、及时调整,既是遵循财税体制改革与政府职能转变的客观要求,也是为现代财政制度的构建提供体制保障,最终实现公共财政体制与现代财政制度的相互支撑、协同发展。

一、现代社会正确处理政府与市场关系的客观需要

现代社会实现各种资源的科学、有效利用,经济平稳增长,财富合理分配的重点与核心问题,是处理好政府与市场的关系,使市场在资源配置中起决定性作用和更好地定位与发挥政府作用。从发达市场经济国家现代化的过程来看,总的原则是尽可能市场,必要时政府,由市场发挥决定性作用,政府主要是弥补市场缺陷。财政作为政府履行基本职能的经济基础,政府治理和宏观调控首要运用的是财政工具,通过法定、科学、制度化的政府间财政关系执行各项财政政策、配置公共资源,使政府在市场监管、社会保障、公共服务等方面承担责任,保证市场和社会主体在公平的平台上竞争发展。

在现代国家的财政实践中,政府往往过分相信自身能力,过分干预价格、补贴生产、刺激消费等,这实际上是难以达到预期目标的,其结果是得不偿失。理想的状态是:政府要保证市场自由进出、契约自由、司法公正,保护

消费者权益和环境，从而让市场在最大范围内正常发挥资源配置的决定性与基础性作用。政府主要提供公共产品，同时可推行私人建设经营、政府监管的运营模式，促进公共产品的私人供给以缓解供需矛盾。

可见，科学构建政府间财政关系是发挥好政府职能作用的关键，通过各级政府事权内容与范围的确定，支出责任的划分，以及财权、财力的合理配置，将从根本上明确界定政府职能和职责范围，理顺政府间职责和财政关系，有效规范和约束政府这只"看得见的手"的行为，从法律、制度，特别是体制上客观划清政府与市场的职能界限。具体而言，首先，各级政府事权内容与范围的确定必须遵循政府与市场在资源配置中的角色定位，即市场为主、政府为辅，并以此为前提，在各级政府内部进一步划分事权与支出责任。在科学处理政府与市场间事权划分的问题上，一方面着力解决好政府干预过多的问题，有效约束政府竞争性投资决策，纠正税收减免、财政补贴等扭曲要素价格、干扰市场机制作用、误导资源配置的行为，取消、精简、下放不符合市场经济原则的事权，另一方面要将社会保障、基础教育、公共卫生、跨界交通与环保和边界治理等，不宜由市场配置的资源交由政府直接配置。其次，在各级政府的财权确立与财力获取上，也应坚持市场配置资源的主体地位，切实贯彻税收中性原则，将对市场资源配置影响最小化作为政府财权确立的指导思想。

正确认识政府与市场关系下的政府间财政关系构建，一方面有助于推进要素自由流动，为市场创造公平竞争的环境，促进市场发育和成长，另一方面，政府的事权范围主要被确定在加强市场监管、维护市场秩序、弥补市场失灵、推动可持续发展，在此基础上加强和优化公共服务，促进社会公正和共同富裕。这对于政府职能转变、公共管理效率提升和妥善处理政府与市场关系具有举足轻重的作用。

二、切实提升国家治理水平的体制保障

财政是国家治理的基础和重要支柱，是国家政权活动的重要组成部分，

既是经济范畴，也是政治范畴，政府间财政关系及相应的财税体制在治国安邦中始终发挥着基础性、制度性、保障性作用。政府间财政关系的确立与调整体现并承载着政府与市场、政府与社会、中央与地方等方面的基本关系，在国家治理体系中处于基础位置，深刻影响着经济、政治、文化、社会、生态文明、国家安全等领域。古今中外的实践表明，人类国家史上的每一次重大变革，无不渗透着深刻的财政原因。从大的趋势来看，随着经济社会发展，国家治理复杂性不断加深，政府职能逐步拓展与转变，社会公共风险持续增加，越来越需要强大的财政来支撑国家治理、保障政府履行职能，为市场经济有效运转提供服务和创造公平竞争环境。由于财政功能日益彰显，不论是发展中国家还是发达国家都在致力于推动政府间财政关系的不断优化，以及相应财政制度的现代化改造。

在国家治理体系中的众多领域的体制、制度建设中，不论从历史的角度来看，还是从我们面对的现实治理挑战来看，政府间财政关系的科学设计，相关权力、责任的合理划分，集中体现了国家治理现代化的多重目标，并为国家治理水平与能力的提升构筑基础性的体制保障，具有非常重要的意义。

首先，科学合理的政府间财政关系是国家治理的重要体制基础。财政是政府与市场、政府与社会、中央政府与地方政府之间联系的纽带，而且在任何的经济形态和社会发展阶段，财政都是政府治理和履行职能的基础。主要是因为，只要有政府职能的执行，任何经济政策或公共政策，都需要相应的财力支撑，而在多级政府的行政组织框架下，财政资金的筹集必然涉及不同层级政府的财权与财力的配置问题，如果这种政府间财政关系处理不当，必将对政府职能履行、公共政策实施，甚至政府本身的运转造成负面影响。尤其在当代市场经济条件下，财税体制已内嵌于市场经济体制，作为政治、经济、社会之间连接的纽带和经济体制改革与政治体制改革的交汇点，其本身的健康、稳定、平衡，运行过程的法制化、制度化、规范化水平以及对社会公平问题的矫正等内容都关乎一个国家治理体系建设和治理能力的现代化水平。

其次，法制化、制度化的政府间财政关系是国家治理的重要体制支柱。从现代社会的发展角度来看，政府间财政关系涉及的领域已经扩张到政治、经济、社会、文化、生态等国家治理体系的方方面面，例如，就确立政府与市场的合理关系来看，构建科学的政府间财政关系的第一步就需要明确市场在资源配置中发挥决定性作用，政府财政职能主要以提供公共产品，着力提升公共服务能力，不断改善民生为主；就实现基本公共服务均等化、平衡地区间经济发展水平来讲，就需要在既定政府间财权与财力配置的基础上，制定高效、有力的纵向与横向转移支付制度；就不断提升财政支出绩效与人民满意程度，打造权责一致的责任政府而言，就需要建立具有坚实理论基础、明确法律规范的政府间事权与支出责任相适应的财政支出体制；就改革收入分配制度，促进社会公平正义来讲，就需要进一步完善政府间税制结构，合理设定不同级次政府在流转税、所得税、财产税中的税收划分比重以及税收征管权限，提高税收征管效率。可以说，在现代社会发展的方方面面，都离不开政府间财政关系的完善，法制化、制度化的政府间财政关系已然成为解决改革与发展中问题的关键和国家治理的重要体制支柱。

三、有效履行政府公共财政职能的重要基石

公共财政职能是与市场经济体制相适应的政府经济职能，也是应对市场失灵的国家治理逻辑的延伸。通常与市场失灵的主要表现相对应，公共财政具有资源配置、收入分配和稳定与增长三大职能，而政府间财政关系的具体安排将极大地影响这三大职能的履行效果。

首先，科学合理的政府间财政关系为资源的充分利用和最优配置奠定体制基础。政府间财政关系的首要内容就是事权在政府与市场间的划分以及各级政府间的法定支出责任安排，只有首先明确了政府的事权范围，划清了其与市场间的边界，公共财政在弥补市场资源配置失效领域的职能作用才能得到准确、充分的发挥。同时，各级政府间如何科学、务实，以绩效结果为导

向的划分公共财政的资源配置职能,更是政府间事权与支出责任相适应的体制安排的重要依据。具体而言,包括实现供需双方在产品市场、劳务市场、资本市场中的信息共享,努力消除市场信息的不充分与不对称问题;促进市场公平竞争,防止和打破行业垄断;通过构建低成本产权确认与交易平台,促进相关企业的兼并重组,合理运用税收和补贴计划等手段解决外部性问题;引导消费者的合理需求偏好等在内的各种调节资源配置的公共财政职能都涉及如何实现各级政府间的事权与支出责任的科学划分,如果划分不当,公共财政的资源配置职能将很难落到实处。

其次,政府间财政关系在财权与财力上的划分将直接影响公共财政收入分配职能的发挥。公共财政的收入分配职能是为了达到收入公平合理分配的政策目标,政府对参与收入分配的各主体利益关系的调节。实现社会公平是公共财政收入分配职能的主要目的,即将社会收入差距维持在现阶段社会各阶层居民所能接受的合理范围内。税收是调节收入分配的主要手段,而不同的税种有其不同的税收属性和特征,政府间的财权划分应充分遵循这一点,否则公共财政收入分配职能的作用及政策执行将大打折扣。此外,从社会保障的角度来看,由于各级政府间事权与支出责任、财权与财力非对称现象的客观存在,制定有效的政府间纵向与横向财力保障制度,也是实现通过社会保障制度发挥公共财政收入分配职能的重要体制保障。

最后,健康有序的政府间财政关系是实现公共财政稳定与促进经济增长职能有效履行的重要体制载体。通过财政政策的制定、实施与调整,使整个社会保持较高的就业率,实现物价稳定、国际收支平衡以及经济持续增长等政策目标是公共财政稳定与促进经济增长职能的主要内容。一方面,科学的政府间财政关系在财权与财力的安排上,将竭力避免地方政府不合理的财政竞争,维护全国统一市场与国家对外经济政策的一致性,从而促进宏观经济的稳定与资源配置的高效。另一方面,中央政府将会通过各种财政转移支付引导或抑制地方政府的经济行为,从而将地方政府的公共财政职能履行有效地纳入全国统一的宏观经济政策中来,保证宏观经济政策从中央到地方的贯彻执行。因此，政府间财政关系的科学构建对于公共财政稳定与促进经济增长职能的发挥同样至关重要。

四、增强各级政府履行职责的能动性与积极性

无论是单一制国家还是联邦制国家，只要多级政府的政权组织形式存在，按照现代财政制度的要求，正确处理好政府间的多重财政关系，是确保中央和地方两个权利主体积极主动地履行政府职责的重要体制保障。

一方面，法律约束明确、原则务实、权责清晰的政府间财政关系将首先保障中央政府宏观调控、实施重大改革、推进基本公共服务均等化、协调区域发展能力、维护主权等方面的事权和支出责任的履行，通过财权、财力的科学配置，转移支付制度的不断完善，促使地方政府树立全国统一市场的施政理念，从有效提升国家治理能力、实现国家长治久安的角度主动配合、贯彻落实中央政府的改革措施与方针政策，最大限度地提升中央政府职责的履行效果。

另一方面，财政分权思想与改革措施不断优化的核心目标，就是要在适宜的范围内，明确地方政府的自治权力，充分发挥地方政府财政在资源配置与民生服务职能方面的积极性，从而为健康稳定的政府间财政关系构建注入可持续的正能量。在单一制宪政制度下，地方政府自治是一种纵向分权的模式，依照宪法规定将公权力从中央分割一部分归地方行使。在联邦制宪政制度下，地方自治的权利不是从上而下地授予，而是自下而上的对中央权力的限制，这种意义上的地方政府自治旨在防止中央权力对地方事务的干涉，有利于消除地方区域的公民对强大的中央国家权力的担心。然而，无论何种国体，从宪政制度设定看，地方政府与财政不仅是构成国家的基本单位，而且也是一个独立存在的权利主体。其与中央的权力划分是在宪法框架下进行分权实现的，与中央也不是一种简单的直接领导与被领导的关系。在这种体制下，强调地方政府及其财政的事权、支出责任、财权、财力的划定源自强调

包括集体自治在内的公民的固有权利，由于权利具有先验的正当性和不可剥夺性，因此这种政府间财政关系的构建理念更有利于保护地方政府财政自治权的行使，提高其政府职能履行的能动性和积极性。

此外，在政府间具体财政关系的设定上，中央政府也应尽量避免"一刀切"，让地方有权利行使和改革探索的施展空间，更好地发挥其信息获取优势，鼓励基层的首创精神，合理维护地方利益，调动和发挥地方政府财政管理改革的主动性和创造性。例如，在事权和税收体系进行调整后，如何弥补地方财力可能出现的缺口，中央政府要做好细致的测算工作。地方政府既得利益有所保证或提高，有利于调动和发挥地方改革发展的积极性、主动性和创造性，有利于增强地方经济社会活力。总之，构建科学合理的政府间财政关系，对于统筹兼顾，发挥好中央和地方的两个积极性，有效提升各级政府职能履行的能动性和积极性意义重大。

回顾与总结：事权是一级政府在公共事务和服务中应承担的任务和职责，支出责任是政府承担的运用财政资金履行其事权、满足公共服务需要的财政支出义务。换句话说，政府将财政资金用于做什么事、用于哪一类，具有选择性，表现为权力，即事权。而做事必须支出，表现为责任，即事责，体现在财政活动上的事责就是支出责任。财政事权是政府事权的重要组成部分，具体而言，财政事权是指一级政府应承担的运用财政资金提供基本公共服务的任务和职责，而相对于财政事权，支出责任可表述为政府履行财政事权的支出义务和保障，二者必须相互适应，对接流畅，其意义在于建立政府间以及政府与社会间的责任体系。

财权是各级政府为履行公共服务职能而拥有的财政资金的筹集权与支配权，财力是一级政府在一定时期为履行公共职能拥有的全部财政资金，是财政资源分配的最终结果。通常情况下，拥有财权的政府，一般拥有相应的财力，而拥有财力的政府却不一定拥有相应的财权。

我国政府对事权、支出责任、财权、财力之间的逻辑关系的认识经历并正在经历一个由浅入深的过程，从1994年分税制改革的"事权与财权相结合"到党的十七大"财力与事权相匹配"，再到十八届三中全会提出的"事权和支出责任相适应"，可以说，困扰我国财税体制改革多年的核心难题正在被逐渐攻破。

多级政府间财政关系的主要内容与合理构建应当是：首先，根据国家宪政结构，合理界定政府与市场的边界，从整体上明确国家的职能并确定政府的事权；其次，根据相应的原则合理划分各级政府以及政府各部门的事权与支出责任；再次，根据事权与支出责任的划分，合理构建税制结构，并确定各级政府的税收以及整个财政收入分配关系，辅之以财政转移支付制度来调整政府间财政关系，做到财力与事权之匹配；最后，通过预算制度、财政绩效评价制度和财政监督制度来确保财政收支行为的有效运转。

当今世界各国的政体组织形式主要划分为"单一制"和"联邦制"两种基本类型，其均极大地影响着政府间财政关系模式的选择和运行。单一制国家权力结构的特点是自上向下授权，这也决定了单一制国家的政府间财政关系更强调财政权力的制衡机制。分权是联邦制的一个基本原则，这一原则在中央与地方的财政关系中也得到了具体体现和贯彻，即地方政府的财政权利受到了普遍而充分、有效的尊重和保护。

除了财政收支的集权和分权角度外，从中央政府和省级政府在省以下财政管理体制中所起的作用划分，政府间财政关系还可区分为自治模式和命令模式两种。此外，近年来政府间财政关系也越来越多地呈现出网络化的发展趋势。

科学构建政府间财政关系是建立现代财政制度的必然要求，也是现代社会正确处理政府与市场关系的客观需要。改革实践中，科学合理的政府间财政关系必将增强各级政府履行职责的能动性与积极性，为切实提升国家治理水平提供坚实的体制保障，为有效履行政府公共财政职能奠定重要基石。

第二章　分税制改革以来政府间财政关系的梳理与评价

本章导读：中华人民共和国成立以来，伴随着各个历史阶段政治和经济形势的变化，财政体制经历了多次改革，总体的改革取向是由集权逐步走向分权。在新中国成立后的国民经济恢复时期，实施的是高度集权的"统收统支"财政体制。从第一个五年计划开始，逐步过渡到"统一领导、分级管理"的财政体制。改革开放后，为调动地方政府的积极性，实行了多种形式的"分级包干"财政体制。从1994年1月1日起，中央对各省、自治区、直辖市以及计划单列市实行分税制财政体制改革。分税制财政体制运行至今，显现出良好的经济与政策效应，不仅建立起财政收入的稳定增长机制，增强了中央政府的宏观调控能力，而且也推动了产业结构的调整和资源配置的优化，增强了地方政府加强收支管理的主动性和自主性。但随着我国经济社会形势的变化，既有财政体制也显现出一些深层次的问题，需要进一步改革与完善。政府间事权与支出责任划分不够清晰，收入划分不尽合理妨碍了财政职能的有效实施，降低了公共产品的供给效率；政府间转移支付制度不健全，省以下财政体制不规范影响到基本公共服务均等化的顺利推进，也成为基层财政困难的重要原因。在现有财力无法满足支出的情况下，有些地方便试图通过"土地财政"、债务融资等途径增加可支配财力，地方债务负担的加剧在一定程度上成为地方经济发展和社会稳定的隐患。

1994年分税制改革通过以事权划分为基础界定中央与地方的支出范围，按税种的归属划分中央与地方的收入范围，分设国税与地税机构，建立中央对地方的税收返还制度以及实行过渡期转移支付制度等措施，初步构建起社会主义市场经济条件下的分级财政体制。其后，中央依据体制运行状况和宏观调控的需要从调整中央与地方收入划分格局、建立健全转移支付制度以及规范省以下财政体制等方面对分税制财政体制进行了多次调整与规范，经过二十余年的改革和实践，分税制财政体制的制度框架不断完善，制度内容不断丰富，显现出良好的政策与经济效应，但在其运行过程中也积累了一些深层次的问题，需要进一步改革与完善。

第一节 1994年分税制财政体制改革

1993年12月15日，国务院发布《关于实行分税制财政体制的决定》，决定从1994年1月1日起改革财政包干体制，对各省、自治区、直辖市以及计划单列市实行分税制财政体制。

具体而言，1994年分税制改革主要是从以下层面展开。

一、中央与地方的事权和支出划分

1994年分税制改革首先根据中央与地方事权划分情况，对中央与地方的支出责任进行了初步界定。中央财政主要承担国家安全、外交和中央国家机关运转所需经费，调整国民经济结构、协调地区发展、实施宏观调控所必需的支出以及由中央直接管理的事业发展支出；地方财政主要承担本地区政权机关运转所需支出以及本地区经济、事业发展所需支出。中央与地方的具体支出责任划分情况如表 2-1 所示。

表 2-1　　　　　　　　　1994 年中央与地方支出责任划分

中央财政支出	国防费，武警经费，外交和援外经费，中央级行政管理费，中央统管的基本建设投资，中央直属企业的技术改造和新产品试制费，地质勘探费，由中央财政安排的支农支出，由中央负担的国内外债务还本付息支出，以及中央本级负担的公检法支出和文化、教育、卫生、科学等各项事业费支出
地方财政支出	地方行政管理费，公检法经费，民兵事业费，地方统筹安排的基本建设投资，地方企业的技术改造和新产品试制经费，地方安排的农业支出，城市维护和建设经费，地方文化、教育、卫生等各项事业费，价格补贴以及其他支出

二、中央与地方的收入划分

将维护国家权益、实施宏观调控所必需的税种划分为中央税；将同经济发展直接相关的主要税种划分为中央与地方共享税；将适合地方征管的税种划分为地方税，充实地方税税种，增加地方税收入。同时，分设中央与地方两套税务机构，中央税务机构征收中央税和中央与地方共享税，地方税务机构征收地方税。1994 年分税制改革时，中央与地方的具体收入划分如下。

中央固定收入包括关税，海关代征的消费税和增值税，消费税，中央企业所得税，地方银行和外资银行及非银行金融企业所得税，铁道部门、各银行总行、各保险总公司等集中交纳的收入（包括营业税、所得税、利润和城市维护建设税），中央企业上缴利润等。外贸企业出口退税，除 1993 年地方实际负担的 20% 部分列入地方财政上缴中央基数外，以后发生的出口退税全部由中央财政负担。

地方固定收入包括营业税（不含铁道部门、各银行总行、各保险总公司集中交纳的营业税），地方企业所得税（不含上述地方银行和外资银行及非银行金融企业所得税），地方企业上缴利润，个人所得税，城镇土地使用税，固定资产投资方向调节税，城市维护建设税（不含铁道部门、各银行总行、各保险总公司集中交纳的部分），房产税，车船使用税，印花税，屠宰税，农牧业税,对农业特产收入征收的农业税(简称农业特产税),耕地占用税,契税,土地增值税,国有土地有偿使用收入等。

中央与地方共享收入包括增值税、资源税、证券交易(印花)税。增值税中央分享75%,地方分享25%。资源税按不同的资源品种划分,海洋石油资源税作为中央收入,其他资源税作为地方收入。证券交易(印花)税,中央与地方各分享50%。

三、中央财政对地方财政的税收返还

为了保护地方既得利益格局,争取地方政府对改革的支持,中央采取"维持存量、调整增量"逐步达到改革目标的方针,为此制定了中央对地方增值税和消费税税收返还的办法。税收返还数额的计算以1994年为基期,按分税后地方净上划中央的收入数额(消费税+75%的增值税-中央下划收入),作为中央对地方税收返还的基数,基数部分全部返还给地方。税收返还计算公式为:

$$R = C + 75\% V - S$$

式中,R为1994年税收返还基数;C为消费税收入;V为增值税收入;S为中央对地方下划收入。

为了进一步确保地方的既得利益,不仅税收返还基数全部返还给地方,而且决定1994年以后的税收返还数额还要有一定的增长。增长办法是,将税收返还与各地区当年上缴中央金库的"两税"(消费税和增值税的75%)的增长率挂钩,税收返还的增长率按各地区"两税"增长率的1:0.3系数确定,即各地区的"两税"每增长1%,税收返还增长0.3%。税收返还增长计算公式为:

$$R_n = R_{n-1}(1 + 0.3 r_n)$$

式中,R_n为1994年以后的第n年的中央对地方的税收返还;R_{n-1}为第n

年的前一年的中央对地方的税收返还；r_n是第 n 年的"两税"增长率。

如果 1994 年以后上划中央收入达不到 1993 年的基数，则相应扣减税收返还数额。

四、原体制中央补助、地方上解及有关结算事项的处理

为顺利推进分税制改革，1994 年实行分税制以后，原体制的分配格局暂时不变，过渡一段时间再逐步规范。原体制中央对地方的补助继续按规定补助。原体制地方上解仍按不同体制类型执行：实行递增上解的地区，按原规定继续递增上解；实行定额上解的地区，按原规定的上解额，继续定额上解；实行总额分成的地区和分税制试点地区，暂按递增上解办法，即按 1993 年实际上解数，并核定一个递增率，每年递增上解。为了进一步规范分税制体制，1995 年对上述办法进行了调整、改进。从 1995 年起，凡实行递增上解的地区，一律取消递增上解，改为按各地区 1994 年的实际上解额实行定额上解。原来中央拨给地方的各项专款，该下拨的继续下拨。地方承担的 20% 出口退税以及其他年度的上解和补助项目相抵后，确定一个数额，作为一般上解或补助处理，以后年度按此定额结算。实行分税制财政管理体制后，中央和地方都要按照新的口径编报财政预算。由于中央对地方的税收返还支出数额较大，为避免资金的往返划拨，保证地方财政正常用款，将中央税收返还数和地方的原上解数抵扣，按抵扣后的净额占当年预计中央消费税和增值税收入数的比重，核定一个"资金调度比例"，由金库按此比例划拨消费税和中央分享的增值税给地方。

第二节　1994 年后政府间财政关系的调整与变动

1994 年分税制财政体制改革之后，随着经济体制和财政改革的深入与拓

展，根据客观情况的变化和实际需要，我国各级政府间的财政关系又经历了多次、多方面的调整与变动。

一、中央与地方政府间收入划分的调整

（一）实施所得税收入分享改革

为进一步规范中央和地方政府之间的分配关系，建立合理的分配机制，减缓地区间财力差距的扩大和支持西部大开发，逐步实现共同富裕，从2002年1月1日起，改革原来按企业的行政隶属关系划分所得税收入的办法，对企业所得税和个人所得税收入实行中央和地方按比例分享。中央财政因所得税分享改革增加的收入全部用于对地方（主要是中西部地区）的一般性转移支付。地方所得的转移支付资金由地方政府根据本地实际，统筹安排，合理使用。首先用于保障机关事业单位职工工资发放和机构正常运转等基本需要。

（二）提高证券交易（印花）税的中央分享比例

从1997年1月1日起，将中央与地方共享收入中的证券交易（印花）税的分享比例由原来中央与地方各自50%，调整为中央占80%，地方占20%，后又调整为中央占88%，地方占12%。自2000年10月1日起，证券交易（印花）税的分享比例调整为中央占91%，地方占9%，并分三年把证券交易（印花）税的分享比例调整到中央占97%，地方占3%。自从2016年1月1日起，将证券交易印花税全部调整为中央收入。

（三）改革出口退税负担机制，建立中央和地方共同负担机制

2003年10月对出口退税机制进行改革，改革后从2004年开始出口退税将由中央和地方共同负担，办法是以2003年出口退税实退指标为基数，对超

基数部分的应退税额，由中央与地方按75%：25%的比例分别承担。2005年1月1日起，各地区出口货物所退增值税中，超基数部分的退税额，中央和地方的分担比例从原来的75%：25%改为92.5%：7.5%。属于基数部分的退税额，继续由中央财政负担。

（四）成品油税费改革

为建立完善的成品油价格形成机制和规范的交通税费制度，促进节能减排和结构调整，公平税负，依法筹措交通基础设施维护和建设资金，国务院决定自2009年1月1日起实施成品油价格和税费改革。该项改革提高成品油消费税单位税额，不再新设立燃油税。

（五）其他中央与地方政府间收入划分的调整

1. 营业税

从1997年1月1日起，将金融保险业营业税税率由5%提高到8%。提高营业税税率后，除各银行总行、保险总公司交纳的营业税仍全部归中央收入外，其余金融、保险企业缴纳的营业税，按5%税率征收的部分归地方，提高3个百分点征收的部分归中央。后来为了支持金融保险行业的改革，从2001年起，金融保险业营业税税率每年下调1个百分点，分三年将金融保险业营业税税率降至5%，中央分享部分也随之取消。从2012年1月1日起，铁道部集中缴纳的铁路运输企业营业税（不含铁路建设基金营业税）由中央收入调整为地方收入，铁道部集中缴纳的铁路建设基金营业税仍作为中央收入。2016年5月1日起，全面推行"营改增"试点，取消营业税，过渡期（暂定2~3年）内增值税收入中央与地方五五分成。

2. 增值税

为进一步完善分税制财政体制，从2016年起，中央对地方实施增值税定额返还，对增值税增长或下降地区不再增量返还或扣减。

3. 车辆购置税

自2001年起开征，收入全部归中央政府。

4. 船舶吨位税

自2001年重新纳入预算管理，收入全部归中央政府。

经多次调整后，现行中央与地方的收入划分情况如表2-2所示。

表2-2　　　　　　　　现行中央与地方的收入划分

中央固定收入	关税，海关代征的消费税和增值税，消费税，船舶吨位税，车辆购置税，未纳入共享范围的中央企业所得税，证券交易（印花）税，中央企业上交的利润等
中央与地方共享收入	增值税中央分享50%，地方分享50%；纳入共享范围的企业所得税和个人所得税中央分享60%，地方分享40%；资源税按不同的资源品种划分，海洋石油资源税作为中央收入，其他资源税作为地方收入
地方固定收入	城镇土地使用税，城市维护建设税，房产税，车船税，印花税（不含证券交易印花税），耕地占用税，契税，烟叶税，土地增值税，地方企业上缴利润，国有土地有偿使用收入等

二、财政转移支付制度的建立与发展

1994年分税制改革后，为调节各级政府之间的纵向财政不平衡以及同级政府不同地区间的横向财政不平衡，建立了政府间的财政转移支付制度并进行了调整和完善。

（一）税收返还制度的发展与规范

1. 实施所得税基数返还

从2002年1月1日开始，改革原来按企业的行政隶属关系划分所得税收入的办法，对企业所得税和个人所得税收入实行中央和地方按比例分享。为照顾地方政府的既得利益，在所得税分享改革的同时，实施所得税基数返还。

2. 实施成品油税费改革税收返还

2009年实施成品油价格和税费改革后，取消原有的公路养路费等六项收费,为了确保成品油价格和税费改革的平稳实施,保障交通基础设施养护和建设等需要,逐步推动全国交通均衡发展,中央财政对各地因取消"六费"减少的收入给予税收返还。

3. 将地方上解收入纳入税收返还

2009年,简化中央与地方财政结算关系,将出口退税超基数地方负担部分专项上解等地方上解收入也纳入税收返还,将地方上解与中央对地方税收返还作对冲处理(冲抵返还额),相应取消地方上解中央收入科目。

(二) 政府间转移支付制度的建立与健全

1994年分税制改革以后,我国逐步建立了以财力性转移支付和专项转移支付为主的转移支付制度。其中,财力性转移支付是中央财政为弥补欠发达地区的财力缺口、缩小地区间财力差距、实现基本公共服务均等化安排给地方财政的补助资金,以及中央出台减收增支政策对财力薄弱地区的补助。专项转移支付是中央财政为实现特定的宏观政策及事业发展战略目标,以及对委托地方政府代理的一些事务或中央地方共同承担事务进行补偿而设立的补助资金,需按规定用途。1995年后,财力性转移支付和专项转移支付的规模逐步扩大,所占比重不断上升(见表2-3)。

表2-3 1995~2008年税收返还与财政转移支付形式及其比重

年 份	中央对地方的税收返还和转移支付(亿元)	税收返还和体制补助与上解 数量(亿元)	税收返还和体制补助与上解 比重(%)	财力性转移支付 数量(亿元)	财力性转移支付 比重(%)	专项转移支付 数量(亿元)	专项转移支付 比重(%)
1995	2534.06	1867	73.68	291	11.48	375	14.80
1996	2722.52	1949	71.59	235	8.63	489	17.96
1997	2856.67	2012	70.43	273	9.56	516	18.06
1998	3321.54	2083	62.71	313	9.42	889	26.76
1999	4086.61	2121	51.90	511	12.50	1360	33.28
2000	4665.31	2207	47.31	893	19.14	1648	35.32
2001	6001.95	2309	38.47	1605	26.74	2204	36.72

续表

年 份	中央对地方的税收返还和转移支付（亿元）	税收返还和体制补助与上解		财力性转移支付		专项转移支付	
		数量（亿元）	比重（%）	数量（亿元）	比重（%）	数量（亿元）	比重（%）
2002	7351.77	3007	40.90	1944	26.44	2402	32.67
2003	8261.41	3425	41.46	2241	27.13	2392	28.95
2004	10407.96	3609	34.68	2934	28.19	3238	31.11
2005	11473.68	4143.71	36.11	3812.72	33.23	3517.25	30.65
2007	18112.45	4121.55	22.76	7092.9	39.16	6898	38.08
2008	22990.76	4282.16	18.63	8746.21	38.04	9962.39	43.33

资料来源：1995~2008年《全国财政决算》，财政部网站，http://yss.mof.gov.cn/zhengwuxinxi/caizhengshuju/。

2009年起，为进一步规范财政转移支付制度，将中央对地方的转移支付，分为一般性转移支付、专项转移支付两类（见表2-4）。其中，一般性转移支付包括原财力性转移支付，并将补助数额相对稳定、原列入专项转移支付的教育、社会保障和就业、公共安全、一般公共服务等支出，改为一般性转移支付；原一般性转移支付改为均衡性转移支付。一般性转移支付是指中央政府对有财力缺口的地方政府（主要是中西部地区），按照规范的办法给予的补助，地方政府可以按照相关规定统筹安排和使用。一般性转移支付资金按照客观、公正的原则，根据客观因素，设计统一公式进行分配，财政越困难的地区补助程度越高，具有明显的均等化效果。专项转移支付是指上级政府为了实现特定的经济和社会发展目标，给予下级政府的资金补助，由下级政府按照上级政府规定的用途安排使用。专项转移支付主要根据党中央、国务院确定的政策，重点用于农林水、教育、医疗卫生、社会保障和就业、交通运输、节能环保等领域。1994年实行分税制财政体制后，专项转移支付范围越来越广，规模越来越大。中央对地方专项补助主要是针对中西部地区实施，80%以上的专项转移支付分配到中西部地区。

表 2-4　2009~2015 年中央对地方的税收返还与转移支付的结构

年份	中央对地方的财政转移支付（亿元）	税收返还 数量（亿元）	税收返还 比重（%）	一般性转移支付 数量（亿元）	一般性转移支付 比重（%）	专项转移支付 数量（亿元）	专项转移支付 比重（%）
2009	28563.79	4886.70	17.11	11317.20	39.62	12359.89	43.27
2010	32341.09	4993.37	15.44	13235.66	40.93	14112.1	43.64
2011	39921.21	5039.88	12.62	18311.34	45.87	16569.99	41.51
2012	45361.68	5128.04	11.30	21429.51	47.24	18804.13	41.45
2013	48019.92	5046.74	10.51	24362.72	50.73	18610.46	38.76
2014	51591.04	5081.55	9.85	27568.37	53.44	18941.12	36.71
2015	55097.51	5018.86	9.11	28455.02	51.64	21623.63	39.25

资料来源：2009~2015 年《全国财政决算》，财政部网站，http://yss.mof.gov.cn/zhengwuxinxi/caizhengshuju/。

三、省以下财政体制的改革与变化

（一）创新省对县、县对乡财政管理方式

近年来，各地区积极创新省以下财政管理方式，推进了省直管县和乡财县管改革。截至 2011 年底，全国 27 个省份在 1080 个市县实行了省直管县财政管理方式改革，约占全国县级总数的 54%[①]。省直管县改革有利于发挥省级财政在省辖区域内对财力差异的调控作用，帮助缓解县级财政困难，减少财政管理级次，降低行政成本，推动城乡共同发展。截至 2011 年底，全国实行乡财县管的乡镇 2.93 万个，约占全国乡镇总数的 86%[②]。乡财县管改革集中和加强了乡镇收入管理，控制和约束了乡镇支出需求，统一和规范了乡镇财务核算，遏制和缩减了乡镇债务规模，提高了县乡财政管理水平。

[①②] 《中国财政基本情况（2011）——省直管县和乡财县管改革情况》，财政部网站，http://www.mof.gov.cn/zhuantihuigu/czjbqk2011/cztz2011/201208/t20120831_679730.html。

（二）构建县级基本财力保障机制

2005年，针对县乡财政困难状况，中央财政安排150亿元，建立"三奖一补"县乡财政困难激励约束机制，旨在缓解县乡财政困难。"三奖一补"政策的实施既加快了基层发展经济的积极性，也调动了省市财政向基层加大转移支付的积极性，对提高基层公共服务能力，保证基层政权运转能力发挥了积极作用。

2010年9月，为进一步增强财力薄弱地区基层财政保障能力，财政部印发《关于建立和完善县级基本财力保障机制的意见》（财预〔2010〕443号），在既有转移支付制度和"三奖一补"政策基础上，全面部署建立和完善县级基本财力保障机制。这一机制以"保工资、保运转、保民生"为目标，按照"明确责任、以奖代补、动态调整"的基本原则，中央财政根据工作实绩对地方实施奖励。

2011年2月，财政部向地方转发相关文件，要求地方各级政府在今后三年建立和完善县级基本财力保障机制。文件明确，地方财政是建立县级基本财力保障机制的责任主体。同时，财力保障县自身也要加强收入征管，增加财政收入，并严格控制精简财政供养人员，优化支出结构。文件要求，到2013年仍存在县级基本财力的缺口的地区，中央财政相应扣减该地方的均衡性转移支付或税收返还，直接用于补助财力缺口县。

在中央财政的引导和激励下，各地积极采取措施，努力提高县级基本财力保障水平，基本财力保障尚有缺口县的个数和缺口额大幅减少。截至2012年底，县级基本财力保障机制全面建立，基本消除了县级基本财力保障缺口，全面实现了基层政府"保工资、保运转、保民生"的既定政策目标。

第三节 分税制财政体制改革的主要成效

分税制改革是新中国成立以来改革力度最大、范围最广、影响最为深远的一次财税制度创新,是我国财政体制的一次具有里程碑意义的重大改革,是我国财政体制的一次重大调整。通过这次改革,基本上建立起了适应社会主义市场经济发展要求的财政体制框架。从实践上看,二十余年财政体制改革的基本导向是与社会主义市场经济体制的内在要求相适应,并且在运行过程中已显示出较为良好的政策与经济效应。

一、构建了分级财政体制的基本框架,规范了各级政府间的财政关系

1994年分税制改革通过以事权划分为基础界定中央与地方的支出范围,按税种的归属划分中央与地方的收入范围,分设国税与地税机构,建立中央对地方的税收返还制度以及实行过渡期转移支付制度等措施,初步构建起社会主义市场经济条件下的分级财政体制。分税制财政体制按照兼顾各方利益关系、事权与财权相结合的原则,以法律法规形式对中央与地方政府的事权、财权加以明确界定和划分,并以较为规范的政府间转移支付制度实现各级政府事权与财力的基本匹配,使各级财政都能够在法律规范的体制框架内行使各自的职责。显然,作为市场经济条件下政府间财政关系的承载体,分税制财政体制所顾及的利益范围较之前的财政包干体制更为完整,中央与地方的共同利益以及自身利益均得到承认与体现,从而跳出了传统财政体制下仅强调中央或地方某一方财政利益的限制,基本实现了财政体制的稳定与明晰。

二、调动了各方面积极性,国家财政实力显著增强

1994年的财税改革较好地处理了国家与企业、个人的分配关系,规范了中央与地方的分配关系,调动了各级政府促进经济发展、加强税收征管、依法组织收入的积极性,建立起财政收入稳定增长机制。分税制改革后,我国

财政收入保持了较快增长势头，财政实力不断壮大（见表 2-5）。1993~2015 年，全国一般公共预算收入由 4348.95 亿元增加到 152269.23 亿元，增长了 35.01 倍；全国一般公共预算收入占国内生产总值的比重则由 12.30% 提高到 22.50%。

表 2-5　财政收入占 GDP 的比重与中央收入占财政收入的比重变化

年份	全国财政收入（亿元）	全国财政收入占 GDP 的比重（%）	中央财政收入（亿元）	中央收入占全国财政收入的比重（%）
1993	4348.95	12.30	957.51	22.00
1994	5218.1	10.80	2906.5	55.70
1995	6242.2	10.30	3256.62	52.20
1996	7407.99	10.40	3661.07	49.40
1997	8651.14	11.00	4226.92	48.90
1998	9875.95	11.70	4892	49.50
1999	11444.08	12.80	5849.21	51.10
2000	13395.23	13.50	6989.17	52.20
2001	16386.04	14.90	8582.74	52.40
2002	18903.64	15.70	10388.64	55.00
2003	21715.25	16.00	11865.27	54.60
2004	26396.47	16.50	14503.1	54.90
2005	31649.29	17.30	16548.53	52.30
2006	38760.2	18.50	20456.62	52.80
2007	51321.78	20.80	27749.16	54.10
2008	61330.35	20.40	32680.56	53.30
2009	68518.3	20.10	35915.71	52.40
2010	83101.51	20.71	42488.47	52.40
2011	103874.43	22.03	51327.32	49.41
2012	117253.52	22.58	56175.23	47.91
2013	129209.64	22.71	60198.48	46.59
2014	140370.03	22.05	64493.45	45.95
2015	152269.23	22.50	69267.19	45.49

资料来源：1993~2015 年数据来自于《中国统计年鉴（2016）》，中国统计出版社 2016 年版。

三、中央调控能力增强，促进了地区协调发展

实施分税制财政体制后，逐步建立了中央财政收入稳定增长的机制，为提高中央本级收入占全国一般公共预算收入的比重提供了必要条件。通过实施1994年分税制改革和2002年所得税收入分享改革，中央财政集中了主体税种的大部分收入。在一般公共预算收入中，中央财政收入占全国财政收入的比重逐步上升（见表2-5），1993~2015年，中央本级收入占全国一般公共预算收入的比重由22.00%提高到45.49%。[①]中央财政收入规模的壮大，增强了中央政府的宏观调控能力，促进了国民经济的持续稳定快速发展和国家的长治久安。近年来，中央得以做了许多年想做而无法做的大事，如加强对低收入群体的社会保障，增加科技与教育经费，加强基本建设力度。应对2008年金融危机，实施积极财政政策，家电下乡，汽车下乡，家电以旧换新等措施。随着中央财政财力再分配能力的提高，中央财政对地方的税收返还与转移支付快速增长（见表2-6），为中央均衡地区间财力差异提供了财力保障。

表2-6　　1994年以来中央对地方的税收返还与转移支付规模

年份	中央对地方的转移支付（亿元）	地方财政支出（亿元）	中央转移支付占地方财政支出的比重（%）
1994	2389.09	4038.19	59.16
1995	2534.06	4828.33	52.48
1996	2722.52	5786.28	47.05
1997	2856.67	6701.06	42.63
1998	3321.54	7672.58	43.29
1999	4086.61	9035.34	45.23
2000	4665.31	10366.65	45.00
2001	6001.95	13134.56	45.70

---

① 2011年，全面取消预算外资金，将所有政府性收入纳入预算管理。地方政府的非税收入增长较快，比2010年增长43.4%。因此造成地方政府收入占全国财政收入的比重有所上升。

续表

年份	中央对地方的转移支付（亿元）	地方财政支出（亿元）	中央转移支付占地方财政支出的比重（%）
2002	7351.77	15281.45	48.11
2003	8261.41	17229.85	47.95
2004	10407.96	20592.81	50.54
2005	11473.68	25154.31	45.61
2006	13501.45	30431.33	44.37
2007	18112.45	38970.86	46.48
2008	22990.76	49248.49	46.68
2009	28563.79	61044.14	46.79
2010	32341.09	73884.43	43.77
2011	39921.21	92415.48	43.20
2012	45361.68	107188.34	42.32
2013	48019.92	119740.34	40.10
2014	51591.04	129215.49	39.93
2015	55097.51	150335.62	36.65

资料来源：1994～2015 年《全国财政决算》，财政部网站，http：//yss.mof.gov.cn/zhengwuxinxi/caizhengshuju/。

四、强化了地方财政的预算约束，增强了地方加强收支管理的主动性和自主性

通过分税制财政体制改革，初步理顺了政府间的责权关系，在政府间初步建立了各司其职、各负其责、各得其利的约束机制和费用分担、利益共享机制。税种、税源按财政体制划定的标准分属中央政府或地方政府，各级财政预算的财力来源、规模约束明显增强，自收自支、自求平衡的责任明显加重。现行分税制财政体制强化了对地方财政的预算约束，提高了地方坚持财政平衡、注重收支管理的主动性和自主性。此外，也推动了经济结构调整，一定程度上抑制了盲目投资，地方政府的经济行为和投资行为发生了积极变化，产业结构和发展方式都有所调整和转变。

第四节　政府间财政关系中存在的主要问题

在肯定分税制财政体制改革成就的同时，不可否认，1994年分税制改革是基于当时的历史条件而搭建的一个制度框架。由于各种因素的制约，如社会主义市场经济体制刚刚建立，照顾地方既得利益等，我国1994年进行的分税制财政体制改革在许多方面仍带有旧体制的印记，现行的财政体制距离规范的分级财政体制还有一定差距。在全面建设小康社会的进程中，加快经济发展方式转变、调整优化经济结构，推动社会事业发展、保障和改善民生，调节收入分配差距、促进社会和谐等，对财政的要求越来越高。相对于这些要求以及经济社会发展的新情况新形势而言，特别是面对当今世界大变革、大发展、大调整的新格局，我国现行财政体制中还存在一些比较突出的问题，表现在以下几个方面。

一、政府间事权和支出责任划分不清晰、不合理和不规范

1994年实施的分税制改革，初步构建了中国特色社会主义制度下中央与地方财政事权和支出责任划分的体系框架，为我国建立现代财政制度奠定了良好基础。总体来看，我国财政事权和支出责任划分为坚持党的领导、人民主体地位、依法治国提供了有效保障，调动了各方面的积极性，对完善社会主义市场经济体制、保障和改善民生、促进社会公平正义，以及解决经济社会发展中的突出矛盾和问题发挥了重要作用。但也要看到，新的形势下，现行的中央与地方财政事权和支出责任划分还不同程度存在的不清晰、不合理、不规范等问题，主要表现在：政府职能定位不清，一些本可由市场调节或社会提供的事务，财政包揽过多，同时一些本应由政府承担的基本公共服务，财政承担不够；中央与地方财政事权和支出责任划分不尽合理，一些本应由

中央直接负责的事务交给地方承担,一些宜由地方负责的事务,中央承担过多,地方没有担负起相应的支出责任;不少中央和地方提供基本公共服务的职责交叉重叠,共同承担的事项较多;省以下财政事权和支出责任划分不尽规范;有的财政事权和支出责任划分缺乏法律依据,法治化、规范化程度不高。①

二、政府间收入划分不够规范

分税制在中央与地方收入划分方面做了多次改革与调整,但与市场经济国家的通常做法相比,还存在一些问题。

——政府间税收划分不尽合理。一般来说,中央政府负责管理跨区域的生产和流通以及收入再分配,并调节总需求,因而,增值税和累进税率的所得税收入应划归中央;地方政府不负责总需求管理,地方收入应当对经济周期的敏感性较低,需要有稳定的收入预期,因此,应当将具有此类特征的最终销售税、房产税、收入税中非累进部分,以及使用者付费等收入划归地方。基于以上原则,与国际通行的按税种属性划分收入相比:"营改增"后中央分享增值税的50%,地方按税收缴纳地分享增值税的50%,地方分享比例仍较高,不利于有效遏制地方追求数量型经济增长的冲动②;地方承担7.5%的出口退税,对跨区域的生产流通不利;个人所得税累进部分的收入也列入分享范围,不利于调节收入再分配和稳定地方收入;我国没有开征最终销售税,房产税还只在试点阶段,适合划归地方的税种较为缺乏。此外,目前政府间财政关系处理模式中,中央与地方增值税、企业所得税收入划分,主要采取财政从企业取得收入,并按企业所在地将增值税、企业所得税与地方进行分享的办法。这种机制在一定程度上不利于更好地发挥市场机制基础性作用,容易引发地方政府干预企业经营行为的内在冲动,不利于地方税收体系的建

---

① 《关于推进中央与地方财政事权和支出责任划分改革的指导意见》(国发〔2016〕49号)。
② 楼继伟:《中国政府间财政关系再思考》,中国财政经济出版社2013年版,第43~44页。

立健全。

——政府性基金等非税收入基本上没有纳入政府间财政关系调整的范围。体制调整范围较窄，不利于促进地区间基本公共服务均等化。

——政府间税收征管关系尚未理顺。两套税务机构在地方税收征管权限的划分上还存在征管范围交叉、对共享税的征管存在矛盾、征税权与其他执法权相脱节等问题，造成税基不一致，影响公平竞争。

——收入立法权集中于中央政府，没有赋予地方政府在约定范围内开征新税、改变税率或税基等税收自主权。

三、政府间财政转移支付制度有待完善

自 1994 年分税制改革以来，我国逐步建立了符合社会主义市场经济体制基本要求的财政转移支付制度。中央财政集中的财力主要用于增加对地方特别是中西部地区的转移支付，这有力促进了地区间基本公共服务的均等化，推动了国家宏观调控目标的贯彻落实，保障和改善了民生，支持了经济社会持续健康发展。但受政府间事权和支出责任划分不够明晰等因素的影响，我国政府间转移支付设计的体制基础不够扎实。转移支付制度的设立与政府间事权划分相关性较弱，政策目标不够明确，转移支付体系较为零乱。与建立现代财政制度的要求相比，现行财政转移支付制度存在的问题日益凸显，突出表现在：受中央和地方事权和支出责任划分不清晰的影响，转移支付结构不够合理；一般性转移支付项目种类多、目标多元，均等化功能弱化；专项转移支付项目繁杂，资金分散，涉及领域过宽，分配使用不够科学，不利于发挥转移支付资金的规模效益；一些项目行政审批色彩较重，与简政放权改革的要求不符；地方配套压力较大，财政统筹能力较弱；转移支付管理漏洞较多、信息不够公开透明等。转移支付存在的上述问题，不仅不利于财政资金使用效益的提高，影响财政的可持续发展，而且也不利于市场机制的正常运行，影响政府职能的履行。

四、省以下财政体制亟待进一步优化

这主要体现在：一是一些省级政府没有承担均衡省以下财力、保障基层基本支出的责任。省以下的财力纵向和横向分布格局不合理，相当一部分地区对下转移支付力度不足。从纵向财力分布看，省、市、县人均财力差距悬殊；从横向财力分布看，部分省份县级财力水平差距较大[①]。近年来，虽然县乡财政保工资、保运转问题基本得到解决，但总体支出水平仍然偏低，保障能力较弱，制约基层政府有效行使职能。二是省以下财政体制不统一。普遍情况是各地区的四个层级政府间尚未实行分税制，实质上是形式多样、复杂易变、讨价还价的分成制和包干制。各级政府收入划分不尽合理。按税种划分收入、总额分成、收支包干和统收统支等体制形式都不同程度存在，与分税制原则不仅一致。按税种划分收入的地区，有的省与市县共享税种设置过多，有的甚至仍然按照企业隶属关系或行业划分收入，不利于企业间的改组、改制、联合和兼并，影响产业结构合理调整和区域经济协调发展。三是在处理政府和企业关系上，一些地方为了提高政府竞争力，通过对企业税收返还等方式，变相减免税收，导致不同地区之间企业税负不均，影响了生产要素的合理流动，形成恶性竞争的局面，在干扰市场配置资源基础性作用的同时，还会对环境和资源形成较大压力。

五、地方债务负担加剧

在2014年《预算法》修订之前，地方政府基本上不存在自由举债的空间。修订前的《预算法》第28条明确规定，地方各级预算按照量入为出、收支平衡的原则编制，不列赤字。除法律和国务院另有规定外，地方政府不得

[①] 楼继伟：《中国政府间财政关系再思考》，中国财政经济出版社2013年版，第43~44页。

发行地方政府债券。但是由于种种原因，地方政府客观上存在着超越法律和法规规定范围举借债务的实际情况。在现实中，地方各级政府为实现经济社会发展目标，举借了大量债务。尤其是2008年国际金融危机以来，积极财政政策的实施更使得地方债务规模持续膨胀。除国债转贷、外国政府贷款、国际金融组织贷款、处置各种金融机构风险的中央专项借款、农业综合开发借款和粮食企业亏损挂账等合法合规的债务之外，地方政府及其所属职能部门还以各种名目直接或间接、公开或隐蔽地举借了大量地方政府债务。根据审计署审计结果显示，到2013年6月底，全国各级政府负有偿还责任的债务为206988.65亿元，其中，地方政府负有偿还责任的债务108859.17亿元；地方政府负有担保责任的债务26655.77亿元；地方政府可能承担一定救助责任的债务43393.72亿元[①]。根据财政部网站的数据，2015年末地方政府一般债务余额99272.40亿元；地方政府专项债务余额60801.90亿元[②]。近年来，在实现地方经济跨越式发展的目标驱动下，为解决发展中资金不足的瓶颈问题，地方政府债务的发行规模日渐庞大，尽管自2014年起中央政府出台了一系列规范地方政府债务管理的相关规定，并采取了地方政府债务置换、建立风险应急处置预案和分类处置指南等一系列具体措施化解地方政府债务风险，取得了显著的成效，但在财政经济新常态下，地方政府的债务负担仍较为突出，与还本付息和偿还债务有关的地方债务的风险隐患依然值得关注，还需要继续进一步健全地方政府债务管理机制，积极防范与化解相关风险。这一问题如果处理得不好，则会制约地方经济社会的可持续发展。庞大的地方政府债务将会为地方时政稳定、经济安全运行带来严重隐患。我国地方政府债务风险一旦形成并引发地方财政支付危机，将会大大限制地方政府对基础设施、教育、科技等地方公共产品的投入，从而延缓地方的经济发展，影响社会稳定。如果更为严重的话，向中央政府转嫁，将会严重威胁整个国家的经济安

[①]《全国政府性债务审计结果（2013年第32号）》，审计署网站，http：//www.audit.gov.cn/n1992130/n1992150/n1992500/3432077.html。

[②]《2015年全国财政决算》，财政部网站，http：//yss.mof.gov.cn/2015js/。

全和社会稳定。

回顾与总结：中华人民共和国成立以来，伴随着各个历史阶段政治和经济形势的变化，财政体制经历了多次改革，总体的改革取向是由集权逐步走向分权。从1994年1月1日起，中央对各省、自治区、直辖市以及计划单列市实行分税制财政体制改革。

1994年分税制改革主要是从以下层面展开：划分中央与地方的事权和支出；划分中央与地方的收入；构建中央财政对地方财政的税收返还制度；处理原体制中央补助、地方上解及有关结算事项。

1994年分税制财政体制改革之后，随着经济和财政改革的深入与拓展，根据客观情况的变化和实际需要，我国各级政府间的财政关系又经历了多次、多方面的调整与变动。主要体现在：中央与地方政府间收入划分的调整；财政转移支付制度的建立与发展；省以下财政体制的改革与完善。

从实践上看，二十余年分税制改革的基本导向是与社会主义市场经济体制的内在要求相适应，并且在运行过程中已显示出较为良好的政策与经济效应：构建了分级财政的基本框架，规范了各级政府间的财政关系；调动了各方面积极性，国家财政实力显著增强；中央调控能力增强，促进了地区协调发展；强化了地方财政的预算约束，增强了地方加强收支管理的主动性和自主性。

相对于经济社会发展的新情况新形势，我国现行财政体制中还存在着一些比较突出的问题，主要表现在以下几个方面：政府间事权和支出责任划分不清晰、不合理和不规范；政府间收入划分不够规范；政府间财政转移支付制度有待完善；省以下财政体制亟待进一步优化；地方债务负担加剧。

第三章　典型国家政府间财政关系的比较和借鉴

本章导读：当今社会，与多级行政体系相适应，政府财政也由中央或联邦财政以及地方财政组成，需要协调处理政府间财政关系。政府间财政关系通常包括政府间事权和支出责任划分、收入划分和转移支付等方面的内容。

世界各国在合理界定各级政府的事权和支出责任基础上，必须对各级政府财政收入进行适当的划分，使各级政府均拥有与其事权相对应的财力。此后，为了解决纵向和横向的财政失衡问题，解决公共产品提供中的外部性问题，弥补划分税收方式的不足，都设定了方式不同、内容各异的转移支付制度。

本章旨在从政府间事权和支出责任划分、收入划分和转移支付制度等方面，对典型国家的代表性做法和经验进行全面的考察，梳理典型国家政府间财政关系的演变历程，总结其共性特征，以期从典型国家政府间财政关系实践中得到有益的启示，为我国建立科学合理的政府间财政关系制度提供参考。

第一节　典型联邦制国家政府间财政关系的演变历程

联邦制国家的政体往往是由历史上原来相互独立的国家或政体通过权力让渡和集合，组建中央或联邦政府而形成的。因此，联邦制国家州政府通常具有宪法规定的相对独立的权力，联邦政府的权力受到一定的制衡，具有更明显的分权特征。由此产生的政府间财政关系突出特点是地方政府在事权、财权上具有较大的权力，中央政府主要起资金集中和支出协调规范的作用。[①]本节主要回顾了主要联邦制国家——美国、德国和印度的政府间财政关系实践。

一、美国政府间财政关系实践

美国是近代发展史上最早、最典型的联邦制国家之一。在美国历史上，《联邦党人文集》对美国政府间财政关系的形成产生了重要影响，其理论主张主要包括：第一，突出联邦政府的权力和作用；第二，在分权的基础上进行制衡；第三，在联邦制度下，联邦和州两级政府都必须直接针对个人行使权力[②]。这也成为此后几百年美国政府进行政府间财政关系实践的指导性原则。

在200多年的历史发展过程中，美国联邦与地方之间的权力分配经历了多次调整和变迁。在美国建国初期，联邦宪法对政府间事权和支出责任进行了简单的划分，这次划分对联邦政府的权力进行了严格的限制，以充分保护个人的自由和州的权力，联邦政府在经济事务方面的权限主要局限于国际和州际条款，这一阶段可以称为"二元联邦主义"时期。此后，随着市场一体

[①] 楼继伟:《中国政府间财政关系再思考》，中国财政经济出版社2013年版，第211页。
[②] 同上，第213页。

化的重要性逐渐增强，迫切需要联邦政府加强统一政策和监管职能，打破地方保护。1824年，吉本斯诉奥格登案审判，判定州议会对航运的垄断违宪，为联邦政府扩展经济领域的职能提供了广阔的空间。这种模式一直延续到20世纪30年代，美国爆发经济大萧条，联邦政府开始广泛协助州与地方政府开展公共项目，共同出资管理，这一时期可以称为"合作联邦主义"。到了20世纪60年代，美国进入集中联邦主义时期，这一阶段是合作联邦制下中央政府的进一步扩权，美国联邦政府以直接向地方政府拨款为主要方式，使美国联邦主义进一步向集权化迈进。联邦政府的集权化趋势得到扭转是在20世纪70年代，此时美国政府力图恢复联邦和州政府之间的权力平衡，主要特征表现为，逐渐缩减联邦项目拨款，还权于州和地方政府，多级政府之间进行收入分享，2000年以来联邦政府雇员占全部政府雇员的份额一直维持在12%[1]。直到2009年，为了应对经济危机，美国政府实施了巨额联邦项目拨款来刺激经济复苏[2]。联邦政府的财权财力明显扩大，其中央财政的主导地位得以确立。

（一）美国政府职能和支出责任划分

1. 政府组织结构

美国设有中央政府（联邦）、州政府和地方政府（郡、市、镇、学区和特区等）三级行政管理体制。三级政府各自按照法律的规定行使自己的职权。按照《合众国宪法的规定》，政府职权中宪法未直接赋予联邦政府和地方政府的权利，均由州政府行使[3]。联邦政府和州政府之间是合作关系，而不是上下级关系；州政府和地方政府之间是上下级关系，地方政府行为和职权由州宪法规定和授权，州政府对于如何形成地方政府以及权力如何在州内政府间分

---

[1] 楼继伟：《中国政府间财政关系再思考》，中国财政经济出版社2013年版，第213页。
[2] 汪菁：《美国政府间关系的历史演变与"财政联邦制"问题的探讨》，《中共杭州市委党校学报》，2014年第5期。
[3] 张道庆：《美国与法国财政联邦主义比较》，《经济经纬》，2005年第3期。

配具有决定权。美国各地方政府的形成多根据自身需求和历史习惯，因此组织形式多样，主要分为两类：一是通用型地方政府，提供多种公共服务，包括县郡（county）、市（municipality）、镇或村（town，township，village）；二是只提供某种服务的地方政府，包括学区政府（只提供基础教育服务）和特殊服务区政府（如防火、公交运输等）[1]。美国州内县郡政府和市级（或镇及学区政府）政府之间并不是上下级关系，各类型的地方政府均是州政府的直接下级，各类型的地方政府之间是平级关系。

美国建国时仅有13个州政府，至今已有50个州政府，超过8万个地方政府[2]，在地方政府中，超过1/2是特殊服务区政府和学区政府[3]。

与三级行政管理体制相适应，美国实行联邦财政、州财政和地方财政三级财政管理体制，三级财政分别实施各自独立的财政和税收制度，各自编制、审批和执行本级财政预算。上级财政与下级财政之间的主要联系是上级政府对下级政府的财政补助。

2. 政府职能与支出责任划分

美国政府间事权和支出责任的划分与政府职能的界定密切相关。美国联邦政府的职能主要是提供和管理资金，财政职能主要是维护收入分配公平和维持宏观经济稳定，协调和规范经济社会运转。美国各州政府和地方政府拥有较大的自主权，其主要职能是维持本地区的经济稳定，并进行适当的收入再分配。

美国联邦宪法除了对国防、外交、州际征税等一些较为容易区分的公共服务与职责进行明确规定外，并未对政府间提供其他公共服务的职责进行明确划分。现行各级政府在公共服务提供上的责任划分源于历史和实践。

与国家经济社会发展关系重大的事项主要由联邦政府负责，全国性公

---

[1] 国际司：《美国政府部门预算改革》，http：//www.mof.gov.cn/mofhome/guojisi/pindaoliebiao/cjgj/201406/t20140627_1105399.html。
[2] 楼继伟：《中国政府间财政关系再思考》，中国财政经济出版社2013年版，第215页。
[3] 同上，第216页。

共产品主要由联邦政府提供。具体而言，联邦政府的职责包括调整州际贸易、国防、造币、移民、外交以及空间技术研究和邮政服务等。此外，联邦政府还负责协调州和地方政府的公共产品和服务供给，例如，建立国家最低标准等。

美国联邦政府与州政府在教育、社会福利、住房补贴、国土安全、交通等领域进行合作，此类项目一般由联邦政府提供经费、州政府负责实施。这些项目须按联邦政府规定运作，体现联邦政府意志。

区域性与地方性强的事务主要由州和地方政府负责。提供基础设施服务和收入再分配主要是州政府的职能，地方政府的职能是州政府职能的延伸，具体包括医疗卫生、供水、供电、燃气供应、污水处理、治安、消防、固体废弃物处理等，这些事务大多也是州政府所涉及的。

根据公共产品层次性和社会化大生产的要求，设定了美国联邦、州和地方三级政府共同承担的事权。具体包括司法、警察、环境保护、社会保障、州际交通设施建设、公园、经济管理和医疗健康等，具体见表3-1。

表3-1　　　　　　　　　　美国的政府层级与主要职能

层级	形式	数量	主要职能
中央政府	联邦	1	国土安全、货币、军事、外交、社会福利、贸易管理、征税等
州政府	州	50	教育、社会福利、基础设施、征税、管理监督地方政府等
地方政府	郡	3031	一般功能地方政府，根据州法律规定，负责提供辖区内不属于任何市镇的区域的基本公共服务、征税等
	市	19519	一般功能地方政府，根据州法律规定，管理辖区内事务、提供基本公共服务、征税等
	镇	16360	
	学区	12880	负责提供K-12义务教育及相关服务
	特区	38266	特殊功能，如军事、供水等
总和		90107	

资料来源：美国统计局2012年政府普查（Census of Governments 2012）。

根据各级政府的事权划分，联邦政府、州政府和地方政府划定各自的支出责任，具体见表3-2。

表 3-2　　　　　　　　美国各级政府支出责任划分情况

联邦政府承担的支出责任	国防费用、国际事务费用、科学和太空技术费用、联邦政府经费、邮政服务费用、退伍军人福利支出、社会保障与医疗保险支出、环境资源和能源支出以及司法部门、农产品价格支出、地区发展支出、国家公园和野生动物保护支出等
州和地方政府承担的支出责任	教育、失业救济、修建公路和港口、公共福利、住房、公园和娱乐设施、水电气供应、社区发展、治安消防等支出
联邦、州和地方交叉的支出责任	教育和培训、卫生健康与社会福利、交通和基础设施等支出

由表 3-2 可知，美国各级政府承担的支出责任较为明确，从州和地方政府承担的比例来看，在公共福利、失业救济、高等教育、高速公路方面，州承担的比例较高；在住房、公园和娱乐设施、社区发展、水电气供应、治安消防、警察服务方面，地方承担的比例较高。

可见，美国政府间事权和支出责任划分是符合外部性、信息复杂性和激励相容原则的。联邦政府主要承担直接提供全国性公共服务的责任，并对州政府和地方政府的公共服务起到宏观调控和协调作用。同时，联邦政府与州政府在很多公共服务领域展开合作，联邦政府通过有条件的转移支付体现其意志，协调各州公共服务提供。

（二）美国政府间财政收入划分

在划分各级政府之间的事权和支出责任后，美国政府还对各级政府的财政收入进行了适当的划分，以使各级政府均拥有与其事权相对应的财力。税收是美国财政收入的主要形式，因而政府间财政收入的划分实际上主要是税收在各级政府之间的分割。

1. 税权划分

美国属于典型的税权分散型国家，与财政支出职责的清晰界定相适应，美国各级政府的税收权限划分也较为清晰，其主要特征可以概括为"统一的联邦税收制度与有差别的州和地方税收制度并存"。

美国联邦、州和地方三级政府均各自行使归属于本级的税收权限，包括税收立法权、解释权、开征权、停征权和调整权等。美国宪法第 1 条第 8 节规定：美国最高法院拥有对地方政府的不适当征税行为作出停止判定的权利；在不与联邦税收立法相冲突的情况下，各州享有包括税收立法权在内的各种税收自主权。州以下地方政府有权在联邦及州宪法规定的范围内，制定本地的具体法律，行使其税收管理权。这种税权划分方式，有助于保证各级财政尤其是地方财政自主地组织和支配财源。

2. 税收划分

美国的税收制度庞杂，政府间税收分配关系是通过划分税率和划分税种等多种方式来确定的。联邦、州和地方政府均对同一税源或同一纳税人拥有征税权，由联邦政府确定税基，征主税，联邦以下地方政府按固定税率附征。

美国各级政府都有多种税收资源，联邦政府税收收入中80%以上是个人所得税，此外还包括社会保障税、公司所得税、关税、消费税、遗产及赠与税等。由于州政府也拥有宪法赋予的税收立法权和征收权，所以各州政府之间在税收收入种类方面存在很大差异。总体来看，州政府的税收收入主要是销售税和个人所得税，并辅之以其他若干税种。美国地方政府税收收入中3/4是财产税，同时还包括个人所得税和销售税等[①]。表3-3列示了美国2010财年各级政府在主要税种中所占比重。

表3-3　　　美国2010财年各级政府在主要税种中所占比重　　　单位:%

税　　种	联邦政府	州政府	地方政府
所得税	78.39	19.61	2.00
社会保障税	89.42	9.98	0.59
从价税（销售税、房产税）	11.92	37.87	50.21
罚款与收费	0	39.72	60.28
公司税与其他收入	19.60	18.73	61.58
总税收收入	51.48	24.20	24.31

资料来源：美国人口普查局，http://www.census.gov/govs/。

[①] 楼继伟：《中国政府间财政关系再思考》，中国财政经济出版社2013年版，第223页。

从2010年的数字来看,在联邦、州和地方政府收入总额中,联邦政府收入占51.48%,州政府收入占24.20%,地方政府收入占24.31%。在所得税中,联邦政府收入占78.39%,州政府收入占19.61%,地方政府收入占2.00%;在社会保障税中,联邦政府收入占89.42%,州政府收入占9.98%,地方政府收入占0.59%;在从价税(销售税、房产税)中,联邦政府收入占11.92%,州政府收入占37.87%,地方政府收入占50.21%;在罚款与收费中,州政府收入占39.72%,地方政府收入占60.28%;在公司税与其他收入中,联邦政府收入占19.60%,州政府收入占18.73%,地方政府收入占61.58%[①]。

从上述描述和分析可以看出:第一,美国的税收分割是以实行多级财政同源分别征收为特征的,在联邦、州和地方三个层次分别以直接税、销售税和财产税作为重点收入;第二,直接税在联邦财政收入中占据着重要地位,这从很大程度上反映和体现着联邦政府在调节收入分配关系以及调节经济诸方面所发挥的作用;第三,美国的税收划分是一种比较彻底的分税方式;第四,美国各级税制之间的协调非常必要而复杂。

(三) 美国政府间转移支付制度

美国政府间转移支付制度的形成经历了一个历史发展进程。19世纪初期,美国的转移支付尚不足以成为体现政府决策意图的有效手段,其目的主要是为了调剂联邦、州与地方政府之间的资金余缺,当时的转移支付主要有两种形式:一是将联邦预算中的结余部门补贴给州政府和地方政府,二是专门针对土地的开发与使用进行资金补助。1929~1933年经济大危机之后,美国联邦政府进一步强化了宏观调控政策,通过转移支付手段来对州和地方政府进行经济干预。到了F.罗斯福时期,联邦政府进一步加深了对州和地方政府事务的介入程度。具体内容见表3-4。

---

① 楼继伟:《中国政府间财政关系再思考》,中国财政经济出版社2013年版,第223页。

第三章 典型国家政府间财政关系的比较和借鉴

表3-4　　　　　　　美国政府间转移支付演变情况

19世纪初期	主要目的是为了调剂政府间的财政资金余缺
1929~1933年经济大危机之后	重视运用转移支付手段来对州和地方进行经济干预
F.罗斯福时期	联邦政府积极地参与了田纳西和密西西比河中下游一带著名的水利开发工程，这其中包含着对州和地方政府实施补助的成分

第二次世界大战后几十年来，美国政府转移支付总额呈跳跃式增长态势，相对数也大幅度增加，具体见表3-5。

表3-5　　　美国政府财政转移支付的增长情况（1950~1980年）

年份	1950	1960	1970	1980
总额（10亿美元）	23	70	240	915
占联邦支出的比重（%）	5.3	7.6	12.2	15.8
占州地支出的比重（%）	10.4	14.7	19.4	26.3

资料来源：1950~1980年的数字见李建昌、高培勇著：《当代美国财税教程》，世界知识出版社1988年版，第166页。

目前，转移支付已经成为联邦支出的重要组成部分和州地财政部门的重要支出来源之一。表3-6列示了1980~2005年联邦政府对州和地方政府转移支付的金额与比例。

表3-6　　1980~2005年美国联邦政府对州和地方政府转移
　　　　　　　　支付的金额与比例　　　　　　　单位：百万美元,%

年份	拨款总额	其中针对个人的拨款 金额	其中针对个人的拨款 占拨款总额	拨款的相对比例 占州与地方支出	拨款的相对比例 占联邦支出	拨款的相对比例 占GDP
1980	91385	32619	35.7	39.9	15.5	3.3
1990	135325	77264	57.1	25.2	10.8	2.4
1995	224991	144427	64.2	31.5	14.8	3.1
1996	227811	146493	64.3	30.8	14.6	3.0
1997	234160	148236	63.3	30.2	14.6	2.9
1998	246128	160305	65.1	30.3	14.9	2.9
1999	267081	172384	64.5	31.2	15.7	2.9
2000	284659	182592	64.1	27.9	15.9	2.9
2001	317211	203920	64.3	28.2	17.0	3.2

续表

年份	拨款总额	其中针对个人的拨款		拨款的相对比例		
		金额	占拨款总额	占州与地方支出	占联邦支出	占GDP
2002	351550	227373	64.7	29.4	17.5	3.4
2003	387366	246570	63.7	31.4	17.9	3.6
2004	406330	262177	64.5	31.9	17.7	3.5
2005	425793	278294	65.4	—	17.2	3.5

资料来源：U. S. Department of Commerce, 2006, Statistical Abstract of the Unite States, 经整理计算而得。

从表3-6可以看出，转移支出占联邦支出的比例由1990年的10.8%上升到2005年的17.2%。2002年来联邦转移支付占GDP的比重一直保持在3.5%，联邦政府的转移支付在州和地方财政收入中占据接近1/3的比重，居于重要的地位。

从转移支付的对象来看，当前美国政府间转移支付主要包括联邦政府对州和地方政府的转移支付以及州政府对地方政府的转移支付两个部分。

1. 联邦政府对州和地方政府的转移支付

2010年，美国联邦转移支付总额为6083亿美元，约占州和地方政府自有总收入的37.5%。从转移支付的类型来看，当前美国联邦政府全部为专项转移支付或分类转移支付，没有通常意义上的以下级政府财力均等化为目的的一般性转移支付，其转移支付体系主要是为实现个人平等而非下级政府平等提供公共服务，大部分资金主要用于直接支持低收入人群。根据美国人口普查局数据，1990~2010年，联邦政府直接用于个人的转移支付逐步从GDP的10%增长至GDP的22.1%。美国政府间转移支付制度的这一特点有其客观性和特殊性。主要原因在于：第一，美国联邦政府认为，大量的均等化转移支付阻碍了自动的调节过程和地区间经济的趋同收敛，因而，在实践中，美国一直依靠要素和商品在共同市场中流动，促进市场效率，促进地区间经济收敛，进而实现社会公平；第二，美国联邦体制具有稳定性特点，无需用财力均等化转移支付维护稳定；第三，美国宪法并未将社会均等列为联邦和州的共同目标；第四，美国历史上一开始就采用专项补助的形式。

从补助项目来看，医疗卫生和收入保障（主要包括家庭援助、住房和儿童营养等项目）是两种主要的转移支付项目，约占总额的 2/3，主要拨付给州政府，再由州政府转移至个人①。

2. 州政府对地方政府的转移支付

州政府对地方政府的转移支付数额与联邦政府对地方政府的转移支付数额几乎相当，2008 年两者合计为 4770 亿美元。联邦和州政府的转移支付占地方政府总收入的 37%②。与联邦对州和地方政府的转移支付不同，美国州与地方政府之间存在以财政均等化为目标的转移支付，主要支持对象为特殊类型的政府，尤其是学区政府，几乎所有州的大部分转移支付资金都用于中小学教育。这些转移支付是在均等化目标的基础上，又考虑了地方政府的税收，以确定的公式进行计算的。

二、德国政府间财政关系实践

德国在实现统一前，境内存在着大量的邦国，到 1871 年德国才通过联邦制形成了统一的德意志帝国。1871 年之后，除了第三帝国时期和战后民主德国这两个例外，德国一直是一个联邦国家。第二次世界大战后，首先从西德开始，德国重新恢复了联邦制体制。1990 年 10 月 3 日两德合并后，全境实行联邦制度③。德国作为一个典型的联邦制国家，其政府间财政关系具有鲜明的特征。

（一）德国政府间事权与支出责任划分

1. 多级财政设置

德国的多级财政的设置和管理体制与美国有某些相似之处，其财政体制可以分为联邦、州和地方政府三级，联邦一级有财政部，州设立财政局，并

---

①② 楼继伟：《中国政府间财政关系再思考》，中国财政经济出版社 2013 年版，第 225 页。
③ 郭小东：《新比较财政导论》，广东科技出版社 2009 年版。

在以下各级政府设立分支机构。联邦财政部与州、地方财政部门同样没有上下级关系。在权力分配上，德国与美国有明显的区别。德国的州政府大量参与联邦政府的决策过程，强调联邦政府与州政府之间的相互制约。德国参议院席位由来自16个州的代表组成，联邦政府的所有法案都要经过参议院批准。因此，虽然德国的立法权相对集中于联邦，但州政府可以通过参议院制衡。

2. 政府间事权和支出责任划分

管理权的适当分散和控制权的相对集中有机结合是德国政府间事权和支出责任划分的成功经验之一。德国1949年制定的《基本法》确立了德国当前政府间财政关系的基本框架。根据德国《基本法》的规定，按照高效率和低成本的原则，德国各级政府的事权见表3-7。

表3-7　　　　　　　　　　德国各级政府事权划分情况

联邦政府	联邦的行政管理事务、财政管理和国家的海关事务；国家安全和武装力量；外交事务和国际关系；全国性的交通和邮电通信；重大的科学研究发展计划，如空间技术、核能源、海洋开发等；包括医疗、失业、养老及福利补助在内的社会保障方面的部分开支；发行和管理货币；通过并行立法（concurrent legislation）和框架立法（framing legislation）扩大自己的职责和影响州政府的财政政策
州政府	州级的行政事务、财政管理，维护社会秩序和司法管理，教育和社会文化事业，医疗卫生，环境保护。经过立法机构批准后，联邦公路建设、航运、能源开发与利用等事务也可以由州政府负责
地方政府	地方本级的行政事务管理、基础设施建设、社会救济、文化教育事业、地方性的治安保护、公共交通以及城市发展规划等

注：concurrent legislation 指在某一权力并行（即都具有立法权时）的领域（concurrent area）只有当联邦政府不使用其立法权时，州政府才获得对该领域进行立法的权利。framing legislation 指宪法赋予联邦政府就特定的领域进行框架性和指导性的立法，具体内容由州政府来确定。

此外，《基本法》还考虑到具有交叉性特点的事务和支出问题，主要包括区域经济政策、农业政策和海岸线保护等，并且规定，属于联邦和州政府共同承担的职责，由双方通过协议的方式确定各自所应负担的支出比例，由各州负责落实的受联邦政府委托的事务，其开支全部由联邦政府承担，但是州政府必须保证做到专款专用。

从财政支出总量上看，联邦政府的支出约占所有政府支出的1/2，州政府约占1/3，而地方政府支出仅占1/6[①]。

(二) 德国税收权限及税收收入的划分

德国在税收分配领域依然体现出权力制衡的原则和特点，各级政府在收入方面都受到很大的约束和制约。

1. 税权划分

德国的税收权限划分是按照立法权集中、执行权分散的原则进行的，联邦税收和共享税收的立法权（包括税基和税率的调整权）主要集中于联邦政府，相比之下，各级州政府的税收自主权相对较弱，即使是州政府独享的税收的税基和税率也需要联邦政府和州政府共同确定。与州政府相比，地方政府的税收自主权相对较大，其主要税种的税基由联邦政府和州政府共同确定，但地方政府有权自行确定税率、相关税收优惠和税收加重措施。此外，德国法律规定，中央已开征的税种，地方不能再开征。当联邦与州的税法产生矛盾时，由联邦作出最终裁决。在税收征管方面，关税和联邦消费税由联邦税务管理部门负责，其他一些联邦税以及地方税由州和地方税务部门征收。

2. 税收划分

德国1969年进行了"财政大改革"，同时税收分享原则发生了重大转变，由两级政府（中央与州以下）分开征税的原则转变为"税收共享制"。所谓"税收共享制"是指税收收入在联邦和州以下多级政府之间同源共享。

在德国，各级政府独享的税收种类繁多，但收入规模却没有同源共享的税种大。因此，德国的税收共享体制是以"共享税与专享税共存，以共享税为主"的模式，税收收入的2/3是共享税[②]，共享税的主要特点表现为先税后分，即用一个税率课征后再在各级政府间划分税额。

联邦和州政府共享税主要包括个人所得税、利息返还、企业所得税和增

[①] 楼继伟：《中国政府间财政关系再思考》，中国财政经济出版社2013年版，第239页。
[②] 同上，第240页。

值税。联邦政府的专享税种主要包括矿物油税、烟草税、保险税、所得税附加费、电力税、汽油税等；州政府专享税主要包括财产税、遗产和赠与税、汽车税、啤酒税、博彩税和房地产购买税等；地方政府专享税主要是房地产税。

在德国，《基本法》规定了各税种在各级政府间的分享比例，具有固定性。具体分享比例由各级政府根据客观社会经济情况进行调整，调整周期为四年一次。

德国这种主要以税种为主体进行分配的分税体制，具有重要的意义。首先，客观上形成了各级政府间的利益共同体，有利于保证地方政府的财政收入基础不可剥夺；其次，有利于确定地方在财政分权中的主体地位，使得地方政府具有稳定的财政收入来源；最后，有利于调动各级政府，特别是地方政府在提供公共产品、制定产业政策、保证地方就业等方面的积极性，引导和促进经济效率的提高。

（三）德国的政府间转移支付制度

德国州政府大部分的收入来自共享税，而州政府又无法对独享税的税基和税率进行调整，导致其自有资源的收入不能与其所承担的支出责任相匹配，因此只能依靠联邦政府的转移支付。受历史和现实需求的影响，德国形成了庞大的纵向与横向结合的转移支付制度。德国的转移支付制度是德国财政联邦制的重要特征，是多级政府间广泛合作与协调的最重要方面。

德国《基本法》要求在全国范围内必须保证大体相同的生活条件，各个州都应为公民提供水平相同的公共服务。为实现各地公共服务水平基本一致和区域间社会经济协调发展，德国联邦政府建立了一整套纵向与横向相结合的财政平衡制度，主要包括四步：一是与个人所得税和企业所得税等共享税按归属地原则进行分配不同，州75%的增值税是按人口来均分，即一个州所分得的这部分增值税等于该州人口的数量乘以人均增值税；二是余下25%的增值税按照特定的规则用于提高比较穷的州的财力；三是州际横向的财政平衡，财力指标低于平衡指标的州将得到财力指标高于平衡指标州的转移支付，使得财力低于平均水平州的财力达到全国平均水平的92%，另外，这种转移支付是累进的（44%~75%）；四是联邦政府对州政府进行纵向转移支付，这种转移支付数额根据每个州不同的财力水平而不同，通过第四步，财力低于平均水平的州的财力将进一步达到全国平均水平的97.5%[①]。

德国的转移支付制度是众多转移支付模式中的成功典范，主要表现为以下特点：第一，政府间转移支付的法制化水平较高，德国政府间转移支付的目的、范围和据以计算均等化拨款的参数等都以法律的形式加以明确规定，这使德国的转移支付制度更加规范、透明，具有法律保障；第二，政府间转移支付制度体系完备、德国以"公民生存条件一致"为原则，建立并完善了横向平衡与纵向平衡相结合，一般均衡拨款、专项拨款、共同任务拨款等多种形式并举的政府间财政转移支付体系；第三，德国的转移支付制度以横向转移支付为主，德国的横向转移支付制度始于1951年，其主要目的是向那些有"特殊负担"（如难民、港口维护等）的地区提供资助，1955年，横向转移支付制度被写入《宪法》第107条；第四，德国州际均等化拨款以居民人口和实际税收为主要考虑因素，计算方法较为简便。

三、印度政府间财政关系实践

（一）印度政府间事权和支出责任划分

印度是联邦制国家，联邦下设邦（相当于我国的省）政府和中央直辖市政府。为了发挥邦政府分配的自主性，避免出现矛盾，联邦体制通过宪法第7项条例中的"联邦条例"和"邦条例"明确规定了中央政府和邦政府的权限与责任。

---

① 楼继伟：《中国政府间财政关系再思考》，中国财政经济出版社2013年版，第241页。

具体来看，联邦政府负责的项目主要包括国防、军队、外交事务以及与印度整体利益有关的项目，如铁路、邮政电信、国家高速公路、内陆的航海与运输、航空运输等。同时，为了确保中央政府的稳定和促进经济的快速发展，货币流通、造币、外汇、外国贷款、印度储备银行（国家中央银行）、对外贸易、各邦间的商贸往来以及与财政和贸易有关的企业或公司间事务等邦际间的事务也划归联邦政府负责。另外，银行、保险、证券交易所以及国会提出的有利于公共利益的工业管理，石油业、采矿业的发展与管理等也属于联邦负责的范围。

邦政府所负责的项目包括公共秩序、警察、公共工程、农业、矿业、灌溉、土地所有权、捕鱼以及不包括在联邦负责项目内的工业管理等。

中央联邦、邦、市各自独立预算。中央联邦财政支出主要包括一般公共劳务支出、国防、教育、保健、社会福利、经济劳务（如农业、林业、渔业、矿业、制造业、水、电、煤气等）利息支出，对下级政府补贴等。地方财政支出主要包括：第一，常项开支，用以维持地方政府自身活动及其运行经常性职能的开销；第二，固定资产开支，用于建设项目，如修建道路、桥梁、下水道、医院、学校等公用设施的开支；第三，杂项支出，用于支付经营性、劳务性活动，发展对外联系等开销。表3-8具体列示了印度部分财政支出划分情况。

表3-8　　　　　　　　　印度部分财政支出划分

支出项目	事权	资金来源	支出项目	事权	资金来源
国防	F	F	航空铁路	F	F
外交	F	F	工业农业	FS	FS
外贸	F	F	教育	FS	FS
环境	FS	FS	卫生	S	SL
银行	F	F	社会福利	FS	FS
邦际交易	F	F	警察	S	S
移民	F	F	自然资源	FS	FS
失业保险	FS	FS			

注：F代表联邦政府，S代表邦政府，L代表地方政府。

(二) 印度政府间收入划分

印度将所有税收划分为中央专享税、地方专享税和中央与地方共享税三类，属于中央的专享税种主要包括关税、财富税等，属于各邦的地方税种主要包括销售税、土地税、印花税、客货运输税和娱乐税等。对于个人所得税、公司税、消费税，由中央和各邦按照一定比例进行分享。印度的税权划分较为集中，所有税种的立法权原则上均属于联邦政府，地方政府仅拥有地方税种的征收权。

(三) 印度政府间转移支付制度

在印度的政府间转移支付制度中，中央政府对邦政府的转移支付形式包括财政委员会安排的税收返还和补助、计划委员会安排的补助和贷款、联邦各部门的转移支付和联邦各部对某些项目的资助。

印度联邦财政委员会是根据宪法规定而设立的非常设机构，根据宪法第280条规定，总统每五年要求财政委员会就以下三个方面提出建议：第一，对应该在中央和邦政府之间分配的税收收入在中央和邦之间进行分配，并确定各邦应该得到的份额；第二，确定中央政府以补助的形式向需要援助的邦提供资金应该遵循的原则；第三，总统交办的其他事项。联邦财政委员会管理的无条件拨款部分的一般补助的来源是个人所得税、联邦消费税中与邦政府分享的部分。

印度计划委员会是管理联邦对邦财政转移支付的另一个重要机构。它在许多方面都不同于财政委员会，是一个比财政委员会更大的常设机构，它不同于财政委员会由宪法规定，计划委员会是中央政府行政命令的产物。它的任务是提出一个中央和邦政府都承担职责的五年计划，就联邦财政转移支付来说，计划委员会探讨为实现计划来帮政府给予邦的帮助，计划委员会的转移支付包括无条件拨款、专项拨款。

第二节　典型单一制国家政府间财政关系的演变历程

相对于联邦制国家，单一制国家权力结构的特点是自上而下授权，这就决定了单一制国家的政府间财政关系更强调财政权力的制衡机制。一般而言，税收立法权掌握在中央政府手中，与联邦制国家相比，地方政府财政自主权较小。但是某些单一制国家的政府间财政关系也表现出一些联邦主义财政色彩。本节主要回顾了典型单一制国家——日本和英国政府间财政关系的演变历程。

一、日本政府间财政关系实践

（一）日本政府间事权和支出责任划分

与美国和德国不同，日本是单一制国家，日本的多级财政设置和政府间财政关系经历了由集权向分权演变的历程。

1. 多级财政设置

第二次世界大战前，日本的地方政府极少具有独立性，甚至完全不独立，可以说是中央政府的行政分支机构。地方自治权在日本宪法中没有得到基本认可，仅以几项基本法令作为地方政府合法地位的依据[①]。各县的统治者只是中央政府派驻地方的执法官，他们由天皇任命并对天皇负责。

第二次世界大战后，美国主导下的1947年日本新宪法开始承认地方辖区和各市、镇及村所建立的代表政府，拥有与中央政府同等的合法地位。基于宪法1947年颁布的《地方自治法》确定了两层式地方政府结构，包括县级政府和基层政府，具体指定了中央政府授予地方政府执行的各项职责，规定了

[①] 特里萨·特尔·米纳什：《政府间财政关系理论与实践》，中国财政经济出版社2002年版。

地方立法机构和地方官员的权力，同时赋予了内阁大臣、自治大臣以及各省厅主管大臣对地方事务进行行政干预的权力。1949年，美国著名教授夏普受美国占领军司令部的邀请，对日本财税体制进行了详细的调查，提出了日本政府间财政关系的基本要求[1]，发表了著名的"夏普劝告"，强化地方自治的理念，提出划分三级政府的分权原则、效率原则以及优先市、町、村原则。日本政府根据"夏普劝告"的精神，于1949年成立了地方行政调查委员会。1950年，地方行政调查委员会提出"神户劝告"。"神户劝告"规定，除了中央政府事权范围以外的一切社会公共事务，全部是地方政府的事务，同时详细列举了应当由中央政府负责的29个方面的事务[2]。

在这一时期，日本名义上实行地方自治制度，实际上中央政府与地方政府仍然是上下级关系。中央政府对地方政府的干预和调控几乎涉及经济和社会的各个领域。

进入20世纪80年代以来，日本进一步加强了以地方分权为导向的改革，1995年之后改革进一步加速，以进一步明确中央与地方政府的不同作用，提高地方政府的自主性和自立性。目前，日本行政机构分为中央、都道府县和市、町、村三级（都道府县和市、町、村在日本法律上称为"地方自治团体"），其中，都道府县和市、町、村为地方政府，并设立相应的财政机构，分别接受本级立法机构和法规的制约。

2. 日本政府间事权和支出责任划分

"夏普劝告"和"神户劝告"中提出了各级政府间事权的划分三原则：一是明确行政职能原则，也就是彻底划分三级政府的事权；二是各级政府的职责和义务，优先市、町、村原则，也就是对于各种公共事务应当优先考虑交给最能了解当地居民需求的市、町、村政府；三是效率原则，也就是对于跨区域需要协调关系的事务，要以办事效率高、费用低作为事权划分的标准[3]。根据三原则，日本的中央和地方政府之间大体进行了职责范围划分。

---

[1][2][3] 文红星：《日本政府间财政关系的演变及启示》，《亚太经济》，2011年第3期。

2003年日本政府对《地方自治法》进行了修订，修订后的《地方自治法》对中央政府和地方政府的职能作出了明确的规定。其主要内容包括：第一，废除了地方政府以前所承担的机关委任事务，地方行政事务被调整分类为法定委托事务和自治事务。其中，"法定委托事务"是指在中央政府或都、道、府、县政府职能范围内，但由法律或政令规定由地方政府履行的事务，具体包括护照的签发、国道的管理、中央指定统计事务等。对于法定委托事务，中央参与的程度很高，可以采取提出意见、劝告、要求提交资料、协议、统一、许可、承认、指示改正、代执行等参与方法；"自治事务"指的是除"法定委托事务"以外的地方政府行政事务，包括地方政府行政事务，以及原"机关委任事务"中的地方政府事务。对于"自治事务"，虽然中央也有一定程度的关注责任，但干预程度相对较低，除特定情况下可以采取同意、许可、批准和指示等参与方法外，一般只能采取提出意见、劝告、要求提供资料、协议、要求纠正的参与方法。

从总体上讲，中央政府承担的职责主要包括与国家全局利益相关和必须由中央统一规划办理的事项，具体包括立法、司法、国防、外交、货币发行、物价指数控制、平衡国际收支和制定产业政策等，地方政府职责范围内的事项包括四类，即广域性事务、统一性事务、联络调整性事务、补充性事务[①]，具体事务主要包括基础设施、治安、教育、社会福利等，具体见表3-9。

表3-9　　　　　　　　　日本政府间事权划分

	中央	都、道、府、县（地方）	市、町、村（地方）
安全秩序	外交、国防、司法	警察	消防、户籍、居民基本信息
社会资本	高速汽车道、国道（指定区间）、一级河川管理	国道（其他）、都、道、府、县道、一级河川管理、港湾、公营住宅、城市规划	城市规划（公园等）、市町村道、准用河川管理、港湾、公营住宅、上水道、下水道

---

① 李江涛：《日本政府间财政关系与转移支付制度及其对我国的借鉴意义》，《经济研究参考》，2011年第41期。

第三章
典型国家政府间财政关系的比较和借鉴

续表

	中央	都、道、府、县（地方）	市、町、村（地方）
教育	大学（国立）、私立学校补助（大学）	高中、特殊教育学校、中小学校教职员的工资和人事、私立学校补助、大学（都、道、府、县立）	小学、初中、幼儿园、大学（市立）
福利卫生	社会保险、卫生等执照、医药品许可执照、其他基准的设定	生活保障（町、村）、儿童福利、老年人保健福利、保健站、环境规制	生活保障（市）、老年人保健福利、护理保险、国民健康保险（事务）垃圾和粪便处理、保健站
产业经济	货币、关税、通信和邮政、经济政策	地区经济振兴、职业训练、中小企业指导	地区经济振兴、农田利用调整

资料来源：《日本财税及相关经济制度研修报告》之四，http: //tfs.mof.gov.cn/zhengwuxinxi/faguixinxifanying/200910/t20091029224837.html。

由表3-9可以看出，日本中央政府主要承担具有全国性、普遍意义的事权。具体包括关系国家主权等方面的事务、需由中央统一规划办理的重大经济事务、地方自治的基本准则制定等事务、宏观政策、基本公共服务水平均等的实现与维持，以及与人民生活密切相关且需要全国统一协调的事务，如纯属国家全局利益的国防、外交等。

日本都道府县主要负责区域性公共产品的管理，主要包括：第一，在都道府县内需要按照统一标准处理的事务，如本区域内的交通、教育、社会福利等；第二，超过市、町、村受益范围的事务；第三，对市、町、村组织、运作、管理需要提出合理性建议、指导的事务；第四，超过市町村自有能力的事务，如医疗保健设施的建设、高等教育、产业振兴等。

市、町、村主要负责都道府县事权范围以外的其他地方事务，主要涉及居民日常生活的如消防、城市规划、卫生、住宅等。

日本地方政府自治范围内的大部分事务，虽然名义上属于地方事务，但是实际上是一种中央地方共同事务。《地方财政法》在明确了"地方事务地方出资"原则的同时，也规定了诸多例外。关于中央和地方经费负担的划分，日本《地方财政法》中有如下明确规定：第一，地方自治团体及其机构所需的业务性经费，原则上应当由自治团体负担；第二，在上述经费中与国家和地方都有利害关系的某些特定业务经费（如义务教育费、生活保障费等）、公共事业费和救灾等经费，应当由中央负担全部或一部分；第三，涉及国家利益的业务费（如国会议员选举等），应当由中央全部负担；第四，国家级的事业费原则上由中央全部承担①。

由表3-10和表3-11可见，日本财政体制的安排突出了地方财政的重要性，大约一半以上的财政支出是通过地方预算安排的，日本地方政府承担着比中央政府更多的公共支出责任。当前，日本地方财政支出占一般性财政支出的比重约为70%，占公共资本行为的比例高达80%②。当然中央也通过对收入的再分配和行使财政计划管理权，对地方财政实施强有力的控制。

表3-10　　　　　　　　　　日本各级政府支出范围

支出类型	中央政府支出	都、道、府、县支出	市、町、村支出
安全	外交、国防、司法和刑法	警察	消防
社会资本	高速公路、国道、一级河流	中央政府负责以外的国道、一级河流、省道、二级河流、港湾、公营住宅	城市计划事业、市町村道路、公营住宅、排水设施
教育	公立大学、资助私立大学	高中、特殊学校、中小学的教师工资和人事开支、资助私立学院	中小学校和幼儿园
福利卫生	社会保险、医师执照、医药品许可证	对町、村的生活保护、儿童福利、老人福利保健以及保健院的建设	生活保护、老人福利健康、儿童福利、国民健康保险、卫生

资料来源：刘明慧：《外国财政制度》，东北财经大学出版社2012年版。

表3-11　　　　　　　　　1985~2009年日本财政支出　　　　　单位：10亿日元，%

年份	支出总额 总额	支出总额 占GDP比重	中央政府支出 总额	中央政府支出 占GDP比重	中央政府支出 占总支出比重	地方政府支出 总额	地方政府支出 占GDP比重	地方政府支出 占总支出比重
1985	70986	27.19	25242	9.67	35.56	45781	17.53	64.49
1990	88906	25.52	32672	9.38	36.75	56293	16.16	63.32

---

① 姜维壮主编：《国家财政制度比较》，中国财政经济出版社1991年版，第280页。
② 李江涛：《日本政府间财政关系与转移支付制度及其对我国的借鉴意义》，《经济研究参考》，2011年第41期。

续表

年份	支出总额 总额	支出总额 占GDP比重	中央政府支出 总额	中央政府支出 占GDP比重	中央政府支出 占总支出比重	地方政府支出 总额	地方政府支出 占GDP比重	地方政府支出 占总支出比重
1995	120107	32.09	41721	11.15	34.74	78473	20.97	65.34
2000	147398	39.64	48547	13.06	32.94	98945	26.61	67.13
2005	157118	42.94	59552	16.28	37.90	97616	26.68	62.13
2006	147096	39.37	56431	15.11	38.36	90697	24.28	61.66
2007	145805	38.91	5692	15.13	38.88	89148	23.79	61.14
2008	139969	37.93	56764	15.38	40.55	83401	22.60	59.59
2009	144031	39.17	61658	16.77	42.81	82556	22.45	57.32

资料来源：根据《2010年日本统计年鉴》数据计算而得。

(二) 日本政府间税收收入划分

日本在第二次世界大战以后，以"夏普劝告"为基础，建立起现代税制，至此确立了战后日本税制的基本框架。此后，日本在政府间税收收入划分上进行了一系列的制度调整和改革。

1. 税权划分

日本地方政府的事权范围和税权范围并不对应，事权范围相对较宽，但税权范围却并不大。日本税权划分的特征可以概括为"立法权集中、执法权分散"。日本的国会完全掌握税收立法权，所有税法都要经过国会批准，主要税种的管理权限主要集中在中央政府，地方政府在税法允许范围之内，具有制定具体的税收征管条例和细则的权力，具体包括税收调整和减免等。

日本这种财政管理权限的确定，虽然在一定程度上降低了地方政府财政政策的灵活性，但也具有明显的优越性。这种相对集中的税权分配模式可以有效抑制地方权力过度膨胀和不计成本的滥用，降低由于政策制度原因造成的人为分配不公，保证国家财政政策调控的有效实施。

2. 税收划分

日本的税收划分主要遵循三个原则：一是以事权划分为基础；二是大宗

的税源归中央；三是涉及宏观政策的税种划归中央，受益特征明显的税种划归地方。日本实行复合税制，现行的税种超过 50 个，分为国税（中央税）和地方税和共享税（交付税），国税由中央政府课征，地税由地方政府课征。中央税和地方税的划分，遵循的一项主要原则是有利于收入再分配，将那些能够有效地体现宏观经济政策，具有自动稳定宏观经济效果的税收划归中央[①]。具体而言，所得税、法人税、消费税、继承税、酒税等，属于国税，国税占总税收的比重高达 60% 左右。地方税包括都、道、府、县税和市、町、村税两个层次，两者的税收收入比重差别不大。其中，都、道、府、县税主要包括事业税，地方消费税，不动产取得税，汽车税，汽车取得税，都、道、府、县香烟税，高尔夫球场利用税，矿区税，狩猎税，轻油交易税等；市、町、村税主要包括固定资产税，城市规划税，小型汽车税，市、町、村香烟税，矿产税，入汤税，经营机构税等。表 3 – 12 列示了日本国税和地方税划分的具体情况。

表 3 – 12　　　　　　　　日本的国税和地方税

税　类	地方税（都、道、府、县税）	地方税（市、町、村税）
所得税	都、道、府、县民税	市、町、村民税
法人税	都、道、府、县民税利息分配	固定资产税
地方法人特别税	都、道、府、县民税股息分配	城市规划税
继承税	事业税	事业税
赠与税	不动产取得税	市、町、村水利地益税
印花税	都、道、府、县水利地益税	共同设施税
注册执照税	地方消费税	地皮开发税
消费税	都、道、府、县烟草税	国民健康保险税
酒税	高尔夫球场利用税	市、町、村烟草税
烟草税	汽车税	小型汽车税
挥发油税	矿区税	矿产税
地方道路税	汽车取得税	入汤税

---

① 李江涛：《日本政府间财政关系与转移支付制度及其对我国的借鉴意义》，《经济研究参考》，2011 年第 41 期。

续表

税　类	地方税（都、道、府、县税）	地方税（市、町、村税）
石油气税	轻油交易税	—
飞机燃料税	狩猎税	—
石油煤炭税	—	—
汽车重量税	—	—
电源开发促进税	—	—
关税	—	—

资料来源：《日本财税立法及执法进修报告》（四），http://tfs.mof.gov.vn/zhengweuxinxi/faguixinxifanying/201101/t20110112_411027.html。

表3-13列示了日本1985~2009年中央和地方政府租税收入情况。从税收收入的分配结构来看，第二次世界大战以后税收收入分配的总趋势是：中央政府税收收入的比重下降，地方政府特别是市、町、村一级的税收收入比重明显提高。一方面，反映出税收收入分配向基层政府倾斜的倾向，另一方面，本着事权决定财权的原则，地方政府可以有更多的可供支配的财力用于地方经济发展。

表3-13　　　日本1985~2009年中央和地方政府租税收入　　单位：10亿日元,%

年份	租税总额 总额	租税总额 占GDP比重	中央租税 总额	中央租税 占GDP比重	中央租税 占租税总额比重	地方租税 总额	地方租税 占GDP比重	地方租税 占租税总额比重
1985	62467	23.0	39150	15	62.7	23317	8.9	37.3
1990	96230	27.6	62780	18	65.2	33450	9.6	34.8
1995	88638	23.7	54963	14.7	62.0	33675	9	38.0
2000	88267	23.7	52721	14.2	59.7	35546	9.5	40.3
2005	87095	23.8	52291	14.3	60.0	34804	9.5	40.0
2006	90623	24.3	54117	14.5	59.7	36506	9.8	40.3
2007	92923	24.8	52656	14.1	56.7	40267	10.7	43.3
2008	85389	23.1	45831	12.4	53.7	39559	10.7	46.3
2009	75426	20.5	40243	13	53.4	35183	9.6	46.6

资料来源：根据《2010年日本地方财政统计年鉴》（日文版）以及《2010年日本统计年鉴》（日文版）数据计算。

日本政府间财政关系中，税收划分的特点可以归结为：一是中央财政的集中度较高，国税税源大、范围广，地方税则相反；二是基本上不实行共享税或同源分别征收的办法，分税的特征较为明显。

(三) 日本的政府间转移支付制度

日本中央和地方税收收入分配结构是"六四开"，支出结构接近于"四六开"，地方财政支出存在巨大的资金缺口，而税收又是日本财政收入的主要来源，其缺口不能通过税收以外的其他收入弥补。因此，为了弥补财政支出的缺口，保证地方财政收支平衡，平衡地区间财力差异，日本建立了财政转移支付制度。

日本中央对地方政府的转移支付主要有三类：一是"地方转移支付税"，也称"地方交付税"，这是一种中央不指定用途的一般性转移支付；二是"国库支出金"，是指中央限定用途的特定拨款，是日本财政转移支付制度的主要形式；三是一种称为"地方让与税"的转移支付，规模很小。

1. 地方交付税

地方交付税的目的是实现各自治体之间的横向财政平衡，以使所有地方自治体都有相应的财源来维持基本均等的公共服务水平。中央政府不得对交付税的用途附加条件或者限制其使用范围，地方自治体有权自行决定地方交付税的用途。地方交付税包括普通交付税和特别交付税两类，其中，普通交付税约占全部交付税额的94%，特别交付税约占全部交付税的6%。

普通交付税是依据财政需求额与标准财政收入额之间的差额转移给地方政府的经费，按照下列比例从五大国税中提取：所得税及酒税的32%，法人税的34%，香烟税的25%，消费税的29.5%。具体而言，标准财政需求额是地方政府提供标准公共服务所需经费的总额，由地方政府各事项所需费用汇总而成，计算公式为：标准财政需求额 = 测定单位的数值 × 单位费用 × 补正系数，其中，测定单位的数值是与提供必要的公共服务成正比的指标（如人口、面积、道路长度等），单位费用是每个测定单位提供必要的功能服务所需的费用，补正系数是根据不同的地区、环境等，对单位费用的调节（如积雪地区费用会增高）；标准财政收入额是用来合理测定地方政府财源规模的指标，计算公式为：标准财政收入额 = 算入率 ×（标准的地方税收入 + 地方让与税 + 交通安全对策特别转移支付金），其中，算入率为 0.75，该数值的确定要综合考虑标准财政需求额不能满足的财政需要与地方培育本地税源的积极性①。

特别交付税的目的是为了解决普通交付税无法解决的特殊财政需求，如自然灾害等或者由于普通交付税估算不当而造成的地方财政资金的不足。特别交付税于每年的 12 月先行拨付总额的 1/3，再于来年 3 月支付剩余的 2/3②。

2. 国库支出金

国库支出金设立的目的有五点：一是确保重要行政服务的全国平均水平；二是确保财政资金的有计划、有重点投入；三是为一定政策目的而奖励地方从事特定事业；四是满足救灾等特殊财政需要；五是支付地方代理中央办理国政选举等中央事务的费用。

国库支出金的用途及其使用都要受到中央政府部门严格的监督和审查，一旦发现地方政府的违规行为，中央政府可以立即收回国库支出金或进行相应的处罚。

国库支付金主要有：国库负担金，约占国库支出金的 60%；国库补助金和国库委托金，两者共约占国库支出金的 40%③。其中，国库负担金是指在履行中央与地方共同事务的提供责任中，中央政府作为一方责任人作为项目实施主体的地方政府支付的款项，与义务教育相关的国库负担金是其典型代表。国库补助金是中央为了推进特定政策，采取鼓励措施向地方自治体发放的款项。国库委托金是考虑方便性和效率性，将本应由中央负责的事务委托给地方自治体时需要由中央支付的相关款项，其中有代表性的是国会议员的选举事务经费。

---

①② 楼继伟：《中国政府间财政关系再思考》，中国财政经济出版社 2013 年版，第 189 页。
③ 同上，第 191 页。

3. 地方让与税

地方让与税是指为了减少地区间税收收入的差距，体现征税的便利性原则，将本来属于国税收入的地方性税源返还给地方政府的一种资金。地方让与税在转移支付中所占份额并不高，主要包括五种形式：一是地方道路税的全部；二是石油天然气税的1/2；三是航空燃料税的2/13；四是机动车辆税的1/4；五是特别吨位税的全部[①]。

4. 政府间转移支付的规模和结构

表3-14列示的是2009年都、道、府、县和市、町、村所获得的政府间转移支付。可以看到，无论是哪一级政府，转移支付均占其总财政收入的30%以上。其中，国库支出金和地方交付税的比重相差不大，均接近50%；地方让与税所占比重很低，不到5%。总体而言，日本通过设计具有不同政策目标的转移支付措施，为其地方政府承担自己的职责提供了重要的支持。

表3-14　　　　2009年日本地方政府获得转移支付情况　　　单位：10亿日元,%

转移支付情况	都、道、府、县	市、町、村	合计
地方让与税	810	486	1297
占转移支付总额比重	5	3	4
地方交付税	8184	7636	15820
其中：普通交付税	8062	6809	14871
特别交付税	122	827	949
占转移支付总额比重	47	47	47
国库支出金	8560	8279	16839
占转移支付总额比重	49	50	50
转移支付总额	17554	16402	33956
占地方财政总收入比重	34	31	32
地方财政收入（含债务收入）	50968	53554	104522

资料来源：根据日本总务省2011年出版的《地方财政状况》（日文版）整理所得。

日本的政府间转移支付制度在实现纵向财政平衡和横向财政平衡中起到

[①] 楼继伟：《中国政府间财政关系再思考》，中国财政经济出版社2013年版，第191页。

了重要的作用。同时，国库支出金制度在促进地方基础设施和社会事业发展过程中发挥了重要的作用。[①]

二、英国政府间财政关系实践

（一）英国政府结构与财政支出责任分配

与日本类似，英国也是一个单一制国家。英国实行君主立宪制，政府层级简化。其主要特点表现为中央政府高度集权，根据英国宪法（constitutional conventions）规定，地方政府只能执行中央政府赋予的权利。英国共有四个主要地区，分别为英格兰、威尔士、苏格兰和北爱尔兰，这四个地区的地方政府结构并没有设定一个统一的标准，而是各自根据本地的实际情况进行设置，因而表现出较大的差异性。总体而言，与其他国家相比，英国中央财政掌握了绝大部分财政收入，地方政府的职能范围比其他国家小得多，地方政府的财政支出主要来源于中央政府的转移支付。

英国中央政府的主要职能是资源配置、稳定经济、提供公共服务和福利。中央财政支出主要包括国防、外交、对外援助、高等教育、空间开发、环境保护、海洋开发、尖端科技、卫生保健、社会保障、中央政府债务以及全国性的交通运输、通信和能源开发等。2010年，英国中央政府收入占全部税收收入的90.6%，支出占71.6%[②]。

英国地方政府的主要职能是公共事业、基础设施建设、公共安全、社区发展和社会福利等。地方财政支出主要包括保护性事务支出、公共场所和环境支出、居民服务性支出、社会娱乐性支出、商业性事务支出。表3-15反映了英国各级地方政府事权划分的具体情况。

[①] 李江涛：《日本政府间财政关系与转移支付制度及其对我国的借鉴意义》，《经济研究参考》，2011年第41期。

[②] 楼继伟：《中国政府间财政关系再思考》，中国财政经济出版社2013年版，第165页。

表 3-15　　　　　　　　英国各级地方政府事权划分

事权划分	第一级地方政府	第二级地方政府
郡县	垃圾处理、教育、图书馆、社会服务、交通、战略规划、消费者保护、治安、消防	住房、垃圾收集、地方规划、地税征管、执照办法、墓地与殡葬
单一议会	住房、垃圾处理、垃圾收集、教育、图书馆、社会服务、交通、规划、消费者保护、治安、消防、地方规划、地税征管、执照颁发、墓地与殡葬	
大都会区	教育、图书馆、社会服务、交通、规划、治安、消防、住房、垃圾收集、地方规划、地税征管、消费者保护、执照颁发、墓地与殡葬	
大伦敦	交通、战略规划、地区发展、治安、消防	住房、教育、图书馆、社会服务、垃圾搜集、地方规划、地方税收、执照颁发、墓地与殡葬

资料来源：根据《Local Government Financial Statistics England No. 21 2011》的 "Chapter 1 local government" 内容整理。

（二）英国财政收入划分

1. 税权划分

与单一制政治体制相对应，英国在税权划分领域同样具有高度集权的特征。英国的税收立法权完全属于中央政府，地方政府没有权利开征税收，也不能设置地方税，只对地方税率具有一定的决定权，但在地方税率设置的过程中仍然要受到中央政府的控制，中央政府在审批预算时对地方税收的征收率进行控制，避免地方政府为增加支出而过度提高税率。因此，英国各地地方税的征收率已经趋于平均。

2. 税收划分

英国实行较为彻底的分税制，中央和地方税收收入完全按税种划分，不设共享税，税收也分别由中央和地方各自的税务机关负责征收。

与日本类似，英国实行较为彻底的分税制。中央政府和地方政府的税收收入完全按照税种划分，分别由中央政府和地方政府各自的税收机关行使征收管理权，不设置共享税。

在英国，中央税所占比例较大，主要包括三大类：一是直接税，由国内收入局负责征收，主要包括个人所得税、公司税、资本利得税、印花税、遗产税和石油收入税，约占经常性预算收入的 40%[①]。二是间接税，由关税和消费税局负责征收，主要包括增值税、燃油税、烟草税、关税、白酒税、红酒税、啤酒和果汁酒税、赌博税、航空税、保险收益税、垃圾掩埋税、气候变化税等。三是社会保障税及其他税费，社会保障税由社会保障部基金收入局收取，该税在经常性预算收入中的比重约占 16%[②]。

地方税所占份额较低，只有市政税（住房所有者缴纳）、房产营业税（针对非住宅财产，主要是由企业缴纳）和部分使用者付费。

（三）英国的政府间转移支付制度

由于英国地方税数量很少，政府间转移支付制度成为地方政府运转的重要保障。因此，英国是世界上较早实行转移支付制度的国家之一，英国政府早在 1929 年就开始实施无条件一般拨款，并在 1967 年将无条件补助拨款更名为税收支持拨款或分类补助。

英国转移支付的目标主要是：第一，实现政府间财政收支的纵向平衡与横向平衡；第二，实现对地方政府收支的统一管理，保证中央政府的主导地位；第三，实现各地方政府在基本公共服务提供能力上的一致性。

英国中央政府对地方政府的转移支付有公式化拨款、特定公式拨款以及专项拨款三种主要形式。

公式化拨款通过年度预算程序进行分配，对资金的用途没有严格的限制，属于无条件拨款，是中央政府对地方政府转移支付的主要形式。具体包括收入援助拨款、重新分配的营业税和治安拨款三种。其计算公式为：

$$某地区转移支付额 = 该地公式化支出额 + 治安拨款（设有警局的地区） - 该地区按预计全国平均税率征收的市政税$$

其中，公式化支出额的计算所考虑的因素包括地区人口因素、社会结构和其他客观经济因素，具体考核项目包括教育、个人社会服务、警察、治安、

[①②] 楼继伟：《中国政府间财政关系再思考》，中国财政经济出版社 2013 年版，第 168 页。

消防、公路养护、环境保护、文化服务等。值的提出的是,中央政府通过法律形式为公式化拨款额的年增长率确定了上限和下限①。

特定公式拨款也是通过一定的公式计算各地的拨款数额,它主要解决的是公式化拨款无法满足的那些公共项目的拨款问题。

专项拨款是指规定了专门用途的转移支付形式,只能用于公共设施、社会治安、环境保护等规定用途。

第三节 转型国家政府间财政关系的演变历程

俄罗斯联邦成立于1991年。当时,俄罗斯和其他苏联加盟共和国拒绝向莫斯科的苏联政府上缴税收,宣称其法律优先于苏联法律,并最终宣布独立。按照时间顺序和改革的实际成效,俄罗斯的政府间财政关系改革进程可以划分为四个时期,具体见表3-16。

表3-16　　　　　　俄罗斯政府间财政关系演变历程

时间段	总体特征	具体内容
1991~1993年	沿袭苏联时期高度集中的政府间财政关系	地区和地方预算实质上仍旧是联邦预算的延伸
1994~1998年	规范性改革时期	开始向统一的政府间财政关系过渡,基本规范了联邦中央与地区间的财政关系
1999~2001年	系统性调整时期	执行1998年制订并通过的《1999~2001年俄罗斯联邦各级政府间财政关系改革构想》(以下简称《构想》)
2002~2005年	政府间财政关系改革的进一步深化时期	正式实施《2005年以前俄罗斯联邦财政联邦制发展纲要》,各级政府间财政关系改革步入了一个良性发展的轨道

资料来源:张中华、赵英:《俄罗斯各级政府间财政关系改革:进程、问题与启示》,《俄罗斯研究》2005年第2期;于长革:《国外政府明确事权的经验与启示》,《中国财经报》,2014年5月29日。

---

① 祝小芳:《加拿大财政均衡制度的特点分析》,《中国财经信息资料》,2005年第2期。

一、俄罗斯政府间事权和支出责任划分

（一）多级财政设置

1993 年，俄罗斯联邦制定了新《宪法》，新《宪法》规定俄罗斯联邦的性质：具有共和国政体的民主制、联邦制国家。俄罗斯政府分为俄联邦、联邦主体、地方自治政府三级。俄罗斯共有 78 个地方政府，包括 49 个州、21 个共和国、6 个边疆区与 2 个直辖市（莫斯科与圣彼得堡），此外，还包括 11 个自治区。与多级政府相对应，俄罗斯财政系统也分为联邦财政、地区财政和地方财政三级。

（二）政府间事权划分

1993 年的新《宪法》对俄联邦和联邦主体以及地方政府的主要职责作出了较为细致的规定。国防、外交、立法、货币政策等全国范围内的事务主要是俄联邦政府的责任，地方基础设施建设、经济建设和教育等方面的事务主要是联邦主体和地方政府的职责。在具体支出项目的融资、监管和实施等方面，《宪法》以及法律体系并没有作出明确的规定，因此，在支出责任的界定上，俄罗斯相关制度安排是比较模糊的，这使得俄联邦和地区以及地方政府在很多问题上相互推诿与扯皮。

为了解决政府间支出责任界定不清的问题，俄罗斯于 1995 年通过了《俄罗斯联邦地方自治政府基本原则法》，在 1998 年通过了《预算法典》。这两部法律在 1993 年新《宪法》的基础上对政府间支出责任进行了较为明确的界定。2003 年，俄罗斯对《俄罗斯联邦地方自治机构基本原则法》（以下简称《原则法》）进行了重新修订，明确了各级政府的具体财政支出权限和责任。2003 年《原则法》的修订是俄罗斯走向全新的、实质意义上的联邦主义的标志。表 3-17 列示了主要公共服务提供的责任划分。

表 3-17　　　　　俄罗斯主要公共服务提供责任划分

公共服务	法律上主要公共服务提供责任划分	实际责任划分
国防	联邦	联邦
法律及秩序	联邦	联邦
环境保障	联邦	联邦、地区
高等教育	联邦	联邦、地区
中学教育	联邦、地区	地方
健康医疗	联邦、地区	联邦、地区、地方
福利	联邦、地区	地区
税收征集	联邦	联邦
户籍	联邦	地方
文化	联邦、地区、地方	联邦、地区、地方
住房服务	联邦、地区、地方	地方

资料来源：楼继伟：《中国政府间财政关系再思考》，中国财政经济出版社 2013 年版，第 254 页。

由表 3-17 可以看出，在事权划分方面，俄罗斯联邦政府对全国范围的服务负责，如国防、国家安全等；州政府负责影响范围较大但未及于全国的项目，如专科医院等；州以下地方政府负责影响限于一个社区的服务，如垃圾回收等。在支出责任方面，许多支出是由两级或三级政府共同负担的，在教育方面，联邦政府主要负责大学和研究机构，州政府负责所有技术或职业学校，而州以下地方政府负责中小学的支出；全国道路建设分为联邦、州级和城市道路，由三级政府分别负责；公共交通主要由州政府负责，州以下地方政府负责地铁等。此外，州政府承担消防的大部分职责，福利补贴主要由联邦和州政府负责，地方政府对资金进行管理。全国环境事务由联邦政府负责，地方性环境事务由州政府负责。

表 3-18 列示了 1992~2010 年俄罗斯各级政府支出分布情况。从主要支出项目看，联邦政府最大的三项支出为养老、国防和对地方政府的转移支付；地区及地方政府的主要支出从大到小依次为教育、健康医疗、住房和社区服务。

表 3-18　　1992~2010 年俄罗斯各级政府支出占政府总支出的比重　　单位:%

年　　份	1992	1993	1994	1995	2006	2010
联邦预算	76.3	59.7	56.2	54.9	50.9	49.3
联邦以下合计	23.7	40.3	43.8	45.1	49.1	50.7
州预算	11.5	20.2	23.4	23.3	31.3	—
地方预算	12.2	20.1	20.4	21.8	17.9	—

资料来源：俄罗斯财政部网站，http：//www.minfin.ru。

二、俄罗斯政府间财政收入划分

（一）税权划分的特点

俄罗斯联邦各级政府间税权划分的特点主要表现为：第一，联邦税和共享税的税种、税率、税基等都由联邦法律规定；第二，对于地区税，联邦法律通常规定原则税率和最高税率，有些地区税的税基也有联邦立法决定；第三，对于地方税，尽管俄罗斯在 1993 年 12 月 22 日发布总统令，确认地区和地方有权在《联邦税法纲要》之外开征地方税，但联邦法律仍对地方税规定原则税率和最高税率限制；第四，地区和地方政府对于各自的税种可在具体征收管理办法上作相应调整，如可以在一定范围内调整税率，确定税收优惠、纳税时间等。

（二）税收分享体系

俄罗斯联邦的税收收入结构和税收分享体系是在苏联的基础上，于 1991 年建立起来的。与大多数国家不同，俄罗斯的税收分享体系并不是由中央政府征收后再与下级政府分享税收的模式，而是自下而上逐级划分。此外，俄罗斯的税收分享体系的透明性和确定性不足，实质上并未形成一个真正的体系，仍是中央与地方政府之间通过谈判和讨价还价而达成的一种妥协方案，这就使得地方政府在收入获取上过分依赖联邦政府，这也极大地制约了政府间财政关系的科学性和有效性。

《俄罗斯联邦税收体制基本法》和《税法典》两部法典将俄罗斯的全部税种划分为联邦税、地区税和地方税。无论是联邦、地区税还是地方税，税基一般由联邦政府确定，不同层级的政府对于税率的设定具有不同的权力。联邦税的税率由联邦政府确定，地区和地方税的税率由地区或地方政府在联邦政府规定的范围内确定。税法的执行以及税收征缴由联邦税务总局及其在各地的分支机构负责，俄罗斯政府间税收划分情况见表3－19。

表3－19　　　　　　　　俄罗斯政府间税收划分情况

联邦税	增值税、某些商品（服务）和矿物原料的消费税、企业利润（收入）税、资本收益税、自然人所得税、国家社会预算外基金缴费、关税和海关收费、矿产资源使用税、矿物原料基地再生产税、碳氢原料开采附加收入税、动物和水生生物资源使用权收费、林业税、水税、环保税、联邦许可收费
地区税	企业财产税、不动产税、道路税、交通税、销售税、娱乐经营活动税、地区许可收费
地方税	土地税、自然人财产税、广告税、继承或赠与税、地方许可收费

资料来源：张中华、赵英：《俄罗斯各级政府间财政关系改革：进程、问题与启示》，《俄罗斯研究》，2005年第2期。

需要指出，在俄罗斯的实践中，将税种划分为联邦税、地区税和地方税并不表示该税种的全部收入都划归该级预算，这与大部分联邦制国家的做法是不相符的。近年来，为了达到各级政府主要依靠自有收入形成本级预算的目的，俄罗斯政府在政府间财政收入划分制度上进行了一系列重要改革。

俄罗斯近十年来的政府间财政收入划分制度实践取得了一定的成果，但也存在一些负面的结果，主要表现为以下几个方面：首先，地区政府收入中来源于联邦税收中的部分资金，使用效率低下；其次，地区政府几乎没有税收权限，这就使得预算体制无法保证税负水平与居民所享用的公共服务数量（质量）的大致相当，此外还可能导致地区政府经常使用非法措施（建立各种类型的预算外基金，征收额外收费等）影响纳税人；最后，由于税收划分的比例经常变动，导致地方政府不关注如何扩大自己辖区内的税基，同时也不愿意公开自己的预算信息。

三、俄罗斯政府财政转移支付制度

俄罗斯地区级和地方级行政区划众多，不同地区间在自然、社会、经济、文化、资源等方面差异较大，为了实现区域协调发展，科学规范的政府间转移支付制度显得尤为重要。

与政府间事权和支出责任以及政府间财政收入划分相适应，俄罗政府间转移支付制度也经历了相似的历史演变过程。在独立之初，俄罗斯依然沿用苏联时期的政府间财政关系模式，以复杂的税收共享来取代正规的转移支付制度，中央向地方政府的拨款，往往通过临时协商确定。总体而言，并未建立真正的政府间转移支付制度，政府间转移支付制度缺乏规范性和透明度。

1993年俄罗斯通过新《宪法》，同时联邦中央政府地位逐渐加强，在此基础上，1994年俄罗斯推进政府间财政关系改革。这次改革的主要目标是规范中央和地区之间的收入分配问题以及上级政府对下级政府提供财政援助的问题。建立了以公式为导向的均等化转移支付，均等化转移支付也被称为州级的财政援助资金（the fund for financial support of the regions，FSSR），公式中有两个均等化的层次：第一层次称作"州财政平衡"，旨在平衡各州的收入；第二层次是"州额外财政补助"，目的是对无法满足支出需求的州提供额外的资金。① 此外，在联邦预算中设立"地区财政支持基金"是此次改革的一项重要的成果，其实质是一种均等化转移支付，其主要目的是平衡各联邦主体的最低财政能力。至今，地区财政支持基金是按照俄罗斯联邦财政部制定的统一方法、通过专门的计算公式来分配财政资金的，是俄罗斯比较规范的转移支付形式。

专项财政补贴是俄罗斯政府又一种较为重要的转移支付形式。1999年以后，以专项财政补贴的形式分配的资金主要有两种：一是对于俄罗斯及北部

---

① 楼继伟：《中国政府间财政关系再思考》，中国财政经济出版社2013年版，第258页。

那些难以进行商品运输地区的补贴；二是"对俄罗斯联邦主体进行财政支持的联邦基金"中的其他几种专项财政援助。2000年之前，专项财政补贴并不十分规范，在补贴计算和分配上主要是通过协商的方式进行，导致很多弊端：第一，加剧了地区间的横向差异；第二，形成地区财政的"预算软约束"，使地区政府缺乏发展自身经济的激励。2000年起，俄罗斯进行了一系列改革措施，开始设立四种基金：地区发展基金、地区财政改革（发展）基金、补偿基金、社会性支出共同筹款基金，从体制上对这些专项财政津贴和补贴进行规范。

另外，除了均等化转移支付和专项财政补贴以外，俄罗斯在1991~2003年还使用了诸如相互结算补助、预算贷款等一些其他形式的财政转移支付，这些类型的转移支付最大的特点是没有特定的公式或原则作为基础，支付方式大多按需分配，并且缺乏透明度，在有些年份，其资金总额甚至超过了地区财政支持基金。

第四节 典型国家政府间财政关系的特征

无论是联邦制国家还是单一制国家，政府间财政关系都表现出许多共通之处，总结政府间财政关系的特征，有利于建立适合我国国情的政府间财政关系制度。

一、政府间事权和支出责任划分的特征

（一）以法律规范各级政府的事权

法制健全是财政体制有效运行的重要保证。各国对各级政府职能、政府事务都由相关法律作出规定，使政府间财政体制的运行、调整，有一套明确

的法律体系予以保障,保证了体制的稳定性。

(二) 政府间事权划分遵循科学原则

在多层级政府条件下,各国政府间事权划分都依据一定的原则,以避免局部利益和整体利益冲突,防止各级政府之间恶性竞争和互相推诿。第一,政府间事权划分普遍遵循外部性原则,在决定政府职责划分的过程中,要看公共服务的外部性由哪一级政府来承担,据此划分各级政府的事权。第二,政府间事权划分要考虑信息处理的复杂性,不同级次的政府在处理信息上具有不同的比较优势,应当据此来决定某项事务具体由哪一级次的政府负责。第三,政府间事权划分要体现激励相容性,以实现整体利益最大化。

此外,各国政府间事权划分都受到地理和历史因素的影响。在制度设计上受国土面积和人口规模的影响,同时制度形成明显具有路径依赖的特征。

二、政府间财政收入划分的特征

世界各国,不论是联邦制国家还是单一制国家都是立足于本国国情来处理中央政府和地方政府之间的收入分配关系。概括而言,政府间收入划分表现出以下共同之处。

(一) 分税制是政府间财政关系的基本模式

在市场经济国家,无论是联邦制还是实行单一制政体,都是以分税制作为处理中央政府与地方政府财政分配关系的基本模式。具体特点表现为:第一,按税种划分各级政府的财权和财力;第二,分别建立中央和地方税务机构,对不同税种分别进行征收和管理;第三,税收分割的归宿最终在于税收收入在不同级次政府间的分配;第四,税种划分体现科学性和规律性,主体税种主要划归中央政府。

(二) 以法律规范各级政府的财权，并保持一定弹性

各国大多制定相关的法律对各级政府的财力、财权分配以及税收制度运作的外部环境作出严格规定，以保证政府间财政关系制度的稳定性。政府间财政关系的法制性一方面有利于保障财权划分的顺利实施，另一方面也能够保证各国税权划分的形式和结构在法规的约束下按照一定的条件进行调整。

(三) 中央税权的主导性与适当赋予地方税权相结合

无论强调税权集中，还是强调税权分散，各国在政府间财政收入划分的过程中都将中央税权置于地方税权之上[1]，保证中央政府的税收优先权，从而实现中央政府对整个国家财力分配和调节的主导地位。根据财政的基本职能需要，中央政府侧重掌握有利于公平分配、稳定经济的财权。同时，为了调动地方政府的积极性，在不影响全国税收统一和中央收入的前提下，适当下放地方税税权，并使地方税权受到中央税权的制衡。

三、财政转移支付制度的特征

财政转移支付制度是各国保持财政基本平衡的重要制度安排，可以看出，各国均由中央政府对地方进行财政补助，但并未形成一个统一的模式，不过无论是联邦制国家还是单一制国家，其财政转移支付制度的设计都具有以下共性特征。

(一) 建立相对稳定的资金来源机制

为了保持转移支付资金的稳定性和规范性，各国政府都建立了均衡转移支付资金来源机制，具体而言，设定某一种或某几种税收的一定比例进行均

---

[1] 李娟：《中国中央与地方政府间财政关系变迁研究》，云南大学，2011 年。

衡性分配，使财政均衡资金的来源稳定。

(二) 明确转移支付的用途

虽然各国情况不同，一般性转移支付与专项补助所占的比重有很大差别，但各国无一例外地对不同类型转移支付的具体用途作出明确规定。对于专项补助的具体用途而言，各国都比较集中在教育、基础设施建设等项目，以达到使各地居民可以享用到同样或相近水平的公共产品及劳务，而不是把补助投入到生产性领域[①]。

(三) 采用公式化方式进行分配

大部分国家都采用公式化计算进行财政均衡性分配，这是规范转移支付制度的内在要求，也是促进经济社会协调发展的要求[②]。公式化计算中最重要的是确定进入公式的因素、数据来源和计算方法。均衡目标不同，公式中所包含的因素也不相同。从世界各国的实践来看，都注重转移支付的公式化、规范化。尽管转移支付的数额很大、对象众多、结构复杂，但是具体操作过程中都是有章可循、有法可依的，从而减少了转移支付中的盲目性和随意性，使补助的透明度得以增加，减少了人为因素的干扰和影响，避免了中央政府和地方政府的讨价还价，排除制度的随意性。

(四) 采取多样化形式体现公平与效率

各国在设计转移支付制度时都面临着公平和效率的权衡。在实践中，各国都采用一般性转移支付和专项转移支付相结合的方式，但是不同形式的转移支付交叉运用是有主次的[③]。一般地，当中央政府是出于平衡各地区间财政

[①] 徐国荣：《国外转移支付借鉴与启示》，《江西财经大学学报》，2003 年第 4 期。
[②] 李江涛：《日本政府间财政关系与转移支付制度及其对我国的借鉴意义》，《经济研究参考》，2011 年第 41 期。
[③] 信维薇：《我国政府间财政转移支付研究》，山西大学，2010 年。

收入水平差异的动机时，会以采取不规定用途的、无条件的转移支付方式为主[①]，这种方式能够直接增加低收入地区的财政能力；当中央政府出于增强地方提供某一种或某几项公共产品的能力时，会较多地采取专项补助的方式并且附加必要的条件[②]。

（五）设置转移支付的上限和下限

一些国家为了保持转移支付资金的稳定和转移支付制度的可持续性，设置了转移支付分配的上限和下限。均衡转移支付的上限和下限在一定程度上避免了中央政府年度预算的大幅度波动和巨额财政赤字的产生，也使州和地方政府的年度预算安排具有更好的稳定性和可预算性，有利于提高财政均衡制度的稳定性[③]。

此外，一个国家的政府间财政关系的形成受到历史、经济、政体、文化等各方面的影响。典型国家政府间财政关系的形成除了具备以上的共性特征外，还具有一些受历史文化影响的独特特点。因此，在借鉴典型国家政府间财政关系制度成功经验的基础上，还应深入研究我国的历史、文化特征，结合我国经济社会发展的客观实际，构建科学合理的政府间财政关系制度。

回顾与总结：政府间财政关系是指多级财政设置、政府间事权和支出责任划分、政府间收入划分以及政府间转移支付的原则规范和制度安排。无论是联邦制国家还是单一制国家都逐步建立起与其历史和现实需求相适应的政府间财政关系制度，并各有其优点和不足。

美国联邦、州和地方政府间职能、事权与支出划分明确，都有税收立法权、征收权和独立征收机构，坚持税源同享的原则。联邦对州和地方政府的转移支付是美国转移支付的重要内容。德国联邦政府集权，州与地方政府有

---

① 尚可文：《政府间转移支付制度的比较研究与借鉴》，《新疆财经》，1998 年第 5 期。
② 孙开：《中央对地方转移支付的国际比较与启示》，《税务与经济》，1995 年第 3 期。
③ 祝小芳：《加拿大财政均衡制度的特点分析》，《中国财经信息资料》，2005 年第 2 期。

限分权，权利划分相对制衡，各级政府事权、支出划分明确，实行税收收入划分基础上的税收共享体制，德国具有庞大的纵向与横向结合的转移支付制度，其中横向转移支付制度是核心。日本中央集权，地方政府有限分权。三级政府在各自事权范围明确的前提下共担部分事权，税收收入以独享税为主，日本转移支付制度由地方交付税、国库补助金和地方让与金三部分组成。此外，英国、俄罗斯、印度政府间也逐步实行规范的事权、支出和税收划分和转移支付体制。

典型国家政府间转移支付制度实践的共性特征及给我们的启示：建立法制化的制度体系规范政府间财政关系；将中央政府的主导性与地方政府的积极性结合；依据科学原则清晰界定政府间事权和支出责任；依据税种属性和宏观调控需要合理划分和管理政府财政收入；构建系统完善的财政转移支付制度促进政府间财力的均衡配置；紧密联系本国实际推进政府间财政关系改革。

第四章　重构政府间财政关系：目标与思路

本章导读：界定政府间财政关系内涵，探讨政府间财政关系主要内容、模式及特点，并梳理与评价我国分税制改革以来的政府间财政关系后，在刻画和概括我国政府间事权与支出责任划分中存在的突出问题和矛盾的基础上，深入分析我国政府间财政关系存在突出矛盾的体制机制障碍，回应十八大以来我国全面深化改革、推进国家治理现代化的宏大时代背景提出的战略要求，以建立现代财政制度为目标，以分税制框架内划分政府间事权和支出责任为基点，明确政府间事权和支出责任划分标准，以列举法划分政府间事权和支出责任，并就我国政府间事权和支出责任划分进行法律和政治形式的调整，本章提出重构政府间财政关系的目标与思路。

第一节　建立现代财政制度与重构政府间财政关系

完善中央和地方财政关系，是全面深化改革和全面推进依法治国的内在要求，是深化财税体制改革、建立现代财政制度的重头戏，是协调推进"四个全面"战略布局、实现国家长治久安的重要保障。

一、我国现实国情的机遇和挑战

中共十八届三中全会所部署的全面深化改革，是全面的、涉及所有领域的改革，目标覆盖所有领域，这项工程极为宏大，必须是全面的、系统的改革和改进，是各领域改革和改进的联动和集成（习近平，2014），并被概括为"发展和完善中国特色社会主义制度，推进国家治理体系和治理能力的现代化"。显然，"发展和完善中国特色社会主义制度"是前提或基本条件，实质则落在推进国家治理体系和治理能力现代化上（陈金龙，2013），而且，能否在国家治理体系和治理能力现代化上形成总体效应、取得总体效果（习近平，2014），便成为全面深化改革胜负的关键。

1. 财政和财政体制的全新功能定位

从中国特色社会主义建设的历史和战略高度，中共十八届三中全会将"推进国家治理体系和治理能力现代化"作为全面深化改革的总目标，并作出"财政是国家治理的基础和重要支柱，科学的财税体制是优化资源配置、维护市场统一、促进社会公平、实现国家长治久安的制度保障"的重要论断，从而为财政、财政体制以及财政体制改革确定了新的功能定位和改革方向。

实际上，财政不仅是一个经济范畴，更是一个政治范畴，事关治国安邦。正是基于此认识，我国党的十八届三中全会通过的《中共中央关于全面深化改革若干重大问题的决定》提出财政是国家治理的基础和重要支柱这一重大命题。这不仅是财政理论的突破、发展与完善，也是关于财政地位和作用的深刻认识。

将财政界定为"国家治理的基础和重要支柱"意味着，财政是国家治理的"唯一"基础，也是国家治理的为数不多的支柱之一。这是在充分认识财政功能及其作用的基础上，从更高层次和更广范围对财政功能及其作用的全新定位。从国家治理的总体角度定位财政，说明财政绝不仅应在经济范畴内履行传统的资源配置、收入分配和宏观经济稳定三种财政职能,而且应在事关国家治理和整个经济社会事务范畴内,是牵动经济、政治、文化、社会、生态文明和党的建设等所有领域的基本要素。随着财政与国家治理相对接并以国家治理的基础和重要支柱为定位,财政被赋予了在改革发展稳定、内政外交国防、治党治国治军等有关国家治理的各个方面履行职能、发挥支撑作用的使命。

财政体制改革牵一发而动全身,其影响绝对不会也从来没有停留于财政体制领域自身。因而,以全新的角度思考全面深化改革的总体布局,可以发现,现代财政体制改革不仅是经济体制改革的重要组成部分,而且牵动包括经济、社会、政治、文化、生态文明以及党的建设在内的所有领域改革。从这个意义上说,我国未来的财政体制改革不仅绝对是全面深化改革的重点工程,而且极可能成为全面深化改革的突破口[①]。

2. 财政体制改革目标

基于财政功能与作用的全新定位,财政体制也要与国家治理体系相对接,在国家治理层面寻求定位。十八届三中全会提出"科学的财税体制是优化资源配置、维护市场统一、促进社会公平、实现国家长治久安的制度保障",这是从国家治理体系的总体角度对财税体制功能与作用的提升和拓展。它至少说明,财政体制实质是国家治理体系的一个重要组成部分,而且,有别于其他方面体制,财税体制所具有的功能和所发挥的作用是支撑性的,由此,财政体制自然也被赋予了更大的作用潜力和更广泛的作为空间。

因而,延伸至包括经济、政治、文化、社会、生态文明和党的建设在内的所有领域,定位财政和财政体制,对接全面深化改革总目标,财政体制改革的基本取向为由适应市场经济体制到匹配国家治理体系。从这个意义上说,财政体制改革的基本目标与全面深化改革的总目标是一致重合的。从财政作为国家治理基础和重要支柱出发,从财政体制作为国家治理体系的重要组成

---

① 习近平总书记2013年在《关于〈中共中央关于全面深化改革若干重大问题的决定〉的说明》已经明确指出,"这次全面深化改革,财税体制改革是重点之一"。

部分要在更高层次、更广范围发挥更大作用出发，构筑具有顺应历史规律、切合时代潮流、代表发展方向的现代财政制度，应当也必须成为财政体制改革的基本立足点。

按照新的功能定位和逻辑延展，财政、财政体制以及财政体制改革不仅需要突破传统上作为宏观经济调控的政策工具价值，而且还承担着促进社会公平、保障民生发展、提高公共服务水平等社会功能，尤其要履行优化政府治理结构、推动民主政治发展、为实现国家长治久安奠定制度基础的政治使命。因此，《中共中央关于全面深化改革若干重大问题的决定》以"建立现代财政制度"标识改革的方向，并围绕建立现代财政制度，提出"完善立法、明确事权、改革税制、稳定税负、透明预算、提高效率"的指导方针。

由"适应市场经济体制"到"匹配国家治理体系"，从"建立与社会主义市场经济体制相适应的财税体制基本框架"到"建立与国家治理体系和治理能力现代化相匹配的现代财政制度"，是我国财政体制改革战略的重大转型。由此，与我国财政体制改革的基本目标是建立与国家治理体系和治理能力现代化相匹配的现代财政制度相对应，我国财政体制改革路线图可以梳理为："建立现代财政制度"→"科学的财税体制"→"国家治理的基础和重要支柱"→"国家治理体系和治理能力的现代化"。

二、现代财政制度对重构政府间财政关系的必然要求

1. 事权和支出责任划分是政府间财政关系的核心

政府间财政关系主要处理中央、省、市、县和乡等各层级政府财政管理主体之间财政管理职责、权限、利益分配，以财政体制规范财政管理权、责、利分配框架体系及其运行范式，形成政府间相互分工、制衡关系。从理论逻辑以及各国财政管理实践角度看，政府间财政关系都可以简单地归结为两方面的问题。其一，中央、省、市、县和乡等各层级政府之间的财力配置，这又可细分为税收收入、非税收入和政府债务等各层级政府可以自主支配的财

力,以及政府间尤其是中央对省及以下层级地方政府的财政转移支付所对应的财力;其二,中央、省、市、县和乡等各层级政府之间专有和共有事权以及所对应的政府支出责任划分。就政府间财政关系的两个组成部分关系而言,政府间事权和支出责任划分构成政府间财力配置的逻辑起点和前置条件。更直接地说,首先,明晰划分中央和地方各层级政府间的职能划分和权力配置,使中央和地方各层级政府的财政支出职责划分与各层级政府承担的各项职能、职责相适应;其次,根据以支出责任确定财力配置的管理逻辑,确定中央和地方各层级政府的财力配置。当下,我国是在1994年建立起来的分税制财政体制框架内进行调整和规范的,也构成我国目前深化财政体制改革的基础。

具体到财政管理体制,又存在广义和狭义之分。广义财政管理体制是用以规范政府收支及其运行的一系列制度安排的统称,狭义财政管理体制是规范各层级政府之间财政收支权限划分及政府间财力配置的根本性制度规范。深入到实质层面,财政体制必然包括取得收入和拨付支出两个最基本方面所对应的财政收入体制和财政支出体制,财政收入和支出需要纳入的以预算编制、审批、执行和决算为主体的预算管理体制,以及规范不同级次政府间收支关系的财政管理体制等四个基本内容。故此,财政体制改革可以区分并聚焦于财政收入体制、财政支出体制、预算管理体制和财政管理体制四个方面。

作为财政体制的重要组成内容,政府间事权划分是我国财政体制改革的关键环节,是确定中央、省、市和县等不同层级政府的支出责任和财力配置的根本依据和前置条件。在明晰事权基础上,建立政府间财力配置与政府间事权与支出责任划分相适应的财税体制和制度,有助于明晰政府和市场之间的基本分工,科学界定各层级政府职能,规范中央和地方政府行为,奠定国家治理体系和治理能力现代化的坚实基础,服务于我国全面深化改革总目标。

2. 财政体制承载政府间财政关系的多维本质要求

作为政府间财政关系的核心要素,政府间事权、支出责任划分以及政府间财力配置,涉及政府与市场关系、政府间层级关系、政府改革等多个重要领域，受制于经济转轨、国家结构和民主建设等多重约束，具有高度的综合性和复杂性。从实践角度看，政府间事权、支出责任划分以及政府间财力配置，不仅要着力解决分税制改革以来政府间财政关系中的突出矛盾，而且还面临根据"财政是国家治理的基础和重要支柱"的战略定位进行财政体制改革制度化建设的路径选择问题。

以政府间事权、支出责任划分和政府间财力配置为核心的政府间财政关系，首先是财政和经济问题，深层次则是以政治公共权力确认、协调和实现中央和地方政府共同利益和矛盾利益的政治问题，而以法律形式为我国政府间财政关系提供稳定的权威规范和公开的制度规则，则是法治国家建设以及国家治理体系和能力现代化的必然选择，也是世界各国的通行经验。

从经济角度看，要遵循公平、效率、公共产品层次和政府职能原则，并主要考虑地方政府相对比较优势或职能失效，科学界定国家公权力边界并进行合理配置和规范运行，由此判定政府间事权划分，尤其处理好介于市场和非市场机制中间地带的事权；涉及国家主权、促进经济总量平衡和区域协调发展、保障要素自由流动、维护生态环境安全等领域事务，必须完整集中到中央，减少委托事权。

从政治角度看，以政治权力和权利为核心，处理好介于政治和非政治之间的事权，协调处理政治上的单一制与经济上联邦制以及财政上的邦联制的矛盾关系，以及指令性和指导性政策措施关系。

从法律角度看，基于宪法、预算法等现存法律体系的完善，处理好有关财税法与其他法律体系之间的关系；中央和省级政府事权划分以法律为载体，立法程序公开透明、民主参与。主要划分立法、司法和执法。非国有财产征收征用、民事基本制度、基本经济制度以及财政、税收、海关、金融、外贸和跨域司法、环境保护等基本制度方面的重要事项，只能由中央制定法律或授权制定行政法规。强化中央在国防、外交、国家安全、关系全国统一市场、海域和海洋使用管理、食品药品安全、生态环境安全、跨区域司法管理等领域的执法权，合理配置机构，提高行政效能。

3. 提高我国政府间财政关系的法治化水平

针对我国政府和市场关系有待明晰、政府间事权和支出责任划分不清晰乃至政府间财力配置与政府间事权和支出责任划分不相适应等现实矛盾和实践命题，亟待提高我国政府间财政关系中的法治化水平，并具体落实在政府间事权和支出责任划分以及政府间财力配置等方面。依照中共十八届四中全会通过的《中共中央关于全面推进依法治国若干重大问题的决定》的原则精神，推进全面依法治国是实现国家治理体系和治理能力现代化的必然要求，对应地，加强和提升财政体制法治化水平，必然构成实现国家治理现代化和全面推进依法治国的重要内容和改革方向。

因此，坚持全面深化改革、全面推进依法治国的战略方针，从根本上抓住法治化这个关键点，为建立科学、规范的政府间财政关系提供稳定的权威规范和公开的制度规则。在改革实践中，应根据政府间事权、支出责任、财权和财力具有动态性改革、适应性调整、政策性依赖等具体特点，将法治思维和理念贯穿于政府间财政关系的全过程和各环节，经试点检验成熟的政府间事权和支出责任政策性调整，以及运行稳定成熟的政治决策方式和行政性机制，都应通过法律机制最终予以规范固化。

三、我国政府间财政关系重构的理想模式

超越财政和财政体制在经济范畴和领域内寻求定位以及财政体制改革作为经济体制改革组成部分而与经济体制改革目标相对接的传统常规思路，重构我国政府间财政关系的理想模式应该包括以下几个方面。

1. 建立事权和支出责任相适应的制度

中央、省、市、县各层级政府间事权和支出责任划分是国家治理体系的核心构成要素，也是理顺政府间财政关系的逻辑起点和前置条件。其中，政府间事权划分是政府间支出责任划分的前提与基础，只有明确划分政府间事权，才能相应界定各级政府的支出责任；反过来，政府间支出责任划分又是

落实各层级政府事权的财力保障与支撑,应与政府间事权划分相适应。

无论是出于借鉴现代市场经济国家的成熟经验,还是基于政府间财政关系的严格理论逻辑分析,实现政府间事权和支出责任相适应,突出的重点在于,清晰划分政府间事权和支出责任的基础上使两者相适应性,并以法律形式予以规范。

首先,主要遵循受益范围、效率、激励相容等原则,明晰划分政府间事权。根据公共产品和服务的受益范围确定政府间职能划分,受益范围覆盖全国的公共产品由中央负责,地区性公共产品由地方负责,跨区域公共产品由中央与地方共同负责;信息复杂程度高的事务由地方政府负责,信息复杂程度低且属于全局性的事务由中央政府负责,以提高各级政府行政效率;在进行事权划分制度设计时,注意避免地方政府因追求局部利益最大化而损害整体利益,实现激励相容。

其次,以法律形式明确政府间事权划分。联邦制下,联邦政府权限一般都在《宪法》中列举,剩余权限由州保有,基本框架保持相对稳定;在单一制下,国家权力最终归属于中央政府,地方政府所行使的权力完全由中央赋予。通常情况下,大多数国家强调中央政府在政府间财政关系中的主导地位,而且,中央政府和地方政府都直接行使各自专有事权。

最后,政府间支出责任确定以政府间事权划分为基础。中央政府承担中央事权的支出责任,地方政府承担地方事权的支出责任,中央和地方按规定分担共同事权的支出责任。各级政府经费来源通过明确主体税种和转移支付予以保障。

2. 明晰划分政府间税收收入

为履行政府职能,中央、省、市、县和乡等各层级政府在划分事权和支出责任的基础上,必然要解决资金来源,由此,引发在各层级政府之间配置构成政府财政收入主渠道的税收收入需要。通常,各国采取划分税额、税种、税率或税制中某种形式或混合形式予以明确划分各层级政府间税收收入,使各层级政府都有自己的主体税种和辅助税种,构成相对独立而完善的税收体系，为各自完成其支出责任提供较为稳定的财力保障。

政府间划分税收时，会重点考虑以下问题：一是使各税种的功能与各层级政府职责结合起来，从而有利于中央和各级地方政府有效行使职责。有助于中央政府实行宏观调控的税收划归中央政府，而对较明显的受益性税收、区域性税收和对宏观经济运行不产生直接影响的税收，则应该根据实际情况将其划归地方政府所有。二是注重各层级财政间协调，避免中央和地方税制间税务行政重复以及中央和地方政府制定、实施税收政策过程中的相互冲突和矛盾。通常中央政府应处于主动地位。三是考虑税收征收便利性、税种的经济属性和有利于经济运行与发展，税基广泛且富有流动性或涉及收入分配的税种，如增值税、所得税等，宜划归中央，税基狭窄、具有固定性地域化特征或地方政府能更多掌握信息的税种，如房产税，则应划归地方政府。

3. 规范有效的政府间财政转移支付制度

处理政府间财政关系过程中，为增强中央或上级政府宏观调控和政治治理能力，中央或上级政府往往经由政府间税收收入划分，支配超过其所承担的事权以及对应财政支出责任的财力。在此情况下，规范有效的政府间财政转移支付制度，成为理顺政府间财政关系、促进实现政府间财力与政府间事权和支出责任划分相匹配的重要纽带。

尽管各国实践中的政府间财政转移支付模式并不完全相同，但规范有效的政府间财政转移支付制度仍存在某些共性特征。

其一，作为弥补地方政府财力的重要来源，政府间财政转移支付制度设计，应充分考虑政府间事权和支出责任划分，并基于各层级政府财政支出需求以及政府间税收收入划分形成的自有财力测算，建立起具有较强稳定性的制度体系。

其二，由于政府间财政转移支付与各层级政府能够获得的财力直接相关，利益重大，为确保公平公正地实现政府间财政转移支付的政策意图，应采取公式化、规范化和程序化的政府间财政转移支付额测算分配方法。为增强政府间财政转移支付制度的现实针对性，还应该选择某些能反映各层级所在辖区基本经济社会发展情况、财政收支状况以及经济社会发展战略等的主客观因素，用以充实政府间财政转移支付的分配依据。

其三，政府间财政转移支付的使用应坚持公共化方向。一般性财政转移支付资金应不必规定具体用途，主要立足于解决政府间尤其是地方政府支出责任超过其可控财力的政府财力缺口，促进实现均等化和财政纵向平衡。专项政府财政转移支付则集中用于教育、基础设施建设等特定领域。

其四，以法律形式规范和约束政府间财政转移支付。为减少人为因素干扰，稳定各层级政府预期，政府间财政转移支付分配依据、程序以及使用方向等核心内容，都应以法律形式予以规范。

第二节 理顺政府间财政关系的总体目标（至 2020 年）

遵循党的十八届三中全会《中共中央关于全面深化改革若干重大问题的决定》明确的"改进预算管理制度、完善税收制度、建立事权和支出责任相适应的制度"三大任务，2014 年中共中央政治局审议通过《深化财税体制改革总体方案》予以具体落实。总体而言，《深化财税体制改革总体方案》在关于政府间事权和支出责任划分方面的有关改革内容和举措，有诸多亮点：

其一，明确提出政府间事权和支出责任划分的依据，主要考虑公共事项的受益范围、信息的复杂性和不对称性，以及地方的自主性。理论研究和经济发达国家实践都表明，这些依据或者标准，对于规范政府间事权与支出责任是重要的，由此意味着，以此为依据调整我国政府间事权和支出责任是适当而必要的。

其二，明确提出合理划分中央和地方事权的主要思路，不仅将国防、外交、国家安全、关系全国统一市场规则和管理的传统中央事项明确集中到中央，减少委托事务，而且，明确强调将具有地域管理信息优势但对其他区域影响较大的公共事项，如部分社会保障、跨区域重大项目建设维护等，作为中央与地方共同事权。

其三，在合理划分各级政府间支出责任方面，明确提出，中央承担全国性公共产品和服务，跨区域外部性强事务由中央承担相应的支出责任，中央可运用转移支付机制将部分事权支出责任委托地方承担，逐步提高中央财政本级支出占全国财政支出的比重。

应该看到，尽管《深化财税体制改革总体方案》关于政府间事权和支出责任划分方面的有关改革内容和举措，在建立我国规范的政府间财政关系以及财税体制方向上前进了一大步，但《深化财税体制改革总体方案》是在遵循十八大和十八届三中全会"保持中央与地方收入格局大体不变"的原则背景下出台的。这意味着，《深化财税体制改革总体方案》提出的明晰中央和地方的事权与支出责任改革，只是规范政府间财政关系所要求的政府间事权和支出责任划分的中间过渡阶段。更长远而根本的是，重构政府间财政关系，应围绕推进国家治理体系和治理能力现代化，推进事权和支出责任划分改革，建立事权和支出责任相适应、中央和地方财力与事权相匹配的财政体制。

一、政府间事权和支出责任划分清晰明确，服务于国家治理和全面深化改革战略

作为处理政府间财政关系的核心要素，我国历来高度重视政府间事权和支出责任划分问题，并基于经济社会发展需要不断调整。清醒认识我国政府间财政关系处理实践中长期累积的突出问题，把握清晰划分政府间事权和支出责任划分这一关键环节，将有助于促进实现国家治理现代化和全面深化改革战略目标。总体而言，政府承担的事权和支出责任以及政府间的合理划分，会起到合理确定政府规模，约束政府活动范围、方向及政策取向的功用，对应政府部门活动范围的方向、深度和广度。政府部门的收缩和扩张，直接引发企业和个人在国民财富初次分配中的相对比重，从而在财政收入端产生政

府公权力与企业和个人私有财产权的矛盾利益关系；从财政支出端来看，政府事权和支出责任规定了整个政府活动的范围、方向和政策重点，奠定政府活动基调，实际上暗含着"法无授权不可为"的财政预算政治逻辑。

首先，实质上，清晰明确地划分政府间事权和支出责任，应处理好政府和市场职能边界问题。为让市场机制在资源配置中发挥决定性作用，着力解决目前仍较为严重的政府职能越位、缺位问题，将政府职能重点，由政府主导和政策拉动进而刺激增长的经济建设方面，适时转换到加强市场监管、维护市场秩序、推进生态文明建设、调整收入分配等方面。应该大幅度削减政府对资源的直接配置，即使提供纯公共产品，也应该在更多的流程中采用外包形式，普遍推广政府购买服务，包括公共服务，由此，在加快政府职能转变步伐的基础上政府地位将更加突出。

其次，清晰合理划分各领域政府间事权划分，将改变我国中央和地方政府职责同构、多级政府共同管理诸多事项的弊端。在我国，除国防、外交等事权被明确为中央政府事权外，其他事权在中央和地方各层级政府之间并无明显区别，地方政府承担的事权大部分是中央政府事权的延伸或细化。这不仅导致各层级政府间职责分工不清，责任不明，执行效率低下，而且，加剧各层级政府间支出责任、税收收入划分以及收支缺口乃至政府间转移支付额度测算的难度。

再次，作为依法治国的有机组成部分，以法律形式明确划分政府间事权，将有助于实现国家治理现代化和全面深化改革战略目标。事实上，我国宪法及其他相关法律已经对政府间事权进行了划分和明确。但宪法对中央和地方政府间的事权只进行了原则划分，除国防、外交、戒严等职权外，中央政府的18项职权与地方各级政府基本相同。在作为国家基本大法的宪法外，我国其他法律也对中央和地方国家机构职权划分、国务院职权范围、县级以上地方人民政府所行使的职权等作了规定。2004年修改通过的《地方各级人民代表大会和地方各级人民政府组织法》第4章地方各级人民政府第59条规定，我国县级以上地方各级人民政府行使如下职权：执行国民经济和社会发展计划、预算，管理本行政区域内的经济、教育、科学、文化、卫生、体育事业、环境和资源保护、城乡建设事业和财政、民政、公安、民族事务、司法行政、监察、计划生育等行政工作。更麻烦的是，在我国现行246部法律中，约有190余部涉及政府间事权划分内容，相互交织冲突，不仅缺乏一部具有优先法律位阶统一、完整的界定政府间责权利关系的法律法规，更有甚者，我国处理政府间职责关系的指导原则和操作性规范，多以政府或部门文件形式出现，缺乏确定性、稳定性和透明度。这些因素导致大部分政府间事权划分不清晰，部分领域的政府间职责划分虽然明晰，但由于缺乏法律保障与有效监督，执行中变形走样，有规则而不按规则行事，相互违规越权问题比较突出，扭曲政府与市场和社会关系。

最后，基于政府间事权和支出责任的清晰合理划分，进而促进实现政府间支出责任与事权相适应，将改变中央和地方政府彼此为对方事权承担"隐性"支出责任状况。尤其是我国中央政府财政预算收入占全国财政预算收入占比较高的情况下，事实上，中央政府财政预算支出占全国财政预算支出占比较低，这实际上意味着，中央政府通过财力转移委托地方政府承担支出责任。这种情况下，若政府间财力转移不规范，又将引致中央与地方、上级与下级政府间博弈的机会与谈判成本，造成中央与地方权力和责任冲突。

二、政府间财力配置与事权和支出责任划分相适应，助推现代财政制度建设

划分中央和地方政府间的事权、支出责任、财权并辅以规范的政府间转移支付制度由此形成各层级政府财力，事实上就更好地促进政府与市场，以及不同层级政府的分工合作关系，促进政府治理现代化。

以税收为主题的财政收入是整个政府部门运转的基础和生命线，为政府有效履行职能、满足社会公共需要提供财力保障。我国现行财政体制是以1994年分税制改革为基础建立起来的。从历史角度看，我国以分税制为基础

框架建立起来的财政体制，极大地提高了中央政府的宏观调控财力，初步形成符合社会主义市场经济运行机制要求的政府间财政关系框架。但客观而理性的考察，历经20余年的运行，受客观条件制约，我国以1994年分税制财政体制改革为载体的财政体制改革还不尽完善，特别是随着经济社会发展和国内外形势变化，我国财政体制内生蕴含和累积的体制性弊端也在不断凸显，政府间财力配置与政府间事权和支出责任划分不匹配，并成为影响我国财政体制改革和国家治理现代化的重要因素。

从理论逻辑来讲，政府间事权和支出责任划分是政府间财力配置的前置条件，但我国处理政府间财政关系时反而着重解决政府间财力配置问题。建立与政府间事权和支出责任划分相适应的政府间财力配置机制，将助推现代财政制度建设，进而促进实现国家治理现代化和全面深化改革战略目标。

一是在政府间合理划分税种，将有助于政府职能转变，促进实现与政府间事权和支出责任划分相适应。

我国1994年分税制财政体制改革建立的政府间财政关系基础性框架下，分税制改革以及所得税收入分享改革、个别税种分享比例调整、出口退税负担机制改革、成品油税费改革等此后的多次系列局部调整，都将能取得较多税收收入的税种划归中央，能取得较少税收收入的税种划归地方，中央政府在中央地方共享收入中拥有较大分享比例。中央与省级政府税收收入划分的基本原则是，将维护国家利益、涉及全国性资源配置、实施宏观调控所必需的税种划归中央政府，使得中央财政收入占全国财政收入的较高比率；将同经济发展直接相关的主要税种划为中央与省级政府共享税；将适合省级政府征管的税种划为省级政府税，充实地方税税种，增加地方税收入。

在省以下地方政府层面，我国财税体制并未真正进入分税制状态，而是演变成弊病明显的分成制和承包制这一财政体制凝固态[1]。这是因为我国1994年分税制财政体制改革只针对中央和省级政府的财政收入进行划分，在

---

[1] 贾康：《财政的扁平化改革和政府间事权划分》，《中共中央党校学报》，2007年第11期。

省及以下地方政府层面，省以下政府间收入划分由省政府决定。2002年所得税改革之后，根据《关于完善省以下财政管理体制有关问题的意见的通知》，我国各省出台省内财政体制安排文件，以收入划分为核心内容，多数省把收入稳定且规模较大的税种由省与市（县）共享，收入较少的税种市（县）独享。市级政府参照省级政府做法，将大部分财权集中于市级政府。经由中央、省和市级政府层层向上集中财权，县级政府只拥有有限的有效税权和财权，占70%以上全国人口的县乡财政组织的财政收入仅占全国财政收入的20%。这造成基层财政保障能力薄弱，部分基层政府收支矛盾突出。

从中央财政收入占全国财政收入比例衡量的财政集中度视角看，分税制财政体制以来，我国最高占比达55%，目前仅占46%左右，中央政府财力集中度并不高。实际上，单纯评价中央政府财力集中度水平高低本身并没有实质意义，反而要与中央政府集中的较高占比的财力是否能够通过正规制度体系予以合理配置，并与政府间事权和支出责任划分相适应联系起来。易言之，若中央政府集中的财力与政府间事权和支出责任划分相适应，则中央政府财力集中度水平再高一些也是合理的。反过来，若中央政府集中的财力与政府间事权和支出责任划分不相适应，则中央政府财力集中度水平高反而会加剧政府间财政关系矛盾。

更重要的是，中央政府财力集中度较高的情况下，不合理的税种划分会扭曲地方政府行为和职能。以增值税为主体的政府间税收收入分享，不利于遏制地方政府追求数量型粗放型经济增长冲动，而将个人所得税累进部分的收入列入政府间税收收入分享范围，不利于调节收入再分配和稳定地方收入。

二是加快地方税体系建设，将为处理政府间财政关系奠定坚实的分税制现代财政制度基础。以分税制为制度框架的现代财政制度，要求各层级政府有税可分。反观我国近年来的税制建设和改革进程，1994年分税制财政体制改革中，划分给地方政府的税源收入不佳，这使得地方政府难以具备调控区域经济的充足财力保障，也无法有效激励地方政府组织财政收入，使地方政府特别是落后地区的地方财政过于依赖转移支付。2002年所得税分享改革以及全面实施的"营改增",事实上不仅未考虑适时重点进行地方税建设,甚至进一步加剧地方政府在税收收入划分的不利地位。适合地方的税比较少,房产税还只在试点阶段,由此,我国地方税体系被进一步弱化,分税变得有名无实。

三是地方税体系不完整。收入立法权集中在中央政府,没有赋予地方政府在约定范围内开征新税、改变税率或税基等税收自主权。

四是理顺政府间税收征管关系,将有力规避税收征管范围交叉、征税权与其他执法权相脱节等问题,而将政府性基金等非税收入纳入政府间财政关系调整范围,将有利于促进地区间基本公共服务均等化。

三、完善政府间财政转移支付制度,推动基本公共服务均等化

中央政府财政集中度较高、政府间事权和支出责任划分不清晰而地方政府承担我国全部财政支出较大比重的情况下,政府间财政转移支付的制度安排,将承担弥补地方政府支出需要与政府间税收划分形成的自有财力之间缺口,以及有力保障和改善民生,推动地区间基本公共服务均等化等多重功能和政府意图。

其一,校准政府间财政转移支付功能和政策意图,在政府间事权和支出责任清晰划分的基础上,增强政府间财政转移支付项目与政府间事权和支出责任划分的相关性。通盘考虑和统筹规划政府间财政转移支付项目立项,明确政府间财政转移支付项目,明确设定政府间财政转移支付项目执行期限,避免阶段性政策被固化、短期政策长期化。

其二,在转变政府职能、政府间事权和支出责任划分的基础上,科学合理规划政府间财政转移支付结构,均衡一般性财政转移支付与专项转移支付比例关系。为提高地方政府能够真正统筹使用的均衡性转移支付规模,弥补我国地方政府层面普遍存在的财政支出与财政收入缺口,着力将目前20%左右的相对较低的均衡性政府间财政转移支付比重提高到更高水平。

其三，改革调整政府间财政转移支付专项项目。由于政府职能界定不科学，中央与地方政府以及中央政府所属部门事权和支出责任划分不明确，我国中央对地方政府专项转移支付项目涉及领域众多，几乎涵盖政府所有财政支出功能分类科目。从政府间财政转移支付专项项目使用效果看，不仅部分专项转移支付项目被较多地用于竞争性领域，扭曲了市场机制的资源配置作用，而且，中央政府所属各部门往往基于各自的政策意图，重复交叉设置或支持财政转移支付专项项目，带来地方政府多头申请经费，降低财政转移支付专项资金使用效率。此外，很多专项转移支付项目都要求地方政府进行资金配套，增加地方财政支出压力。

其四，提高政府间财政转移支付资金分配方式和依据的科学性水平。扩大目前在一般性转移支付和部分专项转移支付中使用的因素法分配方式比重，并统一明确规定因素选择、权重赋予等内容。

其五，提高政府间财政转移支付资金科学管理水平，有助于实现政府间财政转移支付政策意图。改变重视政府间财政转移支付资金分配而相对轻视政府间财政转移支付资金绩效管理的思路和现象，针对专项转移支付执行中的挤占、挪用等现象，在明确划分公共服务领域供给责任的基础上，健全专项转移支付管理内控和监督制度，防范并压缩寻租和腐败空间，增强地方政府可统筹财力规模，促进实现基本公共服务均等化目标。

第三节 理顺政府间财政关系的基本原则

财政是国家治理的基础和重要支柱，财税体制是理顺我国政府间财政关系的重要载体，财税体制改革是我国整体改革的重要突破口，并发挥着基础支撑作用。明确理顺政府间财政关系应服务于国家治理和全面深化改革战略、助推现代财政制度建设和推动基本公共服务均等化的总体目标下，我国在重构政府间财政关系的财税体制改革过程中，要确保改革的协同、稳健和实效，明确改革逻辑顺序、主攻方向、工作机制、推进方式，增强改革的整体性、系统性、协调性，并细化为如下基本原则：在分税制财政体制框架内，发挥中央与地方两个积极性，坚持政府间事权与支出责任相适应，使政府间财力与支出责任匹配，促进地区间财力均衡配置。

一、坚持分税制财政体制框架

分税制财政体制包括分事、分税、分管三层含义。"分事"是在明确政府职能边界的前提下，划分各级政府间职责（事权）范围，在此基础上划分各级财政支出责任；"分税"是在划分事权和支出范围的基础上，按照财权与事权相统一原则，在中央与地方政府之间划分税种，即将税种划分为中央税、地方税和中央地方共享税，以划定中央和地方的收入来源；"分管"则是在各层级政府分事和分税的基础上实行分级财政管理。一级政府，一级预算主体，各级预算相对独立，自求平衡。

十八届三中全会指出，我国财政体制改革的基本方向是"明确事权""发挥中央和地方两个积极性"，因此，重新校准分税制方向，是我国财政体制改革的基本目标和行动路线。其中，"明确事权"对应分税制财政体制的"分事"，"发挥中央和地方两个积极性"要在"分权""分管"的基础上才能实现。因而，应在坚守分税制财政体制框架内，促进实现政府间事权与支出责任相适应。

二、坚持事权与支出责任相适应

我国政府间事权和支出责任划分实践中长期存在划分模糊的弊端，由此使得各层级政府承担相同或类似的事权和支出责任，合理分工合作的规范政府间财政关系难以建立。因此，应紧紧把握政府间事权与支出责任划分这一关键环节，为我国政府间科学分工以及建立现代财政制度奠定坚实基础。

重点首先集中于中央与省级政府事权与支出责任划分,一方面,是因为我国1994年分税制财政体制改革总体上主要集中于解决中央和省级政府间的财力关系,深化财政体制改革,应进一步推进中央和省级政府间事权和支出责任划分的基础上巩固完善分税制;另一方面,省级政府是地方行政建制的最高层,处于中央与地方关系的关键节点,可以承上启下,可以发挥中观全局的宏观调控作用。遵循渐进式财政体制改革思路,在我国中央和省级政府层面建立规范、统一的事权和支出责任划分、财权划分和财力配置体制,而在我国31个省级政府内部,可以采取放权策略,鼓励因地制宜地建立省、市、县(地级市)各层级政府间的事权和支出责任划分、财权划分和财力配置体制,中央政府主要行使监督权和问责权。

1. 以列举法逐步理顺和划分政府间事权

在进一步推进政府职能转变以及合理明晰划分政府间纵向权力的基础上,针对我国政府间事权划分中长期存在的界定模糊的弊端,遵循适度分权、受益范围和各层级政府职能优势原则,将受益范围覆盖全国、外部性强、信息复杂程度低的全国性公共产品和服务作为中央事权,如国防、外交、国家安全等,适度加强中央在宏观调控、确保国家安全、维护统一市场、促进区域协调发展等重要领域的事权,提高中央决策的执行力,确保中央政令畅通,提高全国性公共服务能力和水平。对属于中央事权的部分全国性公共产品和服务,如果委托地方政府管理更能体现经济和效率原则,可以委托地方政府代为行使。将具有地域管理信息优势但对其他地区有较大外部性影响的公共产品和服务,作为中央与地方共同事权,如部分社会保障、跨区域重大项目建设维护等。将受益范围地域性强、信息较为复杂,且主要与当地居民密切相关的公共产品和服务作为地方事权,如农村环境整治、污水及垃圾无害化处理运行等,更好地满足当地居民差异化的公共产品和服务需求。

采取列举法,在中央和省级政府以及省以下地方政府两个层面具体规定中央、省、市、县(市)级政府的各自专有事权和共有事权。就行政事务、外向事务、社会秩序类事务、科技教育类事务、产业和经济发展事务以及社会保障等事务，在中央、省、市、县（市）等政府层级间确定各自专有事权和共有事权。不能一一列举的"未明事项"可由中央政府、省级政府或由省级政府委托下级政府行使权力。在此基础上，解决省、市、县（市）级政府所属职能部门对口设置和双重领导问题，使市、县（市）级政府具有根据本地经济和社会发展需要自行决定机构设置和人员编制的较大自由选择权。为稳妥起见，可以首先分别将较少的事权界定为中央政府和省级政府的专有事权，然后渐进推进到其他事权。

2. 政府间事权划分法律化、规范化

通过法律法规的形式对政府间的责、权、利作出明确规定，完善不同层级政府特别是中央与地方政府间事权划分方面的法律制度。除中央承担的专属事权由中央立法外，对关系公共服务均等化、全国统一市场以及关乎国家重大利益等重要领域的事务，中央立法权优先于地方，或中央进行框架性、原则性立法，地方制定细则。中央要尊重地方在立法、行政等领域的自主权，凡是地方有能力适当管辖的，都应由地方实行有效治理，但地方立法不得与中央立法相违背。

3. 划分政府间支出责任

在各层级政府基于本级政府职能优势充分恰当行使事权的基础上，采取列举法，明确划分中央和地方政府的各自财政支出责任。中央政府的专有事权原则上由中央政府设立机构、安排人员直接行使，由中央财政全额承担支出责任；中央政府委托地方政府行使的中央政府事权，由中央政府通过专项转移支付足额安排相关经费承担支出责任；中央与地方政府共同事权，按照规定由中央财政与地方财政共同分担支出责任，这也是中央和省级政府事权和支出责任划分的重点。中央专有事权以及中央地方政府共有事权，可以更多地下放省级政府，而支出责任则由中央政府更多承担，避免上级政府出于"财政自利"转移财政支出责任。地方政府专有事权由地方政府通过自有财政收入和举债融资等方式承担支出责任。对地方政府履行事权、落实支出责任存在的财力缺口，中央政府对财力困难的省级政府进行一般性转移支付，省级政府承担均衡区域内财力差距职责。

4. 妥处条块财政关系

在分税制财政体制侧重于处理各层级政府事权和支出责任划分的基础上，集中处理中央和省级政府之间的块块关系，以及中央各部门与中央政府及财政部、省级各部门与省级政府及财政关系为突出表现的条块关系。从条条看，受部门利益驱动，全局意识相对较差，可以考虑给予条条事权和支出责任，但财权和财力应集中于中央，或通过一般财力性转移支付集中于省级政府财政部门，从而形成中央政府、重要的中央政府职能部门和省级政府事权清晰、分工明确的多中心治理主体格局；同时，适时推进我国行政区划细分改革，改变地方省级政府"拥财自重""尾大不掉"的状况。组织和政治上的保障措施则是成立深化财税体制改革领导小组，推进财政治理现代化。

三、处理好财力划分与支出责任的关系

1994年分税制改革时，我国确定中央和地方政府"事权和财权对称"的指导原则，由于"财权"和"事权"难以清晰界定，尤其是受到"两个比重"大幅度下降问题的现实约束，分税制被异化为侧重政府间财政收入划分而对于构成政府间财力分配依据的事权和支出责任划分则关注不足甚或相对忽视的"分钱制"。对应地，指导原则在党的十七大适应性调整修正为"财力与事权匹配"。但分属"钱"和"权"两个层面的财力与事权匹配方式很难规范化。继而，预算法修订中以"支出责任"替代"事权"，事实上又演化为"财力与支出责任相匹配"。

十八届三中全会进一步提出"建立事权和支出责任相适应的制度"。总体而言，由强调事权与财权相匹配转变为事权与支出责任相匹配是存在进步意义的，但仍存在认识误区：其一，事权与支出责任不能等同，承担事权并不必然等于承担支出责任，更重要的是考虑财力，克服部门财政弊端；其二，分税制改革以及历次财政体制调整，都集中于财力划分，其实，事权划分是

我国财政体制的主要矛盾，支出责任以及财力配置都受制于事权划分；其三，应在目前事权与支出责任相匹配的基础上，重新审视事权、支出责任、财权和财力的匹配。

在以调整政府间事权和支出责任划分为财政体制改革基本方向的基础上，进行税制改革以及对财政收入划分进行必要的调整具有重要意义。要在保持现有中央和地方财力格局总体稳定的基础上，结合税制改革，考虑税种属性，进一步理顺中央和地方政府财政收入划分。

1. 加快推进税收制度改革

健全的税收制度框架是进行政府间税收划分调整的基础。在确保税收筹集财政收入主渠道基本职能的基础上，以进一步发挥税收促进经济发展方式转变、调节收入分配的作用为导向，建立有利于科学发展、社会公平、市场统一的税收制度体系。稳步推进增值税、消费税、资源税等改革，逐步建立综合与分类相结合的个人所得税制，分步完成个人所得税改革。着力建立健全地方税收制度体系，建立环境保护税和遗产税制度，加快房地产税、社会保障税立法进程并适时推进实施。

2. 适当调整政府间税收收入划分

在保持中央与地方收入格局大体不变的前提下，遵循公平、便利、效率等原则，考虑税种属性、事权和支出责任划分状况、地区间财力差异程度等因素，合理调整中央和地方收入划分。将收入波动较大、具有较强再分配作用、税基分布不均衡、税基流动性较大的消费税、企业所得税和资源税等税种划为中央政府专有税，或中央政府分成比例多一些；将个人所得税及尚未开征的社会保障税设置成共享税；将地方政府掌握信息比较充分、对本地资源配置影响较大、税基相对稳定的税种，如财产类税收，划为地方政府税，或地方分成比例多一些。同时，以经济效率为基础，在省以下行政层级间合理划分原有的各专有税种，具体可以将利于宏观调控的税种划为省级政府主体税，将税源遍布、较为分散的税种划为市和县级的主体税；将同经济发展直接相关的税种确定为省、市、县三级共享税，并制定能够增强基层财力的划分比例。政府间税收收入划分调整后，地方政府形成的财力缺口由中央财政通过税收返还方式解决。

3. 规范非税收入管理，加强税收征管

按照全口径政府预算管理的要求，将所有政府性资源纳入中央地方收入划分范围。继续清理规范行政事业性收费和政府性基金，坚决取消不合法、不合理的收费基金项目。加快建立健全国有资源、国有资产有偿使用制度和收益共享机制，加强国有资本收益管理。加强非税收入分类预算管理，完善非税收入征缴制度和监督体系。

各级税收征管部门要依照法律法规及时足额组织税收收入，做到依法征收、应收尽收，不收过头税，并建立与相关经济指标变化情况相衔接的考核体系。严格减免税管理，不得违反法律法规规定和越权多征、提前征收或者减征、免征、缓征应征税款。加强执法监督，强化税收入库管理。

4. 适当赋予地方政府税收立法权

坚持中央税收立法权的主导地位。中央集中管理中央税、共享税的立法权、税种开征停征权、税目税率调整权、减免税权等，以维护国家的整体利益。赋予省（自治区、直辖市）级政府一定的税收立法权。对于一般地方税税种，在中央统一规定地方税设立原则的基础上，赋予各省（自治区、直辖市）级政府在接受中央财政监督、不影响国家宏观调控大局的前提下，可以自行设立地方性税种的权力，并报全国人大常委会备案。

四、促进地区间财力均衡配置

作为理顺政府间财政关系、促进实现政府间财力与政府间事权和支出责任划分相匹配的重要纽带，规范有效的政府间财政转移支付制度，尤其是在政府间财政转移支付资金规模巨大的情况下，更应该经由科学合理设置政府间财政转移支付方式与结构，促进实现政府间财力配置与政府间事权和支出责任划分相匹配，使政府间财政转移支付资金实现最优政策绩效。

1. 加大一般性财政转移支付力度，调整优化政府间财政转移支付结构

优化转移支付结构，形成以均衡地区间基本财力、由地方政府统筹安排使用的一般性转移支付为主体，一般性转移支付和专项转移支付相结合的转移支付制度。大幅增加一般性转移支付特别是均衡性转移支付规模占全部政府间财政转移支付的比例，将每年新增财政收入部分适当用于加大一般转移支付，保证均衡性转移支付增幅高于转移支付总体增幅。改进一般性转移支付测算方法，以"因素法"取代"基数法"，并提高其在一般性财政转移支付中的比例。研究制定地方基本公共服务均等化支出标准和财政保障能力综合指标体系。因地制宜地探索构成转移支付科学分配依据的"因素法"的诸因素及其权重。主要考虑人口、人均GDP、人均财政收入、土地、地理位置、资源等因素。建立和规范横向政府间财政转移支付制度，规范对口支援，实施横向财政转移支付，促进各地区财力的横向均衡，加快欠发达地区经济社会发展与地区间协调发展。

2. 规范完善专项财政转移支付

充分考虑政策变化情况、资金使用效果等，逐项清理所有专项财政转移支付项目，对到期、一次性、按新形势不需要设立以及政策效果不明显的项目，予以取消；对使用方向一致、内容重复交叉的项目，予以整合、合并；将属于中央政府事权和支出责任范围内的专项财政转移支付转列中央政府本级支出；将长期存在、数量稳定、与一般性财政转移支付无明显差别的专项转移支付，适时纳入一般性财政转移支付。在进一步转换政府职能的基础上，规范竞争性领域的专项转移支付项目。逐步退出竞争性领域的专项财政转移支付，减少直接针对市场主体的财政转移支付项目。对规模小、分布散、效果不明显以及用于纯竞争性领域的项目予以取消；对公益性较强的基础性、前沿性科研专项，逐步将支出责任上收至中央。

杜绝"行政性"分配方式，完善专项财政转移支付分配方法，扩大因素法的应用范围，将部分专项财政转移支付由直接分配到项目改为"切块"分配，在明确资金用途、分配标准等的前提下，将具体项目的决策权下放到

地方。

3. 强化预算管理，完善转移支付监督制衡机制

健全决策机制，严格控制新增专项财政转移支付项目和规模，特别是明显属于地方事权范围的专项。将属于地方事权、直接面向基层、由地方管理更为方便有效的事项下放地方管理，将这部分专项财政转移支付取消或下划地方；规范专项财政转移支付设立审批程序，专项财政转移支付项目应当依据法律、行政法规和国务院的规定设立。加强专项财政转移支付项目库建设，加大项目论证、审核力度。从严从紧安排专项财政转移支付预算，确需增加的项目在总规模内实行自我平衡、自我调节。

明确专项转移支付项目的执行期限，建立定期评估和退出机制。取消地方资金配套要求，除按规定应由中央和地方共同承担的事项外，中央在安排专项转移支付时，不再要求地方配套资金。

4. 提高政府间财政转移支付制度的法律层级和权威

在中央与省级政府层面，推动中央对地方转移支付管理办法上升为法律。在省级及以下地方政府层面，允许省级政府参照中央对省级政府财政转移支付法制定相应的地方性法规。明确规定一般性转移支付占全部政府转移支付的较高比重；增强中央对省级政府转移支付的监督。

我国刚刚修订完成并实施的《预算法》明确要求，中央政府应将拟转移支付规模和项目事前通告省级政府，便于省级政府事前编制政府预算。在此基础上，应进一步细化一般性和专项转移支付的预算和决算，在规定期限内向社会公众公开，接受监督；强化同级人大和上级财政对一般性和专项转移支付资金的预决算审查和预算执行监督，针对每个项目进行跟踪督办、项目验收、效益考核、经验总结等全过程的监督管理。

建立项目公示和绩效评价制度，强化转移支付资金绩效管理，每一个专项财政转移支付项目都要有明确的绩效目标，选择部分社会各界关注、与经济社会密切相关的民生支出开展重点评价，并将评价结果作为完善政策和资金分配的重要依据。健全转移支付监督制衡机制，推进转移支付信息公开。

对转移支付的执行效果，要建立一个专门的考评体系和一系列的量化指标，以保障转移支付的政策性要求和提高资金的使用效率。对每一个具体项目资金使用效率的考察，可以根据各项目的特点单独制定考核标准，如专项资金是否被运用到指定项目和使用方向。

回顾与总结：1994 年分税制财税体制改革搭建的我国现行财税体制基本框架，迄今已经运行 20 多年。随着时间的推移和改革开放的进程，当前中国财税领域面临着诸多难以在现行财税体制框架内解决的难题。这些难题，既与 1994 年的财税改革目标未能全面实现、改革不够彻底有关，也同此后的改革未能与时俱进以及国内外经济社会环境发生一系列十分重大的变化有关。故而，亟须通过启动规模更大、影响更为深远的财税体制改革加以破解。

第五章　建立事权与支出责任相适应的财政体制

本章导读：中央与地方事权和支出责任划分是国家治理体系的核心构成要素，也是理顺政府间财政关系的逻辑起点和前置条件。所谓事权，简单地说，就是一级政府在提供和生产公共产品以及公共服务过程中应当承担的具体任务和职责。而支出责任，则是在履行职能实现职责目标的过程中承担的成本支出。我国对政府间事权与支出责任的初步划分可以追溯到1994年的分税制财政体制改革。但是随着我国经济的发展和社会形势的变化，这种分税制财政体制却带来了一些深层次的问题，其中最主要的问题体现在政府间事权和支出责任的划分不清楚、不明确。在实践中出现了"财权上移而事权不断下移"，或者"事权不变而支出责任却越来越多地集中到地方政府"的情况，"上级指派任务，下级出钱办事"的现象屡有发生。尽管每年中央政府都会通过转移支付等手段，弥补地方在履行公共事务中的财政缺口，但由于转移支付的形式、内容、计算方式等方面不尽完善，转移支付制度在弥补地方可支配财力、体现中央政府宏观调控目标方面大打折扣。党的十八届三中全会通过的《中共中央关于全面深化改革若干重大问题的决定》明确指出，要明确事权，建立事权与支出责任相适应的制度，并进一步提出了健全财政体制的任务：完善立法、明确事权、改革税制、稳定税负、透明预算，提高效率、建立现代财政制度，发挥中央和地方两个积极性。政府事权派生于政府职能，而支出责任派生于事权，实现政府间事权与支出责任的相适应，有利于正确处理政府间财政关系，为进一步完善立法、改革税制、完善转移支付制度，进而实现公共产品和公共服务的高效提供奠定良好的基础。建立事权与支出责任相适应的财政制度，就要以事权与支出责任划分的理论基础和基本原则为依据，在厘清影响事权和支出责任划分因素的基础上，明确界定中央和地方政府的事权和支出责任，理顺政府间财政关系。

第一节 我国财政事权与支出责任划分的现状

中央与地方财政事权和支出责任划分是国家治理体系的核心构成要素，也是理顺政府间财政关系的逻辑起点和前置条件。对财政事权和支出责任进行清晰地划分，各级政府在提供公共产品和公共服务的过程中，才能够各司其职、各做其事；而财政事权和支出责任划分的合理性与否，则直接决定了各级政府能否长久有效地履行职责，满足全社会的公共需要。

一、我国政府事权和支出责任划分的法律框架

一个完整的政府事权和支出责任划分的法律框架，是为了满足各级财政事权和支出责任划分的稳定性。纵观世界发达国家，大多以明确、具体的法律法规来规范各级政府事权和支出责任的划分。

在我国，有关中央和地方政府事权和支出责任划分的法律，大体可以分为以下几个层面：首先，《宪法》层面。我国《宪法》中有关各级政府事权的规定是：中央政府（国务院）领导和管理全国性的教育、科学、文化、卫生、体育和计划生育工作等事关全国的事务，统一领导全国地方各级政府国

家行政机关的工作，规定中央和省、自治区、直辖市的国家行政机关的职权的具体划分；县级以上地方各级人民政府依照法律规定的权限，管理本行政区域内的经济、教育、科学、文化、卫生、体育事业、城乡建设事业和财政、民政、公安、民族事务、司法行政、监察、计划生育等行政工作，发布决定和命令，任免、培训、考核和奖惩行政工作人员。同时，乡、民族乡、镇的人民政府执行本级人民代表大会的决议和上级国家行政机关的决定和命令，管理本行政区域内的行政工作。并要求地方各级人民政府对上一级国家行政机关负责并报告工作。全国地方各级人民政府都是国务院统一领导下的国家行政机关，都服从国务院。[①] 因此，由《宪法》确定的中央与地方各级政府事权和支出责任划分的总括原则就是统一领导、分级管理。除了《宪法》之外，我国其他相关法律也分别对事权和支出责任在中央和地方政府之间的划分作出了原则性的规定，例如，《地方各级人民代表大会和地方各级人民政府组织法》规定，县级以上的地方各级人民政府应当执行国民经济和社会发展计划、预算，管理本行政区域内的经济、教育、科学、文化、卫生、体育事业、环境和资源保护、城乡建设事业和财政、民政、公安、民族事务、司法行政、监察、计划生育等行政工作。乡、民族乡、镇的人民政府可以行使下列职权：执行本行政区域内的经济和社会发展计划、预算，管理本行政区域内的经济、教育、科学、文化、卫生、体育事业和财政、民政、公安、司法行政、计划生育等行政工作。同时，该法中明确指出地方各级政府也应当"办理上级国家行政机关交办的其他事项"。[②] 与之相类似，我国《民族区域自治法》《香港特别行政区基本法》以及《澳门特别行政区基本法》等又对中央与特殊类型的地方政府之间的事权进行了初步划分。我国的《教育法》《环境保护法》等法律文件则从总体上在各个具体领域对中央和地方政府的责任进行了界定，并相应规定了一系列的经费保障措施。表5-1、表5-2整理了改革开放以来我国涉及事权与支出责任的相关法律内容和重要文件。

---

① 《中华人民共和国宪法》。
② 《中华人民共和国地方各级人民代表大会和地方各级人民政府组织法》。

表 5-1　　　　　　　中央政府和地方政府责任划分的部分法律内容

名称	政府层级	具体规定
《中华人民共和国教育法》《中华人民共和国义务教育法》等	中央政府	国务院和地方各级人民政府根据分级管理、分工负责的原则，领导和管理教育工作。义务教育事业，在国务院领导下，实行地方负责，分级管理。高度教育由国务院和省、自治区、直辖市人民政府管理。国务院教育行政部门主管全国教育工作，统筹规划、协调管理全国的教育事业。国家建立以财政拨款为主、其他多种渠道筹措教育经费为辅的体制，逐步追缴对教育的投入，保证国家举办的学校教育经费的稳定来源。国家财政性教育经费支出占国民生产总值的比例应随着国民经济的发展和财政收入的增长逐步提高。具体比例和实施步骤由国务院规定。全国各级财政支出总额中教育经费所占比例应当随着国民经济的发展逐步提高
	地方政府	中等及中等以下教育在国务院领导下，由地方人民政府管理，县级以上各级人民政府教育行政部门主管本行政区域内的教育工作。县级以上各级人民政府其他有关部门在各自的职责范围内，负责有关的教育工作。各级人民政府的教育经费支出，按照事权和财权相统一的原则，在财政预算中单独列项。各级人民政府教育财政拨款的增长应当高于财政经常性收入的增长，并使按在校学生人数平均教育费用逐步增长，保证教师工资和学生人均公用经费逐步增长。企业事业组织、社会团体及其他教育机构，办学经费由举办方负责筹措，各级人民政府可以给予适当支持。税务机关依法足额征收教育法附加，由教育行政部门统筹管理，主要用于实施义务教育。省、自治区、直辖市人民政府根据国务院的有关规定，可以决定开征用于教育的地方附加费，专款专用
《中华人民共和国环境保护法》	中央政府	国务院环境保护行政主管部门对全国环境保护工作实施统一监督管理。国务院环境保护行政主管部门制定国家环境质量标准
	地方政府	县级以上地方人民政府环境保护行政主管部门，对本辖区的环境保护工作实施统一监督管理。县级以上人民政府环境保护行政主管部门，应当会同有关部门对管辖范围内的环境保护状况进行调查和评价，拟定环境保护规划，经计划部门综合平衡后，报同级人民政府批准实施

资料来源：根据我国现有相关法律文件整理得出。

表 5-2　　　　　　　中央和地方事权划分的有关法律及文件梳理

有关法律及文件名称	主要内容摘要
《中华人民共和国宪法》（1982）	政府间事权划分遵循"中央统一领导，地方主动"原则
《中华人民共和国地方各级人民代表大会和地方各级人民政府组织法》（1982）	讨论和决定区域内的政治、经济、教育、科学、文化、卫生、环境和资源保护、民政、民族等重大项目
《中华人民共和国民族区域自治法》（1984）	保障各少数民族权益，管理本民族内部事务权利

续表

有关法律及文件名称	主要内容摘要
《中共中央关于建立社会主义市场经济体制若干问题的决定》（1993）	中央职责：宏观经济调控权，包括货币的发行、基准利率的确定、汇率的调节和重要税率的调整等；赋予省、自治区和直辖市必要的权力，制定地区性的法规、政策
《中华人民共和国香港特别行政区基本法》（1997）	香港特别行政区保持财政独立
《中华人民共和国澳门特别行政区基本法》（1999）	澳门特别行政区保持财政独立
《全面推进依法行政实施纲要》（2004）	划分和规范行政机关的职能和权限
《中共中央关于加强党的执政能力建设的决定》（2004）	划分经济社会事务管理的权限和职责，做到权责一致
《中华人民共和国国民经济和社会发展第十二个五年规划纲要》（2011）	按照财力与事权相匹配的要求，在合理界定事权基础上，进一步理顺各级政府间财政分配关系，完善分税制
《中共中央关于全面深化改革若干重大问题的决定》（2013）	中央事权：国防、外交、国家安全、全国统一市场规则和管理等；中央和地方共同事权：部分社会保障、跨区域重大项目建设维护等；地方事权：区域性公共服务
《新预算法》（2014）	强调国家确定的各项重点支出
《教育法》《义务教育法》《环境保护法》《突发公共卫生事件应急条例》等法律	在具体领域界定中央和地方的责任划分，并制定了相应的经费保障措施

资料来源：根据我国现有相关法律文件整理得出。

二、中央与地方事权和支出责任划分的现实考察

1994年分税制改革初步划分了中央和地方的事权和支出责任，标志着我国分级财政体制总体框架的基本形成。迄今为止，我国基本上还沿袭着1994年建立的政府间事权划分框架（见表5-3）。然而，这个框架仅提供了对事权和支出责任划分的概括性指导，实际操作中具体如何细化缺乏一个完整的考虑。

表 5-3　　当前我国中央和地方政府事权和支出责任划分情况

政府级次	事权划分	支出范围
中央政府	承担国防、外交和机关运转所需经费，调整经济结构、协调区域发展、调控宏观经济、管理事业发展	1. 国防费 2. 武警经费 3. 外交及援外支出 4. 中央及行政管理费 5. 中央统管的基本建设投资 6. 中央直属企业的技术改造和新产品试制经费 7. 地质勘探费 8. 由中央财政安排的支农支出 9. 由中央负担的国内外债务的还本付息支出 10. 中央本级负担的公检法支出和文化、教育、卫生、科学支出
地方政府	承担机关运转以及经济和事业发展支出	1. 地方行政管理费 2. 公检法支出 3. 部分武警经费 4. 民兵事业费 5. 地方统筹的基本建设投资 6. 地方技术改造和新产品试制经费 7. 支农支出，城市维护和建设经费 8. 地方文化、教育、卫生支出 9. 价格补贴支出 10. 其他支出

资料来源：谢旭人：《中国财政改革三十年》，中国财政经济出版社 2008 年版。

中央政府对省级以下各级政府之间的事权划分没有明确的指南，一般是"下管一级"的办法，由上级政府顺次决定下级政府的事权，即省政府决定地市的事权划分，地市政府决定县级政府的事权划分和县政府决定乡镇政府的事权划分，因此事权划分在各省和地区可能有所不同。

《宪法》及相关法律文件只是原则上对中央和地方政府的职责范围作出了规定，并没有从立法角度上对各级政府的支出责任加以明确的具体划分。因此，支出责任划分与事权划分差别不大，支出范围的划分过于笼统，而且地方政府的事权几乎全是中央政府事权和支出责任的翻版，"上下不明"状况十分明显。

表 5-4　　　　　　　　我国现行支出责任划分概览

项　目	承担现状		
	中央承担	中央地方共同承担	地方承担
国　防	现役部队经费		民兵事业费（军事训练费、武器装备维修管理费）、农村民兵和预备役人民迅雷误工补助，预备役团以下部队和现役部队县级人民武装部营房和迅雷设施建设费
外交外事支出	凡涉及外交和对外援助的支出		地方政府的一般性外事活动经费
武警部队 / 内卫部队	除支队以下机关部队的基建经费以外的经费		支队以下机关部队的基建经费
武警部队 / 边防部队	除负担的部分地区公安任务的支出由地方负担外的经费		负担的部分地区公安任务的支出
武警部队 / 警卫部队	人员经费和行政经费中由中央财政负担，地市级以上的警卫机关和部队的基建经费	业务经费分级负担	
武警部队 / 黄金部队	正常经费，地质工作专项经费、矿产资源补偿费	基建经费暂按原渠道安排	
武警部队 / 森林部队	武警森林指挥部本部经费	各总队的正常和基建费，中央财政负担75%，地方负担25%；防火、灭火业务费和武装器材费仍由中央和地方共同承担	
武警部队 / 水电部队	中央财政支队其军事性经费给予补助		其余经费
武警部队 / 交通部队	中央财政仅对其军事性经费给予补助		
武警部队 / 消防部队	人民经费和行政经费，支队以上机关部队的基建经费	业务经费分级负担	

第五章 建立事权与支出责任相适应的财政体制

续表

项 目	承担现状		
	中央承担	中央地方共同承担	地方承担
优抚安置	中央安排专款补助		组织、管理
养老保险		中央补助90%，地方承担10%	京、津、沪、闽、陕等地区实行省级统筹，其他地区实行县级统筹
农业	重点地区生态环境保护、贫困地区援助	农业科研和推广体系建设、食品安全、农业灾害救治、大江大河的治理、天然林保护	农田水利等基础建设
基建	跨地区、跨流域以及对经济和社会发展全局有重要影响的项目		地区性项目
粮食	调控粮食市场、确保国家粮食安全		负责当地市场，实现当地粮食的供求平衡
农业综合开发		中央承担70%，地方承担30%	
交通	铁路、民航		公路、机场、港口建设
公检法	反恐、禁毒、打击走私	跨流域的流窜作案、涉案金额较大的经济类犯罪	地方治安、交通管理等
教育	教育部所属高校经费		地方院校高等教育和经费、义务教育
科学	中央科研（科普）机构、国家科学基金、科技计划		地方科研机构基础设施、地方科普工作
文化	中央文化部门经费支出、扶持中西部困难地区发展和文化事业		基层文化经费收入
卫生医疗服务	中央安排专款补助		组织、管理
失业保险		中央补助70%，地方承担30%	组织、管理
医疗保险	中央安排专款补助		组织、管理
社会救济和社会福利	中央安排专款补助		组织、管理

资料来源：李萍、许宏才：《中国政府体制简明图解》，中国财政经济出版社2010年版。

省以下各级政府之间事权的划分，不同省市支出划分存在比较大的差异，但从全国范围看，地方政府间的事权划分还存在一定的共性和规律。省级政府在中央与省以下各级政府间起着承上启下的作用，包括了除中央政府承担的国防、外交以及市、县政府承担的城市建设以外几乎所有的政府职能，特别是在宏观层次上承担了重要的经济管理和调控职能。从财政支出责任看，省级政府主要承担省级国家机关运作所需经费，调整全省国民经济结构、协调地区发展、实施区域调控等方面的支出以及由本级直接管理的事业发展支出。按照政法经费分类保障机制改革的要求，省级负担了办案费和业务装备费的绝大部分。省与市、县政府共同承担的事务包括基本建设支出、公检法司、文化、教育、科学、卫生、社保等各项事业发展支出。按照保发展、惠民生的要求，省与地市较大比例地承担了农村义务教育中小学的生均公用经费补助、公共医疗卫生改革等。

表5-5　　　　　　　　　省以下政府事权和支出责任划分现状

政府层级	支出责任
省、自治区、直辖市	基本建设投资；直属企业挖潜改造资金；地质勘探费；科技三项费；行政管理费；公检法司支出；社会保障支出；政策性补贴支出；支援不发达地区支出；本级农业支出、林业支出、水利和气象支出、教育支出、医疗卫生支出、科学支出、文体广播事业费、工业交通和流通部门事业费；其他支出
地市级政府	基本建设投资；直属企业挖潜改造资金；科技三项费；行政管理费；公检法司支出；社会保障支出；政策性补贴支出；城市维护费；支援不发达地区支出；本级农业支出、林业支出、水利和气象支出、教育支出、医疗卫生支出、科学支出、抚恤和社会福利救济费、文体广播事业费、工业交通和流通部门事业费；其他支出
县级政府	基本建设投资；直属企业挖潜改造资金；科技三项费；行政管理费；公检法司支出；社会保障支出；政策性补贴支出；城市维护费；支援不发达地区支出；本级农业支出、林业支出、水利和气象支出、教育支出、医疗卫生支出、科学支出、抚恤和社会福利救济费、文体广播事业费、工业交通和流通部门事业费；其他支出
省、市、县政法共同承担	基本建设支出、公检法司、文化、教育、科学、卫生、社保等各项事业发展支出

注：表中政府支出科目为2007年政府收支分类改革前的科目。
资料来源：谢旭人：《中国财政改革三十年》，中国财政经济出版社2008年版；李萍：《财政体制简明图解》，中国财政经济出版社2010年版。

三、中央政府与地方政府支出比重

为了从定量的角度更加清晰地考察中央与地方政府间事权和支出责任的划分情况，表5-6列示了分税制财政体制改革以来，中央政府与地方政府财政支出总量以及各自支出占总支出的比重。从表5-6中反映出的数字可以看出，1994~2015年，我国中央政府财政支出占全国财政支出的比重呈现明显的下降趋势，从1994年占全国30.3%降低到了2015年的14.5%；相反，地方政府财政支出占全国财政支出比重，却从1994年的69.7%上升到了2015年的85.5%。

表5-6　　　　1994~2015年中央与地方政府财政支出及比重统计

年份	财政支出（亿元）			比重（%）	
	全国	中央政府	地方政府	中央政府	地方政府
1994	5792.62	1754.43	4038.19	30.3	69.7
1995	6823.72	1995.39	4828.33	29.2	70.8
1996	7937.55	2151.27	5786.28	27.1	72.9
1997	9233.56	2532.50	6701.06	27.4	72.6
1998	10798.18	3125.60	7672.58	28.9	71.1
1999	13187.67	4152.33	9035.34	31.5	68.5
2000	15886.50	5519.85	10366.65	34.7	65.3
2001	18902.58	5768.02	13134.56	30.5	69.5
2002	22053.15	6771.70	15281.45	30.7	69.3
2003	24649.95	7420.10	17229.85	30.1	69.9
2004	28486.89	7894.08	20592.81	27.7	72.3
2005	33930.28	8775.97	25154.31	25.9	74.1
2006	40422.73	9991.40	30431.33	24.7	75.3
2007	48781.35	11442.06	38339.29	23.0	77.0
2008	62592.66	13344.17	49248.49	21.3	78.7
2009	75891.64	15279.84	60593.80	20.2	79.8
2010	89575.38	15972.89	73602.49	17.8	82.2
2011	109247.79	16514.11	92733.68	15.1	84.9

续表

年份	财政支出（亿元）			比重（%）	
	全国	中央政府	地方政府	中央政府	地方政府
2012	125952.97	18764.63	107188.34	14.9	85.1
2013	140212.10	20471.76	119740.34	14.6	85.4
2014	151785.56	22570.07	129215.49	14.9	85.1
2015	175767.78	25549.00	150218.78	14.5	85.5

注：1. 中央、地方财政支出均为本级支出。
2. 2000年以前，财政支出不包括国内外债务还本付息支出和利用国外借款收入安排基本建设支出。从2000年起，财政支出中包括国内外债务付息支出。
3. 2015年数据取自当年财政预算执行情况报告。
资料来源：2015年《中国财政年鉴》。

图5-1更加清晰地表明，1994~2015年，中央政府和地方政府财政支出所占比重的差距逐渐扩大。2015年，中央政府与地方政府财政支出数额分别为25549.00亿元和150218.78亿元，各自占全国财政支出总额的14.5%和85.5%，当然，2015年中央对地方的税收返还和转移支付总额为55181亿元。由此可以看出地方政府承担着主要的财政支出责任。

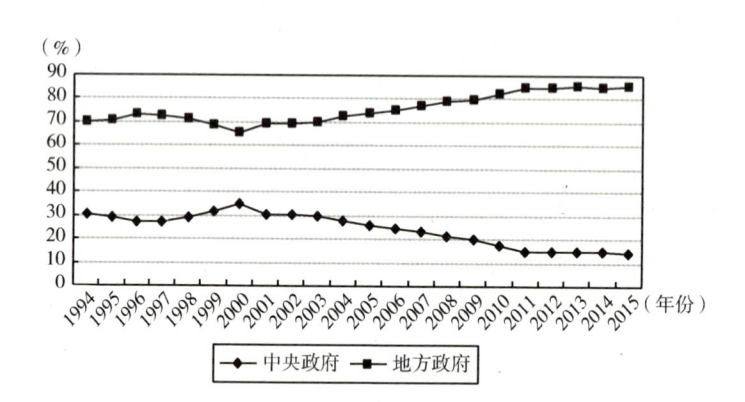

图5-1　1994~2015年中央与地方财政支出比重变化

资料来源：根据表5-6的数据绘制。

由表5-7可以看出，我国财政支出比重最大的政府层级在县乡一级，而且这种状况从1994年分税制体制改革以来，有逐渐加重的趋势。

表 5-7　　　　1994~2008 年各级政府间财政支出比重变化情况

年份	支出比重			
	中央	省级	地级	县乡
1994	30.3	18.4	21.9	29.4
1995	29.2	16.9	23.9	29.9
1996	27.1	16.2	25.4	31.3
1997	27.8	18.1	24	30
1998	28.9	18.8	24.1	28.2
1999	31.5	19.6	20.6	28.3
2000	34.7	18.7	20.1	26.4
2001	30.5	20.7	21	27.8
2002	30.7	19.6	21	28.6
2003	30.1	18.5	21.6	29.9
2004	27.7	18.7	22.2	31.3
2005	25.9	18.9	22.7	32.6
2006	24.7	18.3	22.5	34.4
2007	23	17.7	22.2	37.1
2008	21.3	17.8	21.6	39.3

资料来源：李萍：《财政体制简明图解》，中国财政经济出版社 2010 年版。

表 5-8 列示了 2015 年中央与地方政府主要财政支出项目，从表 5-8 可以看出，除了援助其他地区支出以外，基本上所有项目的支出责任都是由中央和地方政府共同承担。与民生直接相关的一般公共服务、教育、医疗卫生、节能环保等项目，地方政府承担的支出责任均在 90% 以上。而例如国防、外交等理论上应当由中央政府完全承担的财政支出责任，地方政府也有所分担。

表 5-8　　　　2015 年中央与地方财政主要支出项目

项 目	国家财政支出（亿元）	中央		地方	
		绝对额（亿元）	比重（%）	绝对额（亿元）	比重（%）
总计	172274.52	22646.61	13	149627.91	87
一般公共服务支出	13547.79	1055.3	8	12492.49	92
外交支出	480.32	476.78	99	3.54	1

续表

项　目	国家财政支出（亿元）	中央 绝对额（亿元）	中央 比重（%）	地方 绝对额（亿元）	地方 比重（%）
国防支出	9087.84	8868.51	98	219.33	2
公共安全支出	9379.96	1584.17	17	7795.79	83
教育支出	26271.88	1358.17	5	24913.71	95
科学技术支出	5862.57	2478.39	42	3384.18	58
文化体育与传媒支出	3076.64	271.99	9	2804.65	91
社会保障和就业支出	19018.69	723.07	4	18295.62	96
医疗卫生与计划生育支出	11953.18	84.51	1	11868.67	99
节能环保支出	4802.89	400.41	8	4402.48	92
城乡社区支出	15886.36	10.83	0	15875.53	100
农林水支出	17380.49	738.78	4	16641.71	96
交通运输支出	12356.27	853	7	11503.27	93
资源勘探信息等支出	6005.88	342.32	6	5663.56	94
商业服务业等支出	1747.31	22.55	1	1724.76	99
金融支出	959.68	463.46	48	496.22	52
援助其他地区支出	261.41		0	261.41	100
国土海洋气象等支出	2114.7	347.94	16	1766.76	84
住房保障支出	5797.02	401.18	7	5395.84	93
粮油物资储备支出	2613.09	1836.08	70	777.01	30
其他支出	3670.55	329.17	9	3341.38	91

资料来源：2015年全国财政决算数据。

第二节　中央与地方事权和支出责任划分的演变

我国现行的政府架构分为中央、省、市、县、乡五级政府，按照"一级政府、一级财政"的原则，我国的财政体系也分为"中央、省、市、县、乡"五级财政。从理论上讲，五级政府应当有不同的职责范围，即不同的事权，因而也就相应产生了不同的支出责任。然而，这种财政层级的现状却是建立

第五章
建立事权与支出责任相适应的财政体制

在一系列财政体制变迁基础之上的，最早可以追溯到 20 世纪 50 年代，至今已经经历了统收统支、总额分成、财政包干、分税制等不同的发展阶段，每一次变迁都伴随着中央和地方政府事权和支出责任或大或小的调整。

一、高度集中的"统收统支"阶段（新中国成立之初）

新中国成立之初，国家财政经济面临着严重的困难，为了克服这些困难，中央作出统一全国财政经济工作的决定，在全国范围内统一财政收支，统一物资调度，统一现金管理。在这种财政体制下，管理权限和财力集中在中央，收入要全部上缴，支出要另外审核下拨，因此称为高度集中、"统收统支"的管理体制。高度集中、"统收统支"的财政管理体制，下级政府更像是上级政府的预算单位，而不具有一级财政的地位，在这种情况下，地方并无所谓的事权，进而也并无支出责任一说。值得说明的是，在"统收统支"的体制下，也出现了分级管理的萌芽。例如，各大行政区、省（市）的公安队费用，区以上的行政经费，县立中学以上的教育事业费等，都分别被列入大行政区及省（市）预算内开支，由划归地方留用的税收解决。另外，各城市的市政建设费、小学教育文化卫生费等开支，可通过征收城市附加政教事业费解决[①]。

二、"统一领导、分级管理"（1951~1979 年）

1. "划分收支、分级管理"（1951~1957 年）

这一阶段国家开始由高度集中的"统收统支"向分级管理体制转变。在此阶段的初期，国家财政分为中央、大行政区和省（市）三级财政，进行分级管理。中央级财政称中央财政，大行政区以下的财政均称地方财政。国家财政事权，按照企业、事业和行政单位的隶属关系和业务范围进行区分，相

---

① 地方附加公路和城市附加政教事业费的征收办法及税则、税率，须逐级呈报大行政区政府批准，并须转报中央财政部备案。

应的财政支出也就划分为中央财政支出和地方财政支出。属于中央财政支出的主要有国防费、中央经管的国营企业投资、经济建设事业费、社会文教事业费以及中央级行政管理费、内外债还本付息、其他支出等。属于地方财政支出的主要有地方各级管理的国营企业投资、经济建设事业费、社会文教事业费以及地方各级行政管理费和其他支出等。地方财政支出同地方财政收入一起，每年由中央核定一次。这一时期的财政管理体制与1950年相比，由"收支两条线"改为"收支挂钩"，地方有了自己的收支范围。尽管如此，绝大多数的财政资金支出权仍保留在中央。在1953年的财政管理体制中，取消了大区一级财政，同时，为了适应县（市）一级发展的需要，成立了县（市）一级财政，全国划分为中央、省（市）和县（市）三级财政，但这并没有改变当时中国的财政体制是在中央统一领导和计划下，划定职权范围，分级管理、层层负责的局面。

2. "以收定支、五年不变"（1958年）

随着中央各部门所管的企业事业快速增加，并且分布在各个地区，为了加强对国营企业的管理，一部分适合地方经营的企业逐渐被下放到地方管理，为此地方财权得到了一定的扩充，相应的事权和支出责任也得到进一步扩张。这一时期，属于地方财政支出的有两种：一是地方的正常支出，即地方财政经常性开支，如地方的经济建设事业费、社会文教事业费、行政管理费和其他地方经常性的支出。这些支出由地方根据中央划给的收入自行安排。二是由中央专案拨款解决的支出，包括基本建设拨款和重大灾荒救济、大规模移民垦荒等特殊性开支。这些专案拨款，每年确定一次，由中央拨付，列入地方预算。此外，对地方国营企业和地方公私合营企业需要增加的流动资金，30%由地方财政拨款，70%由中央财政拨款或由银行贷款。这一阶段与前一阶段相比，一个根本的不同就是由过去的"以支定收，一年一变"改为"以收定支，五年不变"，在此期间内，由于地方分得的机动财力大大超过了原来的设想，地方钱多了就扩大基本建设规模，同国家经济建设的统一布局发生了矛盾。同时，由于许多原来由中央直接管理的企业下放到地方管理，又过多地扩大了地方事权和财政支出的操作空间。

3. "总额分成、一年一变"（1959~1970年）

针对1958年财政管理体制中出现的问题，国务院1958年9月通过了《关于进一步改进财政管理体制和改进银行信贷管理体制的几项规定》，决定从1959年起实行"收支下放、计划包干、地区调剂、总额分成、一年一变"，基本精神就是在继续下放项目的同时，适当收缩一部分地方的机动财力，通过一年一变的做法，解决财政计划同国民经济不相协调的问题。在支出方面，除中央各部门直接办理的少部分经济建设支出（包括基本建设拨款）、中央级行政和文教支出、国防费、援外支出和债务支出以外所有其他各种支出，包括地方的基本建设拨款和企业需要增加的定额流动资金在内，全部划给省（市、自治区）作为地方的财政支出，不再区分地方正常支出和中央专案拨款支出。针对经济困难和权力下放过度问题，1960年中央又回收了部分财权和事权。

4. "分灶吃饭"的前夜（1971~1979年）

1971~1973年收支包干财政管理体制，再到1974~1975年"收入按固定比例留成、超收另定分成比例、支出按指标包干"、1976~1979年"收支挂钩、总额分成"和试行"收支挂钩、增收分成"的财政管理体制，一方面进一步下放企业、事业单位给地方管理，扩大地方事权操作范围，另一方面也继续通过调整收入分配方式，调动地方增收节支和平衡预算的积极性。尽管如此，但中央和地方之间仍未能严格分开，各级财政搅在一起、不分彼此的局面依旧存在。

总体来讲，1950~1979年"统一领导、分级管理"的财政体制阶段，是在计划经济体制下进行了若干次财政分权的试验。尽管1958年将下放的权力逐渐收回，但到1969年以后我国又开始了大规模的财政分权试验。这个过程中，政府间支出范围的划分大体上是按中央政府和地方政府职责分工并按企事业和行政单位的隶属关系确定的，虽有部分中央单位利润会拨给地方，但拨付比例仍旧由中央决定，统一集中多、因地制宜少的缺点始终存在（见表5-9和图5-2）。

表 5-9　　　　　　1953~1979 年中央和地方政府财政支出及比重

年份	财政支出（亿元）			比重（%）	
	全国	中央	地方	中央	地方
1953	219.21	162.05	57.16	73.9	26.1
1954	244.11	183.70	60.41	75.3	24.7
1955	262.73	201.05	61.68	76.5	23.5
1956	298.52	210.02	88.50	70.4	29.6
1957	295.95	210.03	85.92	71.0	29.0
1958	400.36	177.22	223.14	44.3	55.7
1959	543.17	249.34	293.83	45.9	54.1
1960	643.68	278.63	365.05	43.3	56.7
1961	356.09	160.32	195.77	45.0	55.0
1962	294.88	181.64	113.24	61.6	38.4
1963	332.05	192.31	139.74	57.9	42.1
1964	393.79	224.86	168.93	57.1	42.9
1965	459.97	284.17	175.80	61.8	38.2
1966	537.65	339.11	198.54	63.1	36.9
1967	439.84	269.94	169.90	61.4	38.6
1968	357.84	219.49	138.35	61.3	38.7
1969	525.86	319.16	206.70	60.7	39.3
1970	649.41	382.37	267.04	58.9	41.1
1971	732.17	435.67	296.50	59.5	40.5
1972	765.86	431.40	334.46	56.3	43.7
1973	808.78	449.33	359.45	55.6	44.4
1974	790.25	397.84	392.41	50.3	49.7
1975	820.88	409.40	411.48	49.9	50.1
1976	806.20	377.63	428.57	46.8	53.2
1977	843.53	393.70	449.83	46.7	53.3
1978	1122.09	532.12	589.97	47.4	52.6
1979	1281.79	655.08	626.71	51.1	48.9

注：（1）中央、地方财政支出均为本级支出。
（2）2000 年以前，财政支出不包括国内外债务还本付息支出和利用国外借款收入安排的基本建设支出。

资料来源：2015 年《中国财政年鉴》。

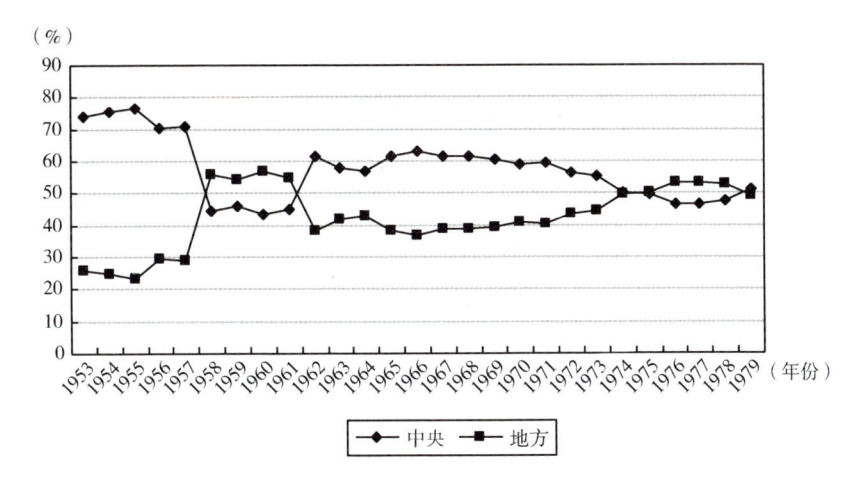

图 5-2　1953~1979 年中央与地方财政支出比重变化

资料来源：根据表 5-9 的数据绘制。

三、"划分收支、分级包干"（1980~1993 年）

为适应经济体制改革的需要，1979 年我国决定对经济体制进行全面改革，并以财政税收制度改革为突破口先行一步，同年进行了试点。1980 年在试点基础上，实行"分灶吃饭"的划分收支、分级包干体制，旨在扩大地方财权，加强地方支出责任，调动地方的积极性。在这一时期，中央与地方财政事权和支出范围仍按照行政隶属关系进行划分。属于中央事权与支出范围的有中央的基本建设投资，中央企业的流动资金，挖潜改造资金和新产品试制费，地质勘探费，国防战备费，对外援助支出，国家物资储备支出，以及中央级的农林、水利、气象等事业费，工业、交通、商业部门的事业费，文教卫生科学事业费和行政管理费等；属于地方事权与支出范围的有地方的基本建设投资，地方企业的流动资金、挖潜改造资金和新产品试制费，支援农村人民公社支出，农林水利气象等事业费，工业、交通、商业部门的事业费，城市维护费，城镇人口下乡经费，文教卫生科学事业费，抚恤和社会救济费，行政管理费等，特大自然灾害救济费、特大抗旱防汛补助费、支援经济不发达地区资金等由中央专案拨款（见表5-10、表5-11和图5-3）。

表5-10　"划分收支、分级包干"体制下中央和地方支出范围情况

具体模式	实施省（自治区）	支出模式内容
划分收支，分级包干	四川、山西、甘肃、辽宁、吉林、河南、湖北、湖南、江西、山东、辽宁等	分一般性开支和特殊性开支，一般性开支按企业和事业的隶属关系划分 归中央支出的主要有国防费、对外援助支出、国家物资储备支出、中央科教文卫支出、农林水利中央基本建设投资、中央所属企业流动资金、工业商业部门事业费和行政费等 归地方支出的主要有地方统筹基本建设投资、地方所属企业流动资金、支援农村公社支出和农林、水利、气象等事业支出，城市维护建设费、抚恤和社会救济费以及行政费等 特殊开支使用方向、数量在地区和年度间并不稳定，中央以专项拨款方式下拨。该支出包括地方基建专项拨款、特大自然灾害救济费、支援经济不发达地区的发展资金和边境事业补助等
财政包干与民族自治结合	内蒙古、西藏、广西、云南、青海、贵州等	参照"划分收支、分级包干"模式，划分中央与地方支出范围
财政包干与"定额上解或定额补助"	广东、福建	除中央直属企业、事业单位支出归中央外，其余归地方支出
比例包干，四年不变	江苏	

资料来源：高培勇：《中国财税体制改革30年研究——奔向公共化的中国财税改革》，经济管理出版社2008年版。

"财政包干制"下的地方政府逐渐成为利益的主体，由原来的被动安排财政收支变为主动参与经济管理，地方财力逐渐加强的同时，也增加了对本地区重点建设项目以及教育、科学、卫生等各项事业的投入的能力，促进了地方经济建设和社会事业的发展。

表5-11　　1979~1993年中央和地方政府财政支出及比重

年份	财政支出（亿元）			比重（%）	
	全国	中央	地方	中央	地方
1979	1281.79	655.08	626.71	51.1	48.9
1980	1228.83	666.81	562.02	54.3	45.7

续表

年份	财政支出（亿元）			比重（%）	
	全国	中央	地方	中央	地方
1981	1138.41	625.65	512.76	55.0	45.0
1982	1229.98	651.81	578.17	53.0	47.0
1983	1409.52	759.60	649.92	53.9	46.1
1984	1701.02	893.33	807.69	52.5	47.5
1985	2004.25	795.25	1209.00	39.7	60.3
1986	2204.91	836.36	1368.55	37.9	62.1
1987	2262.18	845.63	1416.55	37.4	62.6
1988	2491.21	845.04	1646.17	33.9	66.1
1989	2823.78	888.77	1935.01	31.5	68.5
1990	3083.59	1004.47	2079.12	32.6	67.4
1991	3386.62	1090.81	2295.81	32.2	67.8
1992	3742.20	1170.44	2751.76	31.3	68.7
1993	4642.30	1312.06	3330.24	28.3	71.7

注：1. 中央、地方财政支出均为本级支出。
2. 2000年以前，财政支出不包括国内外债务还本付息支出和利用国外借款收入安排的基本建设支出。
资料来源：2015年《中国财政年鉴》。

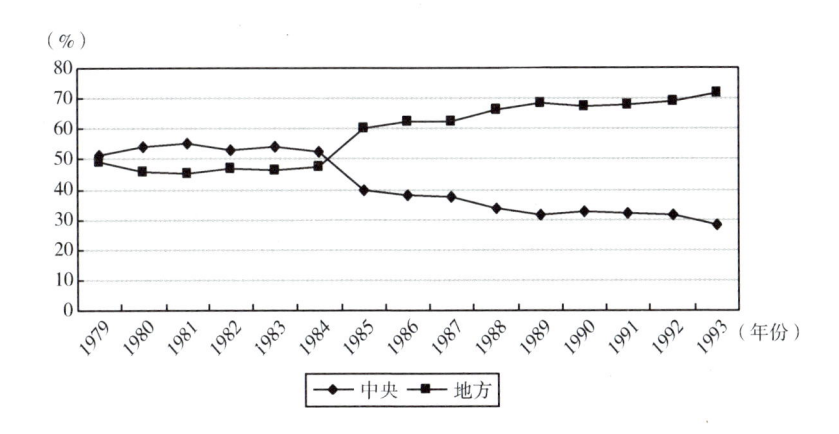

图5-3 1979~1993年中央与地方财政支出比重变化

资料来源：根据表5-11的数据绘制。

四、"分税制"财政体制（1994年至今）

"包干制"下的放权让利扩大了地方政府配置资源的权力，进一步明确了中央和地方支出的范围，调动了各级地方政府在其隶属关系内开展创新的积极性。但是，"包干制"下的"分灶吃饭"由于各地方缺乏体制形式上的统一性和规范性、收支划分依据和基数核定办法不科学、缺乏横向公平机制以及中央宏观调控能力弱化等弊端，导致中央和地方的事权关系难以真正实行规范，稳定性更是无从谈起。1993年12月15日，国务院发布《关于实行分税制财政体制的决定》，决定从1994年1月1日起改革财政包干体制，对各省、自治区、直辖市以及计划单列市实行分税制财政体制。分税制财政体制的主要内容是分权、分税和分管。分权就是确定中央和地方政府的事权范围，并以此为基础合理确定各级财政的支出范围。1994年及随后的若干年，事权的划分遵循的原则是"事权与财权相匹配"，而这个"财"在当时主要是指税收收入。根据中央与地方事权划分情况，对中央与地方的支出责任进行了初步界定。中央财政主要承担国家安全、外交和中央国家机关运转，调整国民经济结构、协调地区发展、实施宏观调控以及由中央直接管理的事业发展；地方财政主要承担本地区政权机关运转以及本地区经济、事业发展。中央与地方的具体支出责任划分情况如表5-12所示。

表5-12　　　　　　　　1994年中央与地方支出责任划分

中央财政支出	国防费，武警经费，外交和援外经费，中央级行政管理费，中央统管的基本建设投资，中央直属企业的技术改造和新产品试制费，地质勘探费，由中央财政安排的支农支出，由中央负担的国内外债务还本付息支出，以及中央本级负担的公检法支出和文化、教育、卫生、科学等各项事业费支出
地方财政支出	地方行政管理费，公检法经费，民兵事业费，地方统筹安排的基本建设投资，地方企业的技术改造和新产品试制经费，地方安排的农业支出，城市维护和建设经费，地方文化、教育、卫生等各项事业费，价格补贴以及其他支出

各省在制定省以下财政体制改革过程中，一般都只是对收入进行划分，

而绕开了对事权的划分，省以下各级财政事权和支出责任在很长一段时间内仍然维持财政包干体制下的划分格局。另外，分税制改革是在我国市场机制发育不完全的环境下推出的，当时转变政府职能尚未提到议事日程，我国尚未提出构建公共财政的目标，它对政府事权和支出责任的改革涉及较少，过渡色彩浓厚。

1998年12月，在全国财政工作会议上，我国明确提出构建公共财政基本框架。随着政府职能的不断转变和机构改革进程的推进，省以下事权和支出责任划分陆续作出了一些调整，工商、地税、质监、药监等部门相继实行垂直管理，从2008年开始，药监、工商、质监又陆续下放到地方，恢复实行分收管理。2005年以来，中央及各省市还对义务教育、困难学生资助经费、新型农村合作医疗、计划生育家庭奖励扶助、城镇居民基本医疗保险等关系民生的部分新增项目的支出责任进行了调整，明确了各级政府的负担比例，进一步明确了政府间事权范围。

党的十八大提出，加快改革财税体制，健全中央和地方财力与事权相匹配的体制，完善促进基本公共服务均等化和主体功能区建设的公共财政体系，构建地方税体系，形成有利于结构优化、社会公平的税收制度。2013年召开的十八届三中全会通过《中共中央关于全面深化改革若干重大问题的决定》提出，建立事权和支出责任相适应的制度。适度加强中央事权和支出责任，国防、外交、国家安全、关系全国统一市场规则和管理等作为中央事权；部分社会保障、跨区域重大项目建设维护等作为中央和地方共同事权，逐步理顺事权关系；区域性公共服务作为地方事权。中央和地方按照事权划分相应承担和分担支出责任。中央可通过安排转移支付将部分事权支出责任委托地方承担。对于跨区域且对其他地区影响较大的公共服务，中央通过转移支付承担一部分地方事权支出。这些进一步明确了在公共财政框架下中央和地方政府的事权和支出责任。

第三节 当前中央与地方事权和支出责任划分中存在的问题

1994年的分税制改革，初步构建了中国特色社会主义制度下中央与地方财政事权与支出责任的体系框架，为我国建立现代财政制度奠定了良好的基础。但受当时以及实施过程中一些客观条件的制约，财政事权与支出责任的划分已明显不适应财税体制改革与国家治理现代化要求。主要表现在以下几个方面：政府职能定位不清，中央与地方事权和支出责任划分不合理，中央和地方提供基本公共服务的职责交叉重叠，省以下财政事权和支出责任划分不尽规范以及财政事权和支出责任划分法制化规范化程度不高等。

一、政府职能定位不清

要对中央和地方乃至地方各级政府的事权与支出责任进行明确的划分，其前提需要首先明确政府与市场的职能边界。只有清晰和合理地划分了政府与市场各自的职责，避免了政府与市场职责错位现象的频繁发生，才能使得政府对公共物品的提供更加有效、更加满足公共需要。总体来讲，我国经济和社会发展还很不平衡，公共产品提供中政府"越位"与"缺位"的现象并存，在经济建设方面仍然较多地依靠政府主导和政策拉动来刺激经济增长，而在加强市场监管、维护市场秩序、推进生态文明建设、调整收入分配等方面，政府发挥作用不够。这种情况下市场无法在资源配置中起到决定性的作用。

二、中央与地方事权和支出责任划分不清

一方面，应该由中央负责的事务交给了地方处理，如国际界河的保护、跨流域大江大河的治理、跨地区污染防治、跨地区经济纠纷司法管辖、海域和海洋的使用管理等。反之，应该由中央负责的事项，中央却管理不到位。如经济总量平衡、经济结构优化和全国市场的统一等宏观经济管理职责由中央承担，相应的调控手段的决策权也必须集中在中央，但地方却承担了很多责任。在我国，虽然货币发行，基准利率的确定，汇率的调节和主要税种、税率的调整等都由中央政府管理，但在优化经济结构和维护全国统一市场方面做得还不够。另一方面，属于地方管理的事项，中央承担了较多的支出责任。如从区域性重大基础设施建设到农村厕所改造等地方项目，中央相关部门有相当的资金补助。

在政府间事权和支出责任的划分方面目前已积累了不少矛盾。中央支出占比和中央公务员占比明显偏小都是不争的事实。在我国自然条件、经济发展高度不平衡，人口流动受限，约束地方政府机制不足的情况下，继续纵容政府提供公共产品忽视外部性、中央与地方激励不相容等问题的存在，将会对我国长期性和全局性发展造成不可忽视的危害。

三、中央和地方提供基本公共服务的职责交叉重叠

中央与地方财政对社会保障、公共卫生、义务教育等相当多事项的职责和支出责任实行共同承担的办法。不少事项以中央按一定比例负担的方式对地方补助。还有一些事项，各级财政承担着若有若无的责任。职责重叠、共同管理，使得中央与地方通过各种形式进行博弈，容易造成职责不清、互相挤占或者双方都不管、无从问责。

四、省以下财政事权和支出责任划分不尽规范

省级政府具有相对独立的权责，承担了较多的区域平衡职责。市一级政府由于省管县改革的影响，其定位比较模糊，争议较多，也无法清晰定位。由于实施农村税费改革以来，乡镇一级改革的思路一直没有明确，而且由于经济发展和地域情况千差万变，政策上也做不到统一明确，导致其事权范围也无法明确。事权重心不断下放等问题不仅存在于中央与地方政府之间，还存在于省以下各级政府之间。"上面千条线，下面一根针"，上层政府的指标往往需要下级政府去完成，"上面点菜、下面买单"，事权的层层推脱造成底层政府的财力和支出极度不匹配，财政不堪重负，甚至维持自身基本的运行都出了问题[①]。

五、财政事权和支出责任划分缺乏法律依据

在一些发达国家，特别是法制化程度较高的西方国家，通过《宪法》和相关法律明确划分并规范中央和地方政府的事权与支出责任，是共有的做法。例如德国，在其《德意志联邦共和国基本法》中，不仅规定了各级政府的事权和相应的支出责任，还对各级政府事权和支出责任可能出现交叉重叠的部分作出了明确的规定。除此之外，其《财政平衡法》《促进经济稳定和增长法》等也都对政府间财政关系作出了相应的规定。日本也有《财政法》《地方财政法》等相关法律。目前我国尚没有一部统一、完整的界定政府间责权利关系的法律法规，宪法对各级政府的事权划分只做了原则性、甚至模糊性的表述，缺乏明确具体的规定。处理政府间事权关系的政府或部门文件，也缺乏足够的确定性、稳定性和透明度。而且，政府间事权与支出责任的调整

---

① 贾康：《财政的扁平化改革和政府间事权划分》，《中共中央党校学报》2007年第12期。

基本上都是上下级政府相互谈判形成的结果，政府间事权与支出责任的模糊不清与此有着很大的关系。

第四节　中央与地方事权和支出责任改革的思路

近年来，呼吁事权和支出责任的改革的声音一直处于财税体制改革领域的中心位置。2016年8月，国务院发布《关于推进中央与地方财政事权和支出责任划分改革的指导意见》，对中央与地方如何划分财政事权，以及如何划分支出责任给出了原则性的意见，并亮出改革时间表路线图，即2016年先从国防、国家安全等领域着手，2017~2018年深入到教育、医疗卫生等领域，2019~2020年基本完成主要领域改革。然而，这项改革需要逐步谨慎地推进。

一、从财政事权入手推进事权划分改革

政府间事权划分不仅涉及行政权划分，还涉及立法、司法等广义公共服务部门，是"大事权"的概念。我国完善社会主义市场经济制度、加快政府职能转变、推进法治化还需要一个过程，短期内全面推进事权和支出责任划分改革的条件尚不成熟。为此，从财政事权入手是更加切实的选择。一方面，从财政事权划分入手推进改革具备一定的基础。随着我国经济社会发展和财政收入规模扩大，政府提供基本公共服务的能力和保障水平也不断提高，加上政府职能的加快转变，划分中央与地方财政事权的条件已经初步具备。新修订的《预算法》颁布实施，也为推进中央与地方财政事权和支出责任划分改革奠定了法律基础。另一方面，从财政事权划分入手推进改革可以从根本上破解改革发展面临的诸多紧迫难题。当前，中央与地方收入划分需要进一步理顺、中央对地方专项转移支付需要进一步清理整合、地区间基本公共服

务均等化需要大力推进，财政资金的使用效益需要进一步提高，这些都需要以明确政府的财政事权划分并相应界定各级政府的支出责任为前提，从财政事权划分入手推进改革可以起到"牵一发而动全身"的效果。另外，从财政事权划分入手推进改革可以为全面推进事权划分改革奠定基础和创造条件。事权划分改革涉及面广、难度大，不可能一蹴而就，一些成熟市场国家的事权划分经历了数百年的逐步演进。财政事权是政府事权的重要组成部分，从合理划分财政事权入手破冰中央与地方事权划分改革，先局部后整体，既抓住了提供基本公共服务这一政府核心职责，又能够为全面推进事权划分改革积累经验、趟出路子。

二、合理界定政府与市场的边界

党的十八届三中全会《决定》明确提出，使市场在资源配置中起决定性作用和更好发挥政府作用。这启示我们，厘清政府与市场的边界，需要做好以下几点工作：一是限制政府行为，政府并不是市场的主导者，而是市场的引导者。市场机制能解决的，政府就不要干预，当市场失灵时，或市场解决不了的问题，如公共产品的提供、外部性等，就需要政府来解决。二是在资源配置方面，要发挥市场在配置资源的基础性作用，政府只起辅助性作用。政府应该偏重于宏观管理、市场规则的制定、市场秩序的规范、社会诚信的建立，而市场则在制度下实现资源的最佳配置。政府该退出的领域应该坚决退出，该让出的领域也要坚决让出，不要与民争利，精简机构，要建立服务型政府，要把无限政府转变成有限政府。三是改善收入分配结构。政府权力过度或扭曲是收入分配不公的重要原因之一。合理界定政府与市场的边界，需要通过改革避免政府权力过多进入市场，参与要素的初次收入分配。要防止政府"该进入的不进入、该退出的没有退出"，对二次收入分配的调节产生不利的影响。

三、明确政府间事权的划分层级，强化中央政府的事权和支出责任

一是适度加强中央的事权与支出责任。将国防、外交、国家安全等关系全国政令统一、维护统一市场、促进区域协调、确保国家各领域安全的重大事务，集中到中央，减少委托事务，以加强国家的统一管理，提高全国的公共服务能力和水平。区域性公共服务为地方事权，将地域信息性强、外部性弱并主要与当地居民有关的事务放给地方，调动和发挥各级地方政府的积极性，更好地满足区域公共服务的需要。

二是明确中央政府与地方政府共同的事权与支出责任。要逐步将义务教育、高等教育、科技研发、公共文化、基本养老保险、基本医疗和公共卫生、城乡居民基本医疗保险、就业、粮食安全、跨省（区、市）重大基础设施项目建设和环境保护与治理等体现中央战略意图、跨省（区、市）且具有地域管理信息优势的基本公共服务确定为中央与地方共同财政事权，并明确各承担主体的职责。考虑到我国人口和民族众多、幅员辽阔、发展不平衡的国情和经济社会发展的阶段性特征，需要更多发挥中央在维护社会公平正义、促进共同富裕、推动区域协调发展、保障公民基本权利等方面的作用，因此应适度加强中央的财政事权并保有比成熟市场经济国家相对多一些的中央与地方共同财政事权。

三是建立财政事权划分动态调整机制。财政事权划分要根据客观条件变化进行动态调整。在条件成熟时，将全国范围内环境质量监测和对全国生态具有基础性、战略性作用的生态环境保护等基本公共服务，逐步上划为中央的财政事权。对新增及尚未明确划分的基本公共服务，要根据社会主义市场经济体制改革进展、经济社会发展需求以及各级政府财力增长情况，将应由市场或社会承担的事务交由市场主体或社会力量承担，将应由政府提供的基本公共服务统筹研究划分为中央财政事权、地方财政事权或中央与地方共同

财政事权。

四是调整中央和地方的支出责任。在明晰事权的基础上，进一步明确中央承担中央事权的支出责任，地方承担地方事权的支出责任，中央和地方按规定分担共同事权的支出责任。中央可以通过安排转移支付将部分事权的支出责任委托给地方承担。根据事权和支出责任，在法规明确规定的前提下，中央对财力困难的地区进行一般性转移支付，省级政府也要相应承担起均衡区域内财力差距的责任，建立健全省以下转移支付制度。

四、合理划分省以下政府的事权和支出责任

省级政府要参照中央做法，结合当地实际，按照财政事权划分原则合理确定省以下政府间财政事权。将部分适宜由更高一级政府承担的基本公共服务职能上移，明确省级政府在保持区域内经济社会稳定、促进经济协调发展、推进区域内基本公共服务均等化等方面的职责。将有关居民生活、社会治安、城乡建设、公共设施管理等适宜由基层政府发挥信息、管理优势的基本公共服务职能下移，强化基层政府贯彻执行国家政策和上级政府政策的责任。省以下各级政府的支出责任划分要与事权及其变化紧密结合在一起，要让地方政府承担的每一项责任都有其相应的支出来源。属于本级政府自身事权的，其支出责任归这一级地方政府。对于上级政府委托进行的公共事务，为避免基层财政出现困境，其支出责任应当归委托方政府。由于各地的基本情况有所不同，在实际的操作中还需要进一步探讨适合各地不同情况的省以下基层各级政府的公共事务分工合理方案。在明确划分各级政府财政支出责任的基础上，各级政府要各负其责，严格实行行政执法责任制。凡属省、市（指地级市、州、盟，以下简称市级）政府承担的财政支出，省、市级财政应积极筹措资金加以保障，不得以任何形式转嫁给县、乡财政。省、市级政府委托县、乡政府承办的事务，要足额安排对县、乡财政的专项拨款，不留资金缺口，不得要求县、乡财政安排配套资金。属于共同事务，应根据各方受益程

度,并考虑县、乡财政的承受能力,确定合理的负担比例,积极探索共同事务的经费负担办法。

五、通过法律明确各级政府间的事权

党的十八届四中全会对全面推进依法治国作出了重大部署,在其报告中也指出,推进各级政府事权规范化、法律化,完善不同层级政府特别是中央和地方政府事权法律制度,强化中央政府宏观管理、制度设定职责和必要的执法权,强化省级政府统筹推进区域内基本公共服务均等化职责,强化市县政府执行职责。我国在经济改革和政府职能的转变过程中,要尽快通过完善立法、明确事权,推进各级政府事权规范化、法律化,加快形成分工合理、权责一致、运转高效、法律保障的国家权力纵向配置体系与运行机制。这不仅是形成合理的行政秩序、市场秩序和社会秩序的基本前提,更是推进国家治理体系和治理能力现代化的重要内容和必然要求。

回顾与总结: 中央与地方事权和支出责任划分是国家治理体系的核心构成要素,也是理顺政府间财政关系的逻辑起点和前置条件。所谓事权,简单地说,就是一级政府在提供和生产公共产品以及公共服务过程中应当承担的具体任务和职责。而支出责任,则是在履行职能实现职责目标的过程中承担的成本支出。

在我国,现行的政治架构是中央、省、市、县、乡五级政府,相应地,最多可以有五级财政。从理论上讲,五级政府应当有不同的职责范围,即不同的事权,因而也就相应产生了不同的支出责任。然而,这种财政层级的现状却是建立在一系列的财政体制变迁上的,并且最早可以追溯到20世纪50年代,至今已经经历了统收统支、总额分成、财政包干、分税制等不同的发展阶段,每一次变迁都伴随着对中央和地方政府事权和支出责任进行或大或小的调整。

1994年的分税制改革，初步构建了中国特色社会主义制度下中央与地方财政事权与支出责任的体系框架，为我国建立现代财政制度奠定了良好的基础。但受当时以及实施过程中一些客观条件的制约，财政事权与支出责任的划分已明显不适应财税体制改革与国家治理现代化要求。主要表现在以下几个方面：政府职能定位不清，中央与地方事权和支出责任划分不合理，中央和地方提供基本公共服务的职责交叉重叠，省以下财政事权和支出责任划分不尽规范以及财政事权和支出责任划分法制化规范化程度不高等。

近年来，呼吁事权和支出责任划分改革的声音一直处于财税体制改革领域的中心位置。2016年8月，国务院发布《关于推进中央与地方财政事权和支出责任划分改革的指导意见》，对中央与地方如何划分财政事权，以及如何划分支出责任给出了原则性的意见，并亮出改革时间表路线图，即2016年先从国防、国家安全等领域着手，2017~2018年深入到教育、医疗卫生等领域，2019~2020年基本完成主要领域改革。然而，这项改革需要逐步谨慎地推进。

第六章　政府间的收入划分与财力配置

本章导读：1994年分税制改革实施以来，我国税收收入大幅度增长，财政收入占GDP的比重和中央财政收入占财政收入总额的比重逐年提高，税制结构不断优化，对保证财政收入、加强宏观经济调控、理顺中央与地方的财政分配关系都起到了重要作用。随着我国工业化和城镇化的推进，管理经济社会事务的法治化、规范化要求越来越高，财政体制方面的问题越来越突出。值得注意的是，在重新划分收入的同时，并没有对财政事权和支出责任进行重新划分，导致此后一系列的政府与市场的边界不清晰、各级财政事权错配或重复的问题，进而不可避免地产生财政支出责任错配，既影响了我国公共服务的供给，也制约了经济社会发展的质量和速度。这也是为什么我们做不到"财力与事权相匹配"，更做不到"事权与财权相统一"的主要原因。

为此，党的十八届三中全会通过的《中共中央关于全面深化改革若干重大问题的决定》指出：财政是国家治理的基础和重要支柱，科学的财税体制是优化资源配置、维护市场统一、促进社会公平、实现国家长治久安的制度保障，要求建立事权和支出责任相适应的制度。事权划分与支出责任相适应的财政体制是现代财政制度的组成部分。如何使事权划分与支出责任划分相适应是世界各国普遍面临的难题。发达经济体历经上百年的探索建立了相对稳定的框架。我国正处于制度变革期，经济发展和社会发展两方面都进入新阶段，事权划分与支出责任划分相应进入妥善调整期。要做好这项工作，首先应认清一些基本理论问题，其中至关重要的是立足系统性思维来分析事权划分与支出责任划分的对称性。进一步地说，事权划分和支出责任划分两者的对应不是孤立的，与其他因素也有内在耦合关系。本章考察我国政府间收入划分与财力配置问题，包括政府间收入划分与财力配置的基本原则、税收的合理划分以及政府其他收入的合理划分。

第一节 目前我国政府间收入划分的现状

2015年全国一般公共预算收入决算数达到152269.23亿元，中央与地方决算数分别为69267.19亿元和83002.04亿元，各占45.5%和54.5%，地方超出中央9个百分点。分类来看，无论是税收收入还是非税收入，地方均高于中央；税收收入地方占比高于中央0.4个百分点，而非税收入地方则高出中央48.8个百分点（见表6-1）。

表6-1　　　　2015年中央与地方一般公共预算收入决算　　　单位：亿元、%

项目	中央决算数	地方决算数	中央决算数占全国决算数的百分比	地方决算数占全国决算数的百分比
一、税收收入	62260.27	62661.93	49.8	50.2
国内增值税	20996.95	10112.52	67.5	32.5
国内消费税	10542.16		100	
进口货物增值税、消费税	12533.35		100	
出口货物退增值税、消费税	-12867.19		100	
营业税	150.73	19162.11	0.8	99.2
企业所得税	17640.08	9493.79	65.0	35.0
个人所得税	5170.52	3446.75	60.0	40.0
资源税	37.87	997.07	3.7	96.3

续表

项　　目	中央决算数	地方决算数	中央决算数占全国决算数的百分比	地方决算数占全国决算数的百分比
城市维护建设税	179.28	3707.04	4.6	95.4
房产税		2050.90		100
印花税	2476.15	965.29	72.0	28.0
其中：证券交易印花税	2476.15	76.63	97.0	3.0
城镇土地使用税		2142.04		100
土地增值税		3832.18		100
车船税		613.29		100
船舶吨税	46.97		100	
车辆购置税	2792.56		100	
关税	2560.84		100	
耕地占用税		2097.21		100
契税		3898.55		100
烟叶税		142.78		100
其他税收收入		0.41		100
二、非税收入	7006.92	20340.11	25.6	74.4
专项收入	574.72	6410.36	8.2	91.8
行政事业性收费收入	460.94	4412.08	8.2	91.8
罚没收入	113.96	1762.90	9.5	90.5
国有资本经营收入（部分金融机构和中央企业上缴利润）	5389.45		100	
国有资本经营收入		690.76		100
国有资源（资产）有偿使用收入	243.15	5220.74	11.4	88.6
其他收入	224.70	1843.27	4.5	95.5
三、总收入	69267.19	83002.04	45.5	54.5

资料来源：根据财政部《2015年全国财政决算》整理得出。

一、税收收入

属于中央的税收收入包括关税，进口货物增值税和消费税，出口货物退增值税和消费税，消费税，铁道部门、各银行总行、各保险公司总公司集中缴纳的城市维护建设税,"营改增"过渡期增值税50%部分,① 纳入共享范围的企业所得税60%部分,未纳入共享范围的中央企业所得税,个人所得税60%部分,车辆购置税,船舶吨税,证券交易印花税,② 海洋石油资源税等。属于地方的税收收入包括"营改增"过渡期增值税50%部分,城市维护建设税(不含铁道部门、各银行总行、各保险公司总公司集中缴纳的部分),房产税,城镇土地使用税,土地增值税,车船税,耕地占用税,契税,烟叶税,印花税,纳入共享范围的企业所得税40%部分,个人所得税40%部分,海洋石油资源税以外的其他资源税等。

如表6-1所示,2015年,中央与地方税收收入分别达到62260.27亿元和62661.93亿元,分别占全国总数的49.8%和50.2%。中央财政承担的出口货物退增值税、消费税为12867.19亿元,超出税收333.84亿元。此外,中央与地方共享税收入占全国税收的75.7%。③ 从税收划分模式和实践不难看出,中央与地方共享税比重仍然较高。

二、非税收入

政府非税收入是由各级政府及其所属部门和单位依法利用行政权力、政府信誉、国家资源、国有资产或提供特定公共服务征收、收取、提取、募集的除税收和政府债务收入以外的财政收入,包括行政事业性收费、政府性基金、国有资源有偿使用收入、国有资产有偿使用收入、国有资本经营收益、彩票公益金、罚没收入、以政府名义接受的捐赠收入、主管部门集中收入、政府财政资金产生的利息收入十类。

政府性基金主要包括各种基金(如三峡工程建设基金)、资金(如农业土

---

① 2016年5月1日起,全面推开"营改增"试点,建筑业、房地产业、金融业、生活服务业等全部纳入试点范围,由缴纳营业税改为缴纳增值税。"营改增"过渡期(暂定2~3年)增值税收入中央与地方五五分成。

② 2015年12月31日国务院下发通知,决定从2016年1月1日起,将证券交易印花税由按中央97%、地方3%比例分享全部调整为中央收入。

③ 根据表6-1中央与地方共享税收入加总后除以中央与地方税收总额得来。

地开发资金)、附加(如地方教育附加)和专项收费(如车辆通行费)等。2015年全国政府性基金收入包括政府住房基金收入等37项,中央包括铁路建设基金收入等25项,地方包括国有土地使用权出让金收入等25项。中央与地方共享收入包括水土保持补偿费收入等12项。彩票公益金按政府性基金管理办法纳入预算,专款专用,按50%:50%的比例在中央与地方之间分配。按照我国现行国有资源(资产)财政收入相关制度,中央固定收入有石油特别收益金和归中央所有的行政性收费(基金);地方固定收入有归地方所有的全国性收费(基金)和地方性收费(基金);中央与地方共享收入有资源税、矿产资源补偿费、探矿权采矿权使用费、探矿权采矿权价款以及其他根据矿山资源登记管理层级不同确定归属的行政性收费(基金)等。中央国有资本经营收入最典型的是部分金融机构和目前归属国务院国资委管理的中央企业上缴的利润。属于地方的国有资本收入包括使用地方国有资产的企业上缴的利润(亏损)、股息、红利以及国有资产出租收入等,国有资产和股权转让或出售收入等。

2015年中央非税收入为7006.92亿元,占全国的25.6%;主要是国有资本经营收入(部分金融机构和中央企业上缴的利润)增加,为5389.45亿元,占中央非税收入的76.9%。同期地方非税收入为20340.11亿元,占全国的74.4%;其中专项收入、行政性事业收费收入和国有资源(资产)有偿使用收入共占78.9%。2015年地方非税收入是中央非税收入的2.9倍,超出中央13333.19亿元。具体来看,除国有资本经营收入地方低于中央外,其他各项地方均明显高于中央(见表6-1)。

第二节 我国政府间收入划分的体制沿革

一、1994年分税制对中央与地方收入的划分

从1994年1月1日起,全国各省、自治区、直辖市以及计划单列市开始

实行分税制。按照"存量不动、增量调整,逐步提高中央的宏观调控能力,建立合理的财政分配机制"的原则,在原包干体制确定的地方上解和中央补助基本不变、认可地方既得利益的前提下,结合税制改革,对财政收入增量分配制度进行了重大调整。

(一) 主要原则

根据事权与财权相结合的原则,1994年分税制改革本应该先分事权再分税权。但实际做法是事权划分先不动,中央与地方政府的事权基本上延续《宪法》及其他法律规定。当时按事权分工性质划分中央与地方收入,实际上大体按照税种属性划分收入,遵循了市场经济国家的一般做法。为了妥善处理中央与地方关系,减少矛盾,改革按以下原则进行。[①]

一是政府处理中央与地方的分配关系,调动两个积极性,促进国家财政收入合理增长。既要考虑地方利益,调动地方发展经济、增收节支的积极性,又要逐步提高中央财政收入的比重,适当增加中央财力,增强中央政府的宏观调控能力。为此,中央要从改革后财政收入的增量中适当多得一些,以保证中央收入的稳定增长。

二是合理调节地区之间财力分配。既要有利于经济发达地区继续保持较快的发展势头,又要通过中央财政对地方的税收返还和转移支付,扶持经济不发达地区的发展和老工业基地的改造。同时,促进地方加强对财政支出的约束。

三是坚持统一政策与分级管理相结合的原则。划分税种不仅要考虑中央与地方的收入分配,还必须考虑税收对经济发展和社会分配的调节作用。中央税、共享税以及地方税的立法权都集中在中央,以保证中央政令统一,维护全国统一市场和企业平等竞争。税收实行分级征管,中央税和共享税由中央税务机构负责征收,地方税由地方税务机构负责征收。共享税中地方分享

---

① 参见《国务院关于实行分税制财政管理体制的决定》。

的部分，由中央税务机构直接划分地方金库。

四是坚持整体设计与逐步推进相结合的原则。分税制改革既要借鉴国外经验，又要从我国的实际出发。在明确改革目标的基础上，办法力求规范化，但必须抓住重点，分步实施，逐步完善。针对当时收入流失比较严重的状况，通过划分税种和分别征管堵塞漏洞，保证财政收入的合理增长；先把主要税种划分好，其他收入的划分逐步规范；作为过渡办法，当时实行的补助、上解和有些结算事项继续按原体制运转；逐步提高中央财政收入占全部财政收入的比例，对地方利益格局的调整也逐步进行。总之，通过渐进式改革先把分税制的基本框架建立起来，在实施中再逐步完善。

（二）划分中央与地方收入

中央与地方收入划分主要在遵循市场经济国家一般做法的基础上，结合我国实际情况确定，即维护国家权益、涉及全国性资源配置、实施宏观调控所必需的税种划归中央，中央收入占全国财政收入的大头。将同经济发展直接相关的主要税种划为中央与地方共享税。将适合地方征管的税种划为地方税，并充实地方税税种，增加地方税收入。具体划分如下。[①]

中央固定收入包括关税，海关代征消费税和增值税，消费税，中央企业所得税，地方银行和外资银行及非银行金融企业所得税，铁道部门、各银行总行、各保险总公司等集中交纳的收入（包括营业税、所得税、利润和城市维护建设税），中央企业上交利润等。外贸企业出口退税，除1993年地方已经负担的20%部分列入地方上交中央基数外，以后发生的出口退税全部由中央财政负担。

地方固定收入包括营业税（不含铁道部门、各银行总行、各保险总公司集中交纳的营业税）、地方企业所得税（不含上述地方银行和外资银行及非银行金融企业所得税），地方企业上交利润，个人所得税，城镇土地使用税，固

---

① 参见《国务院关于实行分税制财政管理体制的决定》。

定资产投资方向调节税，城市维护建设税（不含铁道部门、各银行总行、各保险总公司集中交纳的部分），房产税，车船税，印花税，屠宰税，农牧业税，对农业特产收入征收的农业税（简称农业特产税），耕地占用税，契税，遗产和赠与税，土地增值税，国有土地有偿使用收入等。

中央与地方共享收入包括增值税、资源税、证券交易税。增值税中央分享75%，地方分享25%。资源税按不同的品种划分，大部分资源税作为地方收入，海洋石油资源税作为中央收入。证券交易税，中央与地方各分享50%。

（三）建立中央对地方税收返还制度

按照上述中央与地方之间收入划分格局，相对稳定的中央与地方之间收入分配关系制度框架基本确定后，地方的自有财力与其支出责任之间的差距很大。为了解决这种不对应问题，按照市场经济国家的通行做法，应当通过中央对地方转移支付解决。但中国情况较为特殊，当时着重建立了中央对地方的税收返还制度，保证地方的既得利益。采取这样的灵活措施，保证政策的连贯性，那就是在一个时期内先收了税然后再返还，变化不会太快，可以避免引起更大的震动。[①] 中央财政主要从改革后的收入增量中集中收入，随着财政收入的快速增长，地方在财政收入中所占的比重越来越低，中央收入比重越来越高。

为顺利推行分税制改革，按照存量不动、增量改革，逐步达到改革目标的思路，建立了中央对地方税收返还制度。中央财政对地方税收返还数额以1993年为基期核定。按照1993年地方实际收入、税制改革、中央与地方收入划分情况，核定1993年中央从地方净上划的收入数额（即消费税+75%的增值税－中央下划收入）。1993年净上划中央收入，全额返还地方，保证地方既得利益，并以此作为以后中央对地方税收返还基数。1994年以后，税收返还额在1993年基数上逐年递增，递增率按全国增值税和消费税的平均增长率

[①] 参见《分税制将会促进广东发展》，《朱镕基讲话实录》（第一卷），人民出版社2011年版。

（执行中改为各地区增长率）的1∶0.3系数确定，即上述两税全国平均每增长1%，中央财政对地方的税收返还增长0.3%。如果1994年以后中央净上划收入达不到1993年基数，则相应扣减税收返还数额。①

保证哪一年既得利益，即地方税收返还基数，怎么计算十分关键。财政部坚持以1992年作为基数年，主要是考虑确定这项政策的时间是9月，全年还剩一个季度，这个季度的数字尚不确定，地方为了增加既得利益，会想方设法增加收入。1992年财政决算已经汇总完毕，是已经确定的数据，不会再发生变化，可以避免这种情况。如果地方增加收入过多，会导致基数太高，给第二年分税制体制运行带来较大压力，特别担心1994年财政收入低于1993年。如果那样，中央不仅没有集中收入，反而倒贴，改革就不成功。朱镕基总理坚持以1993年为基数年，主要是到广东省和海南省调研后，考虑到财税体制改革有一条保证既得利益的原则，地方的既得利益应该算到1993年，因为1994年才开始改革。所以，1993年的利益不应动。以1992年为基数年与以1993年为基数年相比，前者中央从地方集中的比后者多。如果考虑中央财政困难因素，以1992年作基数年为好；若考虑地方财政困难因素，为顺利推进分税制，减少阻力，以1993年作基数年为好，改革方案确定以1993年的数字作为基数，1993年实际执行结果汇总以后，地方财政第四季度增收差不多占全年一半，地方的确采取了一些措施。由于新财税体制的威力和征管努力，1994年财政收入增长很快，分税制取得成功。以1993年的数额作为基数还有一个没有预料到的作用，就是有利于推行新税制，不少地方按税法征收，把承包制摧毁了，过去的承包不算数了。此后，随着财政收入的快速增长，基数部分在地方财政收入中所占的比重越来越低。

为顺利推进改革，1993年后我国历次政府间收入划分改革都坚持"存量不动，增量调整"即所谓既得利益原则。也就是说，改革只对增量部分进行调整，存量部分仍按改革前的口径留给地方，因此，形成了我国特有的税收

---

① 参见《国务院关于实行分税制财政管理体制的决定》。

返还制度。税收返还制度是避免改革冲击地方政府预算安排、减少改革阻力的一种策略性选择，是我国国情的客观要求，通过增量调整、逐步实现改革目标的模式，较好地处理了稳定与发展的关系。

真正的均衡性转移支付是从1995年开始的，当年中央财政预算编制20亿元对地方转移支付，试行按公式法分配，称过渡期转移支付。自此以后，规模越来越大，内容也不断丰富，目标从简单的平衡各地区财力，逐步发展为努力实现基本公共服务均等化。

（四）分设国家和地方税务局

根据实行分税制的需要，相应改革了税收征管体制。按照分税种、分开征收的原则，组建中央和地方两套税务机构。对税收实行分级征管，中央税和共享税由国家税务机构负责征收，共享税中地方分享的部分，由国家税务机构直接划分地方金库，地方税则由地方税务机构负责征收，这在新中国财税史上还是第一次。国家税务机构和地方税务机构分设，不仅强化了中央政府对中央税和共享税的征收管理，而且在相当程度上消除了地方政府对中央税收收入的影响。税务机构分设以前，各地的税务机关主要是对当地政府负责，中央政府很难控制。1994年中央政府第一次有了自己的税务机关负责中央税和共享税的征收管理。同时，地方政府对地方税务机构拥有了更大的控制权。

事实证明，当时中央关于分设两个税务机构的决策是完全正确的。它对于保证分税制财政体制的实施、正确处理中央和地方的财政关系、调动两个积极性至关重要。国税、地税两个税务机构分别承担中央和地方税收的征收管理，职责清楚，责任明确，更有利于改进征管，提高征管质量和效率，减少税收流失，保证中央和地方两级财政收入的稳定增长。

（五）制定财政资金留用制度

为减少财政资金的上解和下拨，保证地方正常用款需要，提高资金使用效率，分税制改革后实行了资金留用制度。实行分税制后，增值税属中央、地方共享税，其中中央占75%，地方占25%。在地方所占比例中，按照各地省以下财政体制具体规定，省、地、县大多分享一定比例。在收入入国库后，地方所分成的部分，直接留在相应的省、地、县级国库，不用上解，所以叫"地方留成"，也就是地方国库留下的比例。地方财政每日按中央核定的资金留用比例从应缴税收中预留一部分，作为"预抵中央税收返还收入"划入地方金库，用于地方财政日常支出，年底中央与地方之间再统一结算。

1994年实施分税制改革以后，中共中央、国务院和全国人民代表大会对于中国财税体制的进一步改革和完善继续予以高度重视，财政、税务部门和财税理论界也一直在积极研究这个问题，改革的思路逐步清晰。同时，国际、国内政治经济形势的稳定，特别是国内经济持续、快速发展，财政收入持续、快速增长，为财税改革和完善提供了很好的政治环境和经济基础。这一时期的财税领域继续沿着1994年改革的思路和路径，进行了一系列改革和完善。

二、分税制改革后中央与地方收入划分的调整

（一）实施所得税收入分享改革

从国际上看，绝大部分国家把所得税作为中央税，少数国家作为中央得大头的共享税。1993年进行分税制改革时，我们曾设想改变所得税收入按隶属关系和税目划分的办法，但考虑到当时机构改革尚未进行，政府职能尚未转变，政企关系还没有理顺，同时财务会计制度改革刚刚实行，所得税基数计算也有一定困难，为集中精力先把分税制体制框架建立起来，决定暂缓所得税收入分享改革。实际是按照企业的隶属关系分税，地方国有企业所得税、集体企业所得税、外商投资企业所得税归地方，中央国有企业所得税归中央。

随着社会主义市场经济体制的逐步建立和经济社会的不断发展，所得税按隶属关系和税目划分收入的负面影响逐渐凸显。改革必要性如下：（1）企

业所得税按隶属关系划分收入归属,一定程度上助长了一些地方政府为追逐税收利益搞地方保护主义和重复建设,阻碍了企业的兼并、重组,制约了经济结构调整。(2)随着投资主体多元化,按隶属关系划分企业所得税,在实际操作上也存在不少问题。中央与地方之间经常出现收入混乱的情况。(3)东部地区收入占比日益增多,中西部地区日益减少,地区间财力差距越来越大。

为了促进社会主义市场经济的健康发展,进一步规范中央和地方政府之间的分配关系,建立合理的分配机制,防止重复建设,扭转地区间财力差距扩大的趋势,支持西部大开发,逐步实现共同富裕,国务院决定实施所得税收入分享改革,并发布《国务院关于印发所得税收入分享改革方案的通知》等文件,自2002年1月1日起,除了少数特殊行业、企业(铁路运输、国家邮政、中国工商银行、中国农业银行、中国银行、中国建设银行、国家开发银行、中国农业开发银行、中国进出口银行、海洋石油天然气企业、中国石油天然气股份有限公司、中国石油化工股份有限公司等)缴纳的企业所得税归中央政府以外,其他企业所得税收入和个人所得税收入实行中央与地方按比例分享,将按企业隶属关系等划分中央与地方所得税收入的办法改为中央与地方按统一比例分享,中央保证各地区2001年地方实际所得税收入基数,实施增量分成。国务院曾规定中国石油天然气股份有限公司、中国石油化工股份有限公司(以下简称两大公司)所得税作为中央与地方共享收入范围。但由于不少产油省份担心两大公司所得税年度之间波动过大,影响地方既得利益和预算安排,要求将这部分税收继续作为中央收入。经国务院批准,补充下发了相关文件,明确两大公司所得税继续作为中央收入。为了保证改革的顺利实施,防止所得税征管脱节,改革方案出台后,原来国家税务局、地方税务局征管企业所得税、个人所得税(包括储蓄存款利息所得个人所得税)的范围暂不作变动。从2002年1月1日起登记注册的企事业单位的所得税,由国家税务局征收管理。

2002年的分享比例是中央政府和地方政府各50%;自2003年起,中央政府的分享比例提高到60%，地方政府的分享比例降低到40%。中央因改革所得税收入分享办法增加的收入全部用于对地方主要是中西部地区的一般性转移支付。

2008年实行统一的企业所得税以后，为了保证《企业所得税法》的顺利实施，妥善处理地区间利益分配关系，做好跨省市总分机构企业所得税收入的征缴和分配管理工作，2008年中央实施跨省市总分机构企业所得税分配及预算管理改革。① 属于中央与地方共享收入范围的跨省市总分机构企业缴纳的企业所得税，按照统一规范、兼顾总机构和分支机构所在地利益的原则，实行"统一计算、分级管理、就地预缴、汇总清算、财政调库"的处理办法。总分机构统一计算的当期应纳税额的地方分享部分，25%由总机构所在地分享，50%由各分支机构所在地分享，25%按一定比例在各地间进行分配。总机构在每月或每季终了之日起10日内，按照以前年度各省市分支机构的经营收入、职工工资和资产总额三个因素，将统一计算的企业当期应纳税额的50%在各分支机构之间进行分摊（总机构所在省市同时设有分支机构的，同样按三个因素分摊），各分支机构根据分摊税款就地办理缴库，所缴纳税款收入由中央与分支机构所在地按60%：40%分享。分摊时三个因素权重依次为0.35、0.35和0.3。当年新设立的分支机构第二年起参与分摊；当年撤销的分支机构第二年起不参与分摊。

为进一步提高企业所得税征管质量和效率，2009年国家税务总局对新增企业的所得税征管范围做进一步修改、完善和重新调整。以2008年为基年，2008年底之前国家税务局、地方税务局各自管理的企业所得税纳税人不作调整。2009年起新增企业所得税纳税人中，应缴纳增值税的企业，其企业所得税由国家税务局管理；应缴纳营业税的企业，其企业所得税由地方税务局管理。②

---

① 参见《财政部国家税务总局中国人民银行关于印发〈跨省市总分机构企业所得税分配及预算管理暂行办法〉的通知》。

② 参见《国家税务总局关于调整新增企业所得税征管范围问题的通知》。

(二) 提高中央分享印花税的比例

证券交易印花税于 1990 年 7 月 1 日在深圳证券市场开始课征，由卖出股票者按成交金额的 6‰ 单向交纳。同年 11 月，深圳市对股票买方也开征 6‰ 的印花税（作为地方税），开启了我国证券市场双边征收印花税的历史。1994 年，我国进行分税制改革，国务院发布《关于实行分税制财政管理体制的决定》，规定将新设立的证券交易印花税定性为中央地方共享税，由中央和地方各分享 50%。

改革开放以后，我国证券交易市场有了很大发展，证券交易规模不断扩大，证券交易印花税也有了较大幅度的增长。由于证券交易印花税仅在上海市和深圳市征收，并由上海市和深圳市共同分享，不少地方提出不同意见。为妥善处理不同地区的财政分配关系，中央政府持续提高印花税的分享比例：1994 年的分享比例是中央政府和地方政府各得 50%；1997 年中央政府的分享比例提高到 88%，地方政府的分享比例降低到 12%；自 2000 年起，中央政府的分享比例分三年提高到 91%、94% 和 97%，地方政府的分享比例逐年降低到 9%、6%、3%。其中，2000 年的分享比例，自 2000 年 10 月 1 日起执行。[①] 2016 年 1 月 1 日起证券交易印花税 100% 归中央收入。中央由此增加的收入主要用于支持西部贫困地区的发展，并作为补充社会保障资金的一个来源。

(三) 实施出口退税负担机制改革

1994 年分税制规定出口退税全部由中央财政负担，但由于税收退大于征，影响到出口退税的可持续性。在征管条件无法迅速改善的前提下，降低出口退税率就是有效的做法。1995 年下半年和 1996 年初出口产品增值税退税率连续两次下调，就是财政因素所致。

---

① 参见《国务院关于调整证券交易印花税中央与地方分享比例的通知》。

1998~2003年，我国出口综合退税率从8.29%提高到9.24%，然后又升至11.8%。这主要是因为，1997年7月亚洲金融危机爆发后，我国出口形势严峻。为了应对亚洲金融危机和周边国家倾向贬值给中国宏观经济形势带来的挑战，1998年我国实行了积极的财政政策，扩大内需，稳定出口，出口退税率也相应调高。分税制改革后出口退税由中央全部负担，与增值税实行中央与地方共享的体制不符，中央负担沉重，出口欠退税较多。2000年之后，受出口骗退税问题的困扰，出口退税拖欠问题也越发严重。2001年，国家采取了"免、抵、退"政策，内销生产型企业可用当月应退税款抵消当月应纳增值税税款。2004年，出口退税率再次下调。

为了调动地方政府打击骗退税的积极性，同时，将出口退税的负担比例与增值税分享比例一致起来，2004年起，中央开始考虑建立中央和地方共同负担出口退税的新机制。以2003年出口退税实退数额为基数，超基数部分的退税额由中央政府和地方政府按照75%：25%的比例分别负担。后由于原来沿海出口退税较多省，特别是口岸城市反映出口退税负担过重，自2005年起，上述比例改为92.5%：7.5%。

（四）成品油税费改革

20世纪90年代末，交通和车辆方面的收费问题比较突出，社会各界反映强烈，这方面的税费改革被提上议事日程。经过各方面反映研究、论证，全国人民代表大会常务委员会多次审议，1999年10月31日，第九届全国人民代表大会常务委员会第十二次会议通过《全国人民代表大会常务委员会关于修改〈中华人民共和国公路法〉的决定》。决定中规定，筹集公路建设资金，除了各级人民政府的财政拨款，包括依法征税筹集公路建设专项资金转为财政拨款以外，可以依法向国内外金融机构或者外国政府贷款。国家采用依法征税的办法筹集公路养护资金，具体实施办法和步骤由国务院规定。依法征税筹集的公路养护资金，必须专项用于公路的养护和改建。国务院在制定将公路和车辆收费改为征税的实施办法时，应当取消各种不合理收费，确定合理的征税幅度，并采取有效措施，防止增加农民负担；同时防止增加车辆用油以外的其他用油单位的负担。

成品油税费改革的序幕拉开。2000年9月，财政部、国家计委、国家经贸委、公安部、建设部、交通部、国家税务总局、国家工商行政管理局、国务院法制办公室、国务院经济体制改革办公室、中国石油天然气集团、中石油化工集团共同研究制定《交通和车辆税费改革实施方案》。2000年10月，国务院发布《国务院批转财政部、国家计委等部门〈交通和车辆税费改革实施方案〉的通知》。为加快车辆和税费改革步伐，国务院决定2001年1月1日先行出台车辆购置税。考虑到当时国际市场原油价格较高，为稳定国内油品市场，燃油税的出台时间，将根据国际市场原油价格变动情况再定。

2008年下半年国际市场油价持续回落，为实施成品油价格和税费改革提供了十分难得的机遇。为建立完善的成品油价格形成机制和规范的交通税费制度，促进节能减排和结构调整，公平税负，依法筹措交通基础设施维护和建设资金，国务院决定自2009年1月1日起实施成品油价格和税费改革。该项改革提高现行成品油消费税单位税额，不再新设立燃油税。成品税费改革的主要内容[①]：一是取消公路养路费等收费，取消公路养路费、航道养护费、公路运输管理费、公路客货运附加费、水路运输管理费、水运客货运附加费六项收费。二是逐步有序取消政府还贷二级公路收费。三是提高成品油消费税单位税额，汽油消费税单位税额每升提高0.8元，柴油消费税单位税额每升提高0.7元，其他成品油单位税额相应提高。四是规定成品油消费税属于中央税，由国家税务局统一征收（进口环节继续委托海关代征）。纳税人为在我国境内生产、委托加工和进口成品油的单位和个人。纳税环节在生产环节（包括委托加工和进口环节）。计征方式实行从量定额计征，价内征收。五是提高成品油消费税单位税额后，对进口石油恢复征收消费税。六是新增成品油消费税连同由此增加的增值税、城市维护建设税和教育费附加具有专项用

---

① 参见《国务院关于实施成品油价格和税费改革的通知》。

途，不作为经常性财政收入，不计入现有与支出挂钩项目的测算基数。除由中央本级安排的替代航道养护费等支出外，其余全部由中央财政通过规范的财政转移支付方式分配给地方。改革后形成的交通资金属性、资金用途、地方预算程序和地方事权均不变。

成品油税费改革的实施，对规范政府收费行为、公平社会负担、促进节能减排和结构调整、依法筹措交通基础设施维护和建设资金、促进交通事业稳定健康发展，都具有重大而深远的意义。

实施成品油价格和税费改革后，取消原有的公路养路费等六项收费。为了确保成品油价格和税费改革的平稳实施，保障交通基础设施养护和建设等需要，逐步推动全国交通均衡发展，中央财政对各地因取消"六费"减少的收入给予税收返还。

（五）其他政府间收入划分的调整

除了以上税种外，还对营业税、增值税、车辆购置税、船舶吨税等税种的收入划分进行改革。

营业税。为了发挥税收的调控作用，进一步理顺国家与金融保险企业之间的分配关系，促进金融保险企业之间的平等竞争，保障国家财政收入，从1997年1月1日起，将金融保险业营业税税率由5%提高到8%。提高营业税税率后，除各银行总行、保险总公司缴纳的营业税仍全部归中央收入外，其余金融、保险企业缴纳的营业税，按5%税率征收的部分归地方，提高3个百分点征收的部分归中央。后来为了支持金融保险行业的改革，从2001年起，金融保险营业税税率每年下调1个百分点，分三年将金融保险业营业税税率降至5%，中央分享部分也随之取消。从2012年1月1日起，铁道部集中缴纳的铁路运输企业营业税（不含铁路建设基金营业税）由中央收入调整为地方收入，铁道部集中缴纳的铁路建设基金营业税仍作为中央收入。2016年5月1日起，全面推行"营改增"试点，取消营业税，过渡期（暂定2~3年）增值税收入中央与地方五五分成。

增值税。为进一步完善分税制财政体制，从2016年起，中央对地方实施增值税定额返还，对增值税增长或下降地区不再增量返还或扣减。

车辆购置税。自2001年起开征，车辆购置税收入全部归中央政府。

船舶吨税。自2001年重新纳入预算管理，收入全部归中央政府。

第三节 我国现行政府间收入划分模式存在的主要问题及原因分析

分税制在中央与地方收入划分方面做了多次改革和调整，较好地解决了中央财政收入偏低等问题，但还有不少问题需要进一步改革加以解决。

一、存在的问题

（一）政府之间税种划分不尽合理

按照税收收入的内在属性，成熟市场经济国家一般将税基流动性较强、地区间分布不均衡、年度间波动较大以及税负易转嫁、涉及收入分配等的税种，如增值税、所得税等，划分为中央政府收入；将税基较为地域化、信息能由地方政府较好掌握的税种收入，划归地方收入。与国际通行的按税种属性划分收入相比，我们可以清楚地看到我国在税收划分中存在的问题：中央与地方增值税、企业所得税收入划分，主要采取财政从企业取得收入，并按企业所在地将增值税、企业所得税与地方进行分享的办法。这种机制与税种的内在属性不相吻合，在一定程度上不利于更好地发挥市场机制决定性作用。[①] 从增值税来看，税基地区间流动性强，征管难度大。增值税作为流转

[①] 许宏才：《贯彻落实党的十八大精神，加快推进财政体制改革》，财政部官网，http://jg-dw.mof.gov.cn/xxyd/201302/t20130220_734014.html，2013年2月20日。

税，最后的负担者是商品的消费者。"营改增"后中央分享增值税的50%，地方按税收缴纳地分享增值税的50%，中央上划收入通过税收返还方式给地方，确保地方既有财力不变。可见，地方分享增值税比例仍然较高。现行的分享模式不利于有效遏制地方追求数量型经济增长的冲动，而且增值税作为税负可以转嫁的间接税，税收由生产企业和销售企业所在地分享，也不尽合理。容易引发地方政府干预企业经营行为的冲动，甚至出现恶性税收竞争，引税、买税等现象，扭曲生产要素的合理配置。从企业所得税情况看，不仅存在与增值税同样的问题，而且企业所得税税基分布更不均衡，年度间波动大。企业所得税中央与地方按60%：40%的比例分享，随着总部经济的发展，企业所得税向中心城市聚集越加明显，跨地区企业所得税如何分享出现了不少矛盾。个人所得税也是中央与地方按60%：40%的比例分享，特别是累进部分的收入也列入分享范围，不利于收入再分配的调节。地方承担一部分出口退税的任务，口岸城市出口退税负担相对较重，不利于全国统一市场形成。[①] 土地增值税作为地方税种，累进税率结构是不适当的，这个税种的科学性本身就存疑。财产税是基层地方政府最主要的税种，但由于我国该税尚处于起步阶段，难以成为地方政府的主体税种。我国没有开征最终销售税，房产税还只在试点阶段，适合划归地方的税种比较缺乏，基层政府缺乏主体税种的矛盾日益显现。

（二）中央财政收入比重总体不高，且与支出责任不匹配

中央财政收入比重多少为宜，国际上并无统一标准。但总体来看，无论是发展中国家还是成熟市场经济国家，中央财政收入（含社会保障基金）比重通常在60%以上。分税制改革初期，我国一般预算收入中，中央财政收入占比约为55%（见图6-1），2008年全球金融危机以来这一比例开始走低。2015年，我国公共财政预算收入中，中央财政收入所占比重为45.5%；如果

[①] 参见《财政"十二五"规划》。

将政府性基金、社会保险基金等政府性收入计算在内，中央收入比重约为29.3%，不仅明显低于其他国家水平，也与我国推动公共服务均等化的要求不相适应。中央集中多少收入，取决于财政承担多少支出责任，同时也与地方财力分布状况密切相关。总体来说，我国中央政府承担的支出责任应当增加，受区域发展不平衡的影响，公共服务均等化的任务十分艰巨，但中央财政支出占全国财政支出的比重明显偏低，自2000年后呈逐年下降趋势。这些因素决定了我国中央财政收入比重不能继续降低。

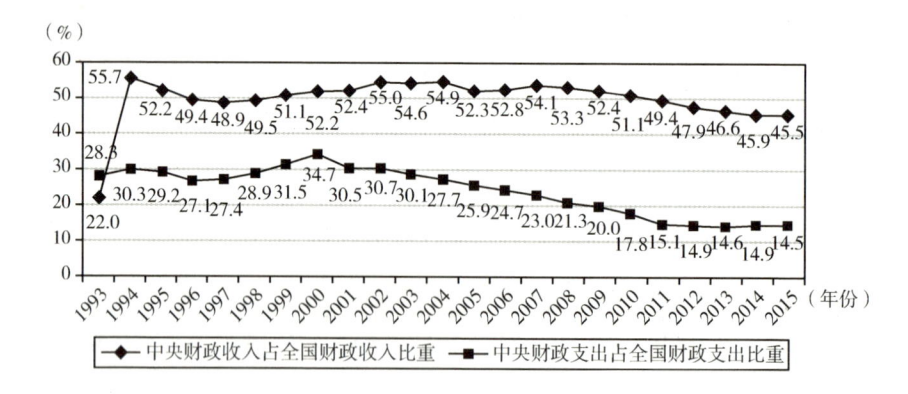

图6-1 1993~2015年中央财政收支占全国比重

资料来源：根据国家统计局年度数据整理得出。

（三）政府性基金等非税收入基本没有纳入政府间财政关系调整的范围

非税收入是政府收入体系的一个组成部分，从广义上说，是指政府通过合法程序获得的除税收以外的一切收入。具体来看，主要包括政府性基金、行政事业性收费、罚款和罚没收入等。非税收入的超常增长是我国在体制转轨时期出现的一种特殊现象。非税收入中，数额最大的是土地出让金。我国没有真正意义的房地产税，集体所有的土地制度使地方政府通过土地招拍挂获得的土地出让金数额巨大。如果将这部分资金计算在内，不同地区间公共服务水平的差距会进一步扩大。

(四) 政府间税收征管关系尚未理顺

在分设国税与地税征管机构分别征收相关税种的体制下，税收征管还存在一些问题：第一，征管范围交叉。部分地方收入由国税局代征，收入大部分划归地方，国税局征税积极性不高，影响了地方财政收入，也使地方政府无法对属于本级的收入充分行使管辖权。第二，对共享税的征管存在矛盾。共享税由国税征管，但征收任务又与地方挂钩。目前的企业所得税还存在国税和地税按企业名录分别征收的情况。第三，征税权与其他执法权相脱节。部分地方收入由国税局征收后，其他执法权，如管理权、检查权、复议权的归属如何与征收权一致，也存在不少矛盾。

此外，收入立法权集中于中央政府，没有赋予地方政府在约定范围内开征新税的自主权。这种制度设计使得地方难以从实际出发筹集稳定、可持续的收入。有些地方政府不得不采取不正规的、没有法律依据的方式征集收入，影响收入分配秩序。

二、原因分析

出现上述问题的原因有很多，归纳起来，主要有以下几个方面。

(一) 行政性分权的约束

总体来看，目前我国的政府间事要划分仍是"上下一般粗"。由政府承担的职能基本上是上下对口，上面出政策，下面对口执行，最终都压到基层政府，即所谓"上面千根线，基层一根针"。这种局面的形成，与政府间职能划分的行政性分权传统密切相关。长期以来，我国一直实行政府配置资源的计划经济，生产指标、信贷指标直至消费品分配等按行政层级层层分解，即行政性分权。在这一框架下，中央和地方的事权划分自然不可能清晰。这种行政性分权，在计划经济时期，尤其是"文化大革命"期间达到顶峰。在改革的初始阶段，行政性分权是不可避免的，但绝不意味着可以将它作为改革的长期目标模式，行政性分权无论是对实现当时的经济增长，还是进一步深入改革，都在不同程度上具有一定的消极影响和妨碍作用。1987年，行政性分权进一步发展为五大包干，即企业、财政、外贸、投资、信贷划块包干。1993年，价格、税收、财政、外贸、金融全面改革，中止了这种恶性循环。企业和市场的职能归位了，政府应承担作用的职能凸显了，只是尚未在事权上做明确划分。1994年分税制改革时关于事权划分的表述实际上是对当时中央与地方分工情况的白描。不过，分税制改革时这样做也是迫不得已，当时要在很短的时间内建立市场经济的基本框架，为建立公共财政打基础，改革主要集中在税制、税收征管、中央与地方财力分配方面。

（二）政府与市场边界仍然较为模糊

政府间职能转变的步伐决定着政府间财政关系完善的空间。目前我国政府与市场边界仍然较为模糊的现状，影响了我国政府间财政关系的进一步完善。党的十四大对政府职能有明确定位，对照党的十四大提出的标准，可以发现我国当前还没有完全实现改革目标，直接表现是政府职责"越位"与"缺位"的问题同时存在，"越位"问题更为突出。政府"越位"表现在以下几个方面：价格管制和干预仍然存在；一些适合竞争的行业实行垄断经营，或者设置过高行业门槛；国有企业仍然享有一些特权；政府提供公共产品的部门较多，没有充分发挥市场主体参与作用；政府制定政策还难以采用市场导向化方式。政府"缺位"，主要表现为在市场失灵的领域，政府的作用发挥得不够，如食品药品安全监管不到位，公共产品提供不足以及收入分配调节乏力等。

（三）《宪法》的约束

中央地方事权划分的《宪法》基础薄弱。我国的《宪法》给出的中央和地方职权划分并不清晰，只给出了进行调整的原则和授权，未作出系统和明晰的规定。由于缺乏顶层设计，政府间事权和支出责任划分交叉重叠、边界模糊、责任不清。

(四) 路径依赖的约束

各国政府间财政关系的形成都有特定的历史原因，我国也是如此。改革开放以来，我国改革大体依赖危机推动改革及渐进式改革两种路径。这样的路径依赖推动并保证了改革的顺利实施，但也不可避免地带来改革效率降低、整体推进力度不足等问题，一些早就提到日程上的改革没有实施。

第四节 我国政府间收入划分的改革方向

如果要使中央在收入分配政策上拥有足够的控制权，就必须减少地方的有关权利。西方市场经济国家，包括一些实行地方分权的联邦制国家，在其几百年的发展历史中，通过处理各级政府财政关系而总结的一条重要经验，就是无论分级财政的管理权限如何划分，中央（联邦）政府都要把握收入分配的主动权。应当说，根据我国发展和改革的经验，今后在处理中央与地方的财政关系中也应必须注意这一点。[1]

2016年8月，国务院印发《关于推进中央与地方财政事权和支出责任划分改革的指导意见》（以下简称《意见》），标志着财税体制改革进入深化阶段并迈出了实质性步伐。在划分中央与地方财政事权和支出责任基础上，进一步理顺中央与地方收入划分，要加快研究制定中央与地方收入划分总体方案，进一步完善中央对地方转移支付制度，清理整合与财政事权划分不相匹配的中央对地方转移支付，推动进一步理顺中央与地方的财政分配关系，形成财力与事权相匹配的财政体制。加快研究起草政府间财政关系法，推动形

---

[1] 肖捷：《论中央与地方财政关系》，中国财政科学研究院博士论文，1995年。

成保障财政事权和支出责任划分科学合理的法律体系。①

一、政府间收入划分遵循的原则

(一) 收入划分与支出责任相匹配

事权、支出责任和收入划分是相互贯通的链条,事权划分是起点,支出责任划分是联结点,收入划分是落脚点。建立事权划分与支出责任划分相适应的制度,必须通盘考虑收入划分的支撑结构。收入划分与支出责任划分具有内在关联性。事权划分与支出责任划分相适应的背后是收入划分与支出责任划分的匹配。因为支出责任划分是收入划分的基本依据,收入划分反过来又决定支出责任履行程度。在分权化财政体制下,如果中央以下各级政府无法掌控自身的收入来源,当辖区财政状况不理想时,必然会寄希望于上级政府的财政拨款。这种对上级政府转移支付资金的依赖削弱了中央以下各级政府采取理性财政行为的激励,造成了资源配置的效率损失,导致了地方居民对政府官员负责程度的质疑。因此,政府间转移支付的规模应当是有限的,不应构成地方财政收入的较大部分,以避免"拨款依赖"带来的成本。为保证中央以下各级政府财政行为的有效性,至少应当为那些最为富有的政府提供足够的收入,以保证这些政府能够通过自身控制的税收取得用于满足支出需要的收入并为其行为结果负责。为使中央以下各级政府的潜在优势得以发挥,最好的办法就是在保持财政透明度的前提下,允许中央以下各级政府在边际上决定其"自有来源"收入。如果地方公共资金在很大程度上是通过地方征收的税费而非中央政府转移支付取得的,那么地方官员就会具备较高的责任感,因为经济主体更关心"自己的钱"是如何花费的,而不是"别人的

---

① 详见《财政部有关负责人就推进中央与地方财政事权和支出责任划分改革答记者问》,财政部官网,http://yss.mof.gov.cn/zhengwuxinxi/gongzuodongtai/201608/t20160825_2403502.html,2016年8月25日。

钱"（如转移支付）的使用效率。

（二）减少资源配置效率损失

财政分权理论从公共产品的受益范围出发，指出了财政分权的意义。例如，施蒂格勒（Stigler，1957）从两个方面阐述了地方政府存在的必要性：一是与中央政府相比，地方政府更接近自己的公众，因而更加了解本地居民对公共产品的偏好；二是一国国内不同的人有权对不同种类和不同数量的公共服务进行投票表决，也就是说，不同地区的居民应有权选择自己需要的公共产品的种类和数量。很明显，地方政府的存在是为了实现资源配置的有效性。奥茨（Oates，1972）提出了分散化提供公共产品具有相对优势的"分权定理"：对于某种公共产品而言，如果其消费涉及全部地域的所有人口的子集，并且该公共产品的单位供给成本对于中央政府和地方政府来说都是相同的，那么由地方政府将一个帕累托有效的产出量提供给其各自的选民要比中央政府向全体选民提供的任何特定的并且一致的产出量有效得多。也就是说，如果下级政府能够和上级政府提供同样的公共产品，那么由下级政府提供的效率更高。

简而言之，分权改善了公共产品和公共服务的提供，原因在于地理范围的缩小使选民了解的信息增加，提高了对地方政府绩效的监督，促使其将精力转移至效果更好的服务提供上去。在这一过程中，必须保证地方政府提供的公共服务与其收入来源之间的必要联系，同时避免收入对资源配置造成的效率损失。

（三）征管成本最小化

如果无法有效实施，那么即使设计精巧的税收制度也难以体现其价值。对于工业化国家而言，征管成本通常不是分税决策的约束条件。这主要是因为工业化国家的非正式经济①规模有限，州政府或者省政府可以根据辖区内正式经济的特点，匹配适当的税收管理模式。例如，与联邦政府的合作使美国的州政府能够有效地管理个人所得税。相反，在发展中国家，征管成本往往成为政府间税收划分最有约束力的限制条件。除了规模经济以外，中央政府的管辖范围更为广泛，在对所得和商品等具有流动性的税基征税时，通常要比中央以下各级政府具有更好的确认、评估和征收能力，因此由中央政府征收成本更低也更有效率。换言之，大多数国家的中央政府在税收管理方面要比中央以下各级政府具有比较优势。中央以下各级政府的税收管理成本越高，分配给地方政府的税收越少。

可见，缺乏必要的税收管理能力在很大程度上解释了发展中国家中央政府未将更多税权赋予地区和地方政府的原因。此外，即使中央政府将某些税种下放给地区和地方政府，受到征收管理成本的限制，中央以下各级政府也难以实现预期的收入规模。例如，在财产税领域，地方税务机关通常对辖区内税基分布的真实情况掌握着更为翔实可靠的信息，因而被中央政府授予更多的税收权限。

二、税种的划分

财权配置遵循的是税种的基本属性。税权在中央和地方之间划分的一条主要原则是要求在要素具有流动性的背景下，任何一个地方政府都不能拥有足以影响中央政府和其他地方政府的税收力量，否则容易导致税源流失。收入再分配和经济稳定的职能是中央政府的职能，需要充足的财力作保障。因此，合理划分课税权的结果必然是课税权的相对集中。

由于不同税种具有不同的属性，这就决定了不同税种在中央与地方之间配置方式的不同。例如，由于关税涉及国家主权，而主权只能由中央政府来

---

① 非正式经济（又称地下经济、影子经济）可以分为两类：一类是非法行为，例如毒品、卖淫和走私；另一类是合法行为，主要包括非正式就业工资和易货交易。

行使，地方政府没有权力从其不负经济管理责任的来源获取财政收入，并且不同地方辖区之间的差别性关税将不可避免地造成国家内部出现重大贸易扭曲，因此关税通常由中央负责。对于财产税而言，由于不动产在地域上是不可移动的，不会因为政府对其征税而造成私人区位选择上的低效率；而且基于受益原则，通常认为税基不流动的财产税的课税权应该给地方政府，尽管这样也会产生公平问题和税收的资本化问题。按照目的地原则，间接税应该由最终消费所在地辖区征收并由最终消费者负担。对于增值税这一间接税而言，就意味着对进口物品应该征税，对出口物品则应该退税。因此，目的地原则要求征收增值税的地方辖区实施边界税率调整。而这种边界税率调整在不同国家之间可行，在一国内部各地方辖区之间则会产生很高的交易成本，并且阻碍自由贸易。因此，增值税应由中央政府负责征收管理。对其他几类税收，例如消费税，应该区分不同的情况，如属于对生产和流通的课征，地方政府可以自定消费税税负，自主征收，但不得对来源地采取差别政策。市场经济的要素自由流动对各地政策的非公开性造成了制约。

发达国家的各级政府通常都有自己的主体税种和辅助税种，一并构成的相对独立而完善的税收体系，从而为各自完成其支出职能提供基本的和稳定的财力保障。在具体划分方面，一般来说，会按照税种的经济属性来划分。税基流动性大或涉及收入分配的税种，如增值税、所得税等，划分为中央政府或上级政府收入。税基较为地域化、地方政府更能较多掌握信息的税种，如房产税，划归地方收入。典型的国家如日本，其全部税收分为中央税（即国税）、地方税（道、府、县税和市、町、村税）和共享税（也称交付税）。中央政府主要以直接税中所得税、法人税及间接税中的消费税为主，三者合计占中央财政收入的70%左右；道、府、县政府主要以道、府、县民税（即道、府、县住民税，基本按人口缴纳）和事业所税为主体税种，两项收入占其总收入的比重为65%；市、町、村政府的主体税种是市、町、村民税（即市、町、村住民税，基本按人口缴纳）和固定资产税（即房产税），两者合计约占市、町、村总收入的80%。在全部税收中,地方税收入约占40%。①

采取按税种属性划分政府间财政收入的方式也存在一些问题。由于市场统一后,大量税基涉及要素自由流动,能够划给地方的税种不多,不能满足地方支出需要,任何国家都如此。如何弥补地方收支缺口,各国采取的措施大体有两类:

一是税基分享,即中央与地方政府分享同一个税基,税率有的由中央政府确定,有的由地方政府确定。税基分享模式下,分享的税种涉及市场统一,若由地方政府确定税基,容易造成各地估算不一致,因此必须由中央确定税基,征主税,地方政府按比例税率附征。美国是实行税基分享制的典型国家,主要是对所得税税基实行分享。

二是均衡性转移支付。这种模式下,中央政府必须集中大部分财力,除安排用于本级支出外,剩余部分主要作为均衡性转移支付的资金来源,弥补地方政府财力不足。均衡性转移支付的资金来源必须有明确的制度保障,地方政府可以预见,以便地方政府准确编制预算。

三、完善税收制度

健全的税制框架是进行政府间税收划分调整的基础。我国税制改革要以进一步发挥税收促进经济发展方式转变、调节收入分配的作用为导向。在全面推开"营改增"的背景下进一步简并税率,加快推进增值税立法;合理调整消费税的范围和税率结构;企业所得税要体现对科技创新的鼓励;将个人所得税由分项征收改为综合征收;逐步扩大资源税征收范围,赋予地方适当的税政管理权;开征环境保护税。健全地方税体制的一个重要步骤是建立房产税或物业税体系,这在确保筹集持续稳定的收入的同时,还可以平抑土地要素价格的波动,引导和改善地方政府的行为,使其更加关注公共服务和基

---

① Aoki, I. (2008): "Decentralization and Intergovernmental Finance in Japan." *PRI Discussion Paper Series No. 08A*, Research Department Policy Research Institute, MOf Japan.

础设施的改善，追求可持续发展。房产税建立过程中，需要解决信息征集和房产评估问题，要有相关的立法保障。个人所得税转型、房产税的建立十分艰难，涉及的利益调整和技术条件难度大，主要是因为它们都与家庭相关。如果相当一部分家庭成员之间的意见不尽一致，矛盾会更大。理想的顺序是先进行户籍改革，人们能够根据个人意愿和就业条件，使夫妻、子女、父母团聚在一个或几个家庭之下，才比较理性，因为个人所得税综合征收是以家庭为单位的，房产税是以家庭房产价值为计税依据的。这些改革真正完成后，收入分配将大大改善。

四、规范非税收入

应将所有政府性资源纳入中央地方收入划分范围，按照全口径政府预算管理的要求，逐步将土地资源类收入以及石油、通信、电视频道等特许经营权收入纳入中央与地方收入划分范围。要加强对非税收入的规范化管理，对非税收入正本清源，区别其不同项目的性质，通过清理整顿实施分类改革，采取不同的处理方式，使之"分流归位"。对于制度外收费，即通常所说的乱收费、乱罚款、乱摊派，应坚决予以取缔；对特定人群服务而非普遍服务的收费，如护照签证费、停车费等要坚持收费，纳入预算。对某些政府部门履行普遍服务管理职能而对管理对象征收的行政管理费，原则上应予取消；对某些政府性基金和附加收入，可以改为税收，纳入现有税种之内或开行新税。如将地方用于城市建设的收费、基金、附加等合并到"城市维护建设税"之中；将教育方面的教育费附加、地方教育费附加、教育基金合并改设"教育税"；将分散在劳动、民政、人事、卫生等部门的社会保障基金与资金改为统一征收的"社会保障税"，等等。此外，还要严格非税收入票据管理，建立和完善非税收入征缴管理系统。

五、进一步完善现行税收征管体制

结合政府间收入划分的调整，在继续保持国税与地税两套征管体系的情况下，打破二者之间税收征管交叉模糊的不规范格局，进一步厘清两套税务征管体系的责权。

按照收入归属划分税收征管权限。属于中央收入、中央与地方共享收入的税种应当由国税局统一征收，属于地方的收入（不含共享收入）由地税局征收。依此原理，将国税局代征的部分地方收入改为由地税局征收，如集贸市场和个体工商税收以及涉外税收中的地方税等。将已纳入中央与地方分享范围的企业所得税全部改由国税局征收。还要研究解决征税权与其他执法权相脱节的问题。

明确上述职责范围后，各级税务部门要把主要精力用于加强税收征管。要实行分类分级管理，对税务登记、纳税申报等实行属地管理。在不改变税款入库级次的前提下，按照纳税人规模、行业，兼顾特定业务，对税源进行科学分类，优化管理资源配置，采取相应的管理措施。实施税收风险管理，将风险管理理念贯穿于税收征管全过程。推进信息管税，按照受理申报、纳税评估、税务稽查、法律救济等环节，优化税收征管基本程序。完善税源管理运行机制，加强国际税源管理。

六、赋予地方政府适当税收立法权

中央集中管理中央税、共享税的立法权、税种开征停征权、税目税率调整权、减免税权等，以维护国家的整体利益。在中央规定地方税设立原则的基础上，赋予各省开征地方税的权力。地方政府税收立法最主要的原则：一是不得对生产和流通环节课税，保证市场的统一；二是不得实行地域歧视政策。对地方政府而言，在现阶段，比较好的税种是零售税，各地可以灵活设立税目税率,实施当地特色的消费政策,但同类商品和服务不得因来源地不同或者销售者不同而在税收政策上区别对待,堵死地方保护主义的口子。潜在的地方税主力税种是房产税。

回顾与总结:财政是国家治理的基础和重要支柱,科学的财税体制是优化资源配置、维护市场统一、促进社会公平、实现国家长治久安的制度保障,要求建立事权和支出责任相适应的制度。事权划分与支出责任相适应的财政体制是现代财政制度的组成部分。本章考察我国政府间收入划分与财力配置问题,包括目前政府间收入划分的现状、政府间收入划分的体制沿革、现行政府间收入划分模式存在的主要问题与原因以及政府间收入划分的改革方向。

从现行政府间收入划分模式和实践不难看出,中央与地方共享税比重仍然较高,且地方集中了较多的非税收入。2015年全国财政决算数据显示,地方税收收入与非税收入均高于中央。政府间收入划分现状源于分税制以来的体制沿革,分税制对中央与地方收入进行了划分,建立了税收返还制度,分设了国家和地方税务局;此后又进行了多次政府间收入划分的调整,如所得税、印花税、出口退税负担机制、成品油税费改革、"营改增"以及资源税改革等。但我国现行政府间收入划分模式还存在着税种划分不合理、中央财政收入比重总体不高且与支出责任不匹配、非税收入未纳入政府间财政关系调整的范围以及政府间税收征管关系有待理顺等问题。究其原因,主要是行政性分权、《宪法》和路径依赖的约束。政府间的收入划分与财力配置改革应遵循收入划分与支出责任相匹配、减少资源配置效率损失、征管成本最小化的原则。不断完善税收制度,着力规范非税收入,进一步完善现行税收征管体制,并赋予地方政府适当税收立法权。

第七章　财政转移支付制度优化与财力配置

本章导读：财政转移支付制度是现代财政制度的重要内容，是政府管理的重要手段。随着我国经济发展和中央财力的增强，中央政府对地方政府的财政转移支付数额迅速增加，中央对地方的转移支付已成为地方各级政府重要而且较为稳定的收入来源。财政转移支付制度的建立与完善不仅是保证各级地方政府职能正常运转和巩固基层政权的需要，而且也是缩小地区间经济社会发展差距，实现区域间、城乡间基本公共服务均等化的需要。本章首先分析了财政转移支付制度的现实政策目标。在现代市场经济条件下，政府间转移支付既是一种经济手段，又是一种政治手段，较为完善的财政转移支付制度能够实现弥补纵向财政失衡和横向财政缺口，矫正地方公共产品供给中的外溢性问题以及增强国家凝聚力等经济政治目标。然后梳理了我国财政转移支付制度的现状与体制沿革。1995年，中央对财力薄弱地区实施过渡期转移支付，作为分税制财政体制改革的配套措施。随后，财政部不断完善中央对地方的税收返还和转移支付制度，逐步形成了以财力性转移支付、专项转移支付和税收返还和体制补助与上解为主要形式的财政转移支付制度。2009年，中央进一步规范财政转移支付制度，将中央对地方的转移支付简化为：一般性转移支付、专项转移支付和税收返还。最后探讨了我国财政转移支付制度存在的主要问题与改革方向。随着社会经济形势的发展变化，我国的财政转移支付制度暴露出一些亟待解决的问题，在制度设计、转移支付结构、资金分配、透明度等方面与建设现代财政制度的要求相比仍有一定差距。针对我国财政转移支付制度目前存在的主要问题，需要从优化转移支付结构、完善一般性转移支付制度、规范专项转移支付制度、强化转移支付预算管理、完善省以下转移支付制度以及加快转移支付立法和制度建设等方面对既有财政转移支付模式进行改革与完善。

1994年的分税制改革构建了与社会主义市场经济相适应的分级财政体制的基本框架。在实行分税制的条件下，中央与地方实行分级财政管理，政府事权趋于分散，但分税的结果又往往将财权集中于中央，从现象上看，出现了财权相对集中与事权相对分散的矛盾。实际上，分级财政体制的实施还要配合以中央对地方的转移支付制度。从各国的财政体制运行实践来看，中央与地方分配关系的形成需要经历两个环节：第一次分配——分税和第二次分配——转移支付。尽管在第一个环节中，财权与事权并不相对称，但在第二个环节，通过转移支付机制将中央集中的部分财力转移给地方，最终使地方政府的财力与事权达到基本统一。从效率角度看，这种体制安排效率可能不高，但通过财政转移支付制度的设计，能够有效增强中央对地方的控制力度。从现实情况看，随着我国经济发展和中央财力的增强，中央对地方的财政转移支付的数额迅速增加，已成为地方各级政府重要而且较为稳定的收入来源。在我国现实的经济社会发展背景下，财政转移支付制度的建立与完善具有重大意义，不仅是保证各级地方政府职能正常运转和巩固基层政权的需要，而且也是缩小地区间经济社会发展差距，实现区域间、城乡间基本公共服务均等化的需要。

第一节　财政转移支付制度的现实政策目标

在现代市场经济条件下，政府间转移支付既是一种经济手段，又是一种政治手段，是中央财政进行宏观调控的重要工具。各国都希望通过转移支付达到范围广泛的政策目标，如确保基本公共服务的全国最低供应水平、增加某些地方公共产品的供给、促进地区间财政能力分配更加公平、保证各级政府有充足的收入、对地方政府形成适度的激励、促进宏观经济稳定以及其他一些非经济目标。财政转移支付制度作为协调各级政府间财政分配关系的基本手段，在财政体制的运行中发挥着举足轻重的作用，而其制度设计以及成效首先取决于合理的政策目标组合。

一、弥补纵向财政失衡，实现各级财政收支平衡

纵向财政失衡是针对多级财政体制中上下级政府之间财政收支差异的状况而言的。在各级政府之间既定的支出范围和收入范围得以确定之后，当某一级政府财政面临着赤字，而其他级次政府却出现盈余时，就意味着纵向财政失衡问题的存在。

从历史和经验来看，任何一个国家，客观上都需要维护中央政府的权威，限制地方政府势力的过度扩张，以保证政令畅通、政局安定、经济协调稳定发展。通过中央政府集中相对较多的财力份额，以使地方政府的财力在一定程度上有赖于中央政府的支持，则是一种有效的手段。因此，在财政体制安排上，许多国家按照事权和财权划分的标准，将事关维护国家权益、税基广、增长快、潜力大和有利于实施宏观调控的税种划为中央收入，并将税源分散、与地方经济和社会发展密切相关，且易于征管的税种划为地方收入。在这样的收支划分格局下，中央政府掌握了较多的财力，而地方财政处于收不抵支的境况，从而出现了纵向的财政失衡。无论是从公平还是效率的角度看，纵向的财政失衡都需要切实得以解决，而主要的解决办法便是运用财政转移支付政策和手段协调上下级政府之间的资金往来关系。

1994年前后，我国纵向的财政缺口经历了一个巨大的转折点：在此之前的财政包干体制下，地方政府自给有余而中央政府自给不足，因此财政资源

大规模地自地方政府向中央政府转移。如表7-1所示，1980年，地方财政自给能力系数为1.56，中央政府为0.43，这种局面一直保持到1993年，当年地方政府和中央政府的自给能力系数分别为1.02和0.73。而在分税制改革后，由于地方政府所承担的支出责任与其收入能力之间存在着失衡现象，出现了较大规模的纵向财政缺口。1994年地方的财政自给能力急剧下降到0.57，中央政府的财政自给能力迅速上升到1.66。目前的局面大体如此，2015年地方政府的财政自给能力为0.55，中央政府的财政自给能力为2.71。也就是说，中央政府本级总收入大大多于本级总支出，这部分"转移支付前的财政盈余"用于对地方政府的财政转移；相比之下，地方政府的自有收入不足以满足本级支出，这部分"转移支付前的财政赤字"需要通过中央政府的转移支付予以弥补。巨大的纵向财政缺口表明，我国地方政府对中央政府财政转移支付的严重依赖是目前财政体制的一个显著特征。

表7-1　　　　　1980~2015年中央与地方财政自给能力情况

年份	中央 本级财政收入（亿元）	中央 本级财政支出（亿元）	中央 自给能力	地方 本级财政收入（亿元）	地方 本级财政支出（亿元）	地方 自给能力
1980	284.45	666.81	0.43	875.48	562.02	1.56
1985	769.63	795.25	0.97	1235.19	1209.00	1.02
1989	822.52	888.77	0.93	1842.38	1935.01	0.95
1990	992.42	1004.47	0.99	1944.68	2079.12	0.94
1991	938.25	1090.81	0.86	2211.23	2295.81	0.96
1992	979.51	1170.44	0.84	2503.86	2571.76	0.97
1993	957.51	1312.06	0.73	3391.44	3330.24	1.02
1994	2906.50	1754.43	1.66	2311.60	4038.19	0.57
1995	3256.62	1995.39	1.63	2985.58	4828.33	0.62
1996	3661.07	2151.27	1.70	3746.92	5786.28	0.65
1997	4226.92	2532.50	1.67	4424.22	6701.06	0.66
1998	4892.00	3125.60	1.57	4983.95	7672.58	0.65
1999	5849.21	4152.33	1.41	5594.87	9035.34	0.62
2000	6989.17	5519.85	1.27	6406.06	10366.65	0.61

续表

年份	中央 本级财政收入（亿元）	中央 本级财政支出（亿元）	中央 自给能力	地方 本级财政收入（亿元）	地方 本级财政支出（亿元）	地方 自给能力
2001	8582.74	5768.02	1.49	7803.30	13134.56	0.59
2002	10388.64	6771.70	1.53	8515.00	15281.45	0.56
2003	11865.27	7420.10	1.60	9849.98	17229.85	0.57
2004	14503.10	7894.08	1.84	11893.37	20592.81	0.58
2005	16548.53	8775.97	1.86	15100.76	25154.31	0.60
2006	20456.62	9991.4	2.05	18303.58	30431.33	0.60
2007	27738.99	11445.04	2.42	23565.04	38970.86	0.60
2008	32680.56	13344.17	2.45	28649.79	49248.49	0.58
2009	35915.71	15255.79	2.35	32602.59	61044.14	0.53
2010	42488.47	15989.73	2.66	40613.04	73884.43	0.55
2011	51327.32	16514.11	3.11	52547.11	92415.48	0.57
2012	56132.42	18764.8	2.99	61077.33	106947.45	0.57
2013	60198.48	20471.76	2.94	69011.16	119740.34	0.58
2014	64493.45	22570.07	2.86	75876.58	129215.49	0.59
2015	69267.19	25542.15	2.71	83002.04	150335.62	0.55

注：财政自给能力＝本级财政收入/本级财政支出。
资料来源：历年《中国财政年鉴》。

就我国的情形而言，将弥补纵向财政缺口作为转移支付的首要政策目标具有以下重要理由：首先，我国的具体国情在客观上要求地方政府承担向数量庞大的人口与企业提供大量的公共服务和公共设施的责任，这个责任比世界上绝大多数国家的地方政府都要大；其次，我国建立一个与地方政府的重大支出责任相匹配的强大的、多层级的地方税体系，至少从现阶段看来既不现实，也无必要。另外，我国是一个拥有多层级政府结构、各地经济文化发展水平差异较大和多民族的大国，而且有历史上形成的"强中央（上级）政府、弱（下级）地方政府"的依附型体制特征。这些因素综合起来，意味着我国较大的纵向财政缺口在今后相当长的时间内将继续存在下去。同时也意味着，与其他多数国家相比，我国的上级政府在弥补下级政府的纵向财政缺口方面承担着更大责任。

二、弥补横向财政缺口，推进基本公共服务均等化

从经济社会发展的视角来看，一个国家内各地区之间各种要素禀赋条件的差异性是绝对的，而条件的同一性则是相对的，当国土面积较大时，更是如此。这就意味着，地区间经济发展均衡只是一个相对概念，绝对均衡是不现实的。各地区之间的这种差异，必然导致财政收支方面的差异。从财政收入来看，由于各地区之间经济基础、产业结构、收入水平等方面的不同，使得财源的分配情况也有很大的差异；从财政支出来看，各地区之间存在不同的发展程度、自然条件、人口规模和结构、行政管理规模等方面的区别，因而在支出需求上也各不相同。一个国家内不同地区之间经济发展程度差异在财政上的具体体现，便是发达地区财政收入充裕，而落后地区则税源狭小，财政状况拮据。当较为富裕的地区出现财政盈余，而不太富裕的地区却面临着财政拮据状况时，就意味着横向财政失衡问题的存在。在横向财政失衡存在时，富裕地区能够为其居民提供较高水准的公共产品和服务，而贫困地区却难以提供最基本的公共产品和服务。

横向财政失衡状况的存在和加剧对各地区均衡发展和社会共同进步造成极大阻碍。地区间差异会导致人口大规模的流动，即贫困地区的人口向经济发达、社会福利条件好的地区流动，人口流动会在一定程度上导致人口流入地区的人均福利水平下降。同时，地区间的差别还会导致市场的分割和封锁，各地区为了本地的利益，避免本地资源外流，便会设置各种障碍，形成地区间的市场封锁和经济割据，不利于全国统一市场的形成和发展。此外，地区封锁还会导致地区产业结构的趋同化，不利于产业结构的优化和稀缺资源的合理有效配置。而与落后地区相比较，发达地区财政资金的边际效应是递减的。通过转移支付方式，可以扶持落后地区的发展，增加财政资金的边际效用。通常，在发达和落后地区之间，是无法自动形成这种财政资金转移的，

因为各地方财政的收支活动都会以本地利益为出发点和归宿点。但中央政府代表着国家的整体利益，有责任运用倾斜性政策，采取转移支付的预算调剂方法，协调各地区之间的经济发展。

从我国的财政现状来看，除纵向的财政缺口外，我国也存在着巨大的横向财政缺口。与沿海发达地区相比，中西部的贫困地区通常没有能力筹措到满足服务均等化所需要的自有财政资源。1994年以来地区政府间的财政差距继续扩大，即使加上转移支付以后，东部地区的人均财政收入仍远高于中西部，而且年均财政收入增长速度也远高于后者。除了源于经济实力的财政收入能力差异外，造成横向财政缺口的另一个重要原因是公共服务成本/价格的差异，这种差异在诸如基础设施（如公路）、教育、卫生、办公条件（如取暖）等方面体现得较为明显。我国作为一个大国，各地区间的地理和气候条件差别甚大，这是造成公共服务成本/价格差异的关键性原因。此外，我国作为一个多民族国家，民族因素也会加剧公共服务成本/价格的地区间差异。

从理论上讲，一个国家的所有公民，无论居住、工作或生活在一国内部的什么地方，都有权利获得来自政府提供的基本公共服务，政府不得因为任何原因而在"基本公共服务"方面区别对待不同地理位置的本国公民。中央政府通常会要求各地方辖区提供某些最低标准的基本公共服务，如一般行政管理、基础教育、基本卫生保健和社会保障。有些辖区依赖自有财政收入就足以完成中央规定的要求，而那些贫困辖区依赖自有收入可能无法达到中央的要求。同一层级不同政府间的这种横向财政缺口，要求上级政府加以调节，使那些贫困辖区也有能力完成中央规定的基本公共服务均等化目标。因此，通过转移支付弥补横向财政缺口，对于促进基本公共服务的地区均等化具有重大现实意义。

三、矫正地方公共产品供给中的外溢性问题

如果赋予各级地方政府自主决策的权力，在地方公共产品具有利益外溢的情况下，由于提供此类服务或设施的边际辖区利益低于边际社会利益，会

导致地方政府既没有足够的动机，也可能没有足够的财力提供此类公共服务或设施，从而会引发经济上的低效率，即辖区最优供应水平低于社会最优水平。因此，上级政府从社会整体利益考虑，应通过具有特定目的的转移支付鼓励地方政府提供此类具有"为他人作嫁衣"性质的服务或设施。在这里，特定目的转移支付起到了弥补边际辖区利益与边际社会利益的差距的作用，能够保障地方政府在更充分的水平上供给相关地方公共产品（如图7-1所示）。

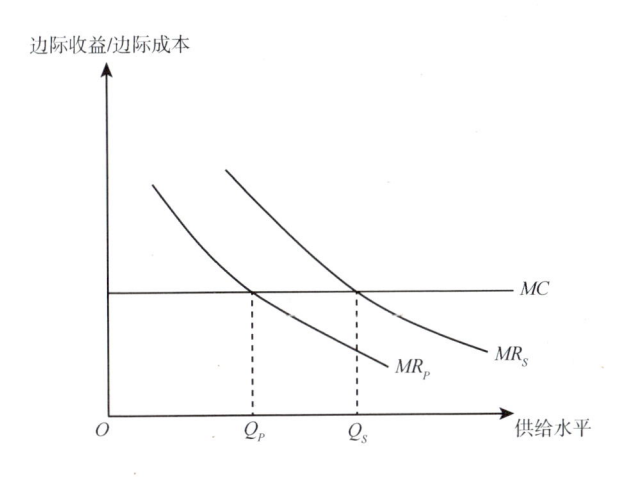

图7-1　辖区间外溢矫正说明

图7-1中，MR_S和MR_P分别代表某项服务或设施（如一项水土治理工程）的边际社会利益和边际辖区利益。MR_S在MR_P的上方反映这样的事实：该项服务或设施给社会带来的收益比给本辖区带来的收益多得多，两者的垂直差距代表了利益外溢的程度。在边际成本锁定于MC（为简便画成直线）的情况下，仅仅考虑本辖区利益的地方政府只愿意将此类服务的供应水平定位于Q_P，这一辖区最优水平远低于该项服务的社会最优水平Q_S。从社会的观点看，这一水平是缺乏效率的。为此，上级政府应向该级地方政府提供特定目的转移支付，其标准取决于服务利益的外溢程度（MR_S和MR_P的垂直差距）。例如，如果某个地方辖区进行水土治理的受益有40%（可按本辖区受益占全部受益人口的比例计算）外溢到其他辖区，那么，上级政府应按相当于该项服务或设施建造和维护成本总额的40%向地方辖区提供转移支付。在此例中，

意味着假如这项设施的成本总额是 8000 万元, 那么上级政府应补助 3200 万元, 也就是说, 鼓励地方提供外溢性服务或设施需要特定目的配套性转移支付, 配套比率取决于利益外溢的程度。

在我国, 由于行政区划、地理与气候条件的复杂性以及其他原因, 地方提供的某些公共服务的利益经常会溢出到那些不为此分担成本的地区。例如, 两省、市、县边界间的医院、空气与水污染的控制、水利设施、环境保护等。在这种情况下, 实行财政转移支付制度, 由上级政府给予下级政府一定的财政补助, 对具有外部性的公共产品的提供进行适当调节, 便是一种较为有效的干预方式。例如, 黄河上游、长江上游的水土治理, 会对中下游地区产生正的外部效应, 中央政府对此行为进行一定的补贴, 以及中央为配合西部大开发, 保护和改善生态环境, 对西部地区天然林保护、退耕还林还草造成的财政减收等进行的专项转移支付都是这方面的例子。

随着我国城镇化和工业化的不断推进, 资源和环境对经济发展的约束逐渐加大, 加大生态建设与环境保护的任务非常迫切。"十一五"规划提出区分主体功能区的发展思路: 根据资源环境承载能力、现有开发密度和发展潜力, 统筹考虑未来我国人口分布、经济布局、国土利用和城镇化格局, 将国土空间划分为优化开发、重点开发、限制开发和禁止开发四类主体功能区, 按照主体功能定位调整完善区域政策和绩效评价, 规范空间开发秩序, 形成合理的空间开发结构, 实施分类管理的区域政策。"十一五"规划纲要列出部分限制开发区域的功能定位和发展方向, 包括大兴安岭森林生态功能区、长白山森林生态功能区等, 还列出禁止开发区域, 其中包括国家级自然保护区 243 个、世界文化自然遗产 31 处、国家重点风景名胜区 187 个、国家森林公园 565 个、国家地质公园 138 个。

从解决地方公共产品提供中的外溢性问题出发, 禁止发展区和限制开发区应当成为国家转移支付的重点地区。原因在于: 一是限制开发区和禁止开发区所提供的生态服务具有外部性, 在实施禁止区与限制区政策之后, 两类地区存在放弃经济效益而损失的公共服务效益的补偿需求; 二是这两类地区社会公共服务水平普遍较为滞后。限制开发区和禁止开发区在基础教育、医疗卫生、公共文化、社会保障等公共服务供给方面相对其他地区明显偏低，需要加快发展。上述这些地区如果没有公共财政的投入和支持，当地居民的生活就会有很大困难，这些地区的功能定位就会受到很大冲击和扭曲，从而不利于国家的整体利益和长远利益。因此，国家应当把对禁止开发区与限制开发区的转移支付放在突出位置，根据这两类区域的标准财政收支差额、实施生态环境保护的增支减收因素等确定转移支付规模。

四、增强国家凝聚力，实现社会政治目标

转移支付在解决经济问题的同时还可以实现一定的政治目标。即一个均等化效果好的转移支付制度，在缩小地区差距的同时，也能增强地区间的团结，增强国家的凝聚力。例如，前南斯拉夫就是一个财权极度分散的国家，1986年前南联邦政府的收入仅占全部财政收入的22%，联邦政府履行职能的资金需要只得依赖地方政府的"贡献"，而贡献的数额是通过每一年的"讨价还价"来确定，这样，联邦政府逐渐丧失了宏观经济稳定与调控能力，并最终导致国家解体。考虑到中国是一个多民族国家，巩固和加强国家凝聚力对于经济发展和社会稳定至关重要。在这一政治层面，转移支付在中国也有着特殊的重要性。边疆地区往往由于地理位置、政治考虑等因素成为经济欠发达地区，政治不稳定的因素较多。加大对边疆地区的财政转移支付力度，体现了中央对边疆地区群众的关心，有利于保障边疆地区的安全稳定，维护国家统一和团结，增强凝聚力。特别是加大对威胁国家统一的地方政府的财政转移支付，政治意义更为重大。多年来，西藏自治区的稳定和发展在很大程度上得益于中央政府持续多年的大量转移支付，这些转移长期占西藏全部公共开支的90%以上。通过大规模的转移支付补助，西藏的基础设施有了很大改善，生态环境建设有效加强，教育、科学、文化、卫生等民生工程快速推进，有力地维护了边疆地区的和平与稳定。

第二节 我国财政转移支付制度的现状与体制沿革

1994年分税制改革奠定了适应社会主义市场经济体制的政府间财政关系的基本框架。但在改革初期，为了不过度触及地方既得利益，没有对此前各地区的财政支出基数进行调整，而是选择采取"存量不动，增量调整"的方针，旨在通过渐进性改革，逐步加大中央财政所控制的增量，用增量部分进行以公共服务水平均等化为目标的地区间财力再分配，以求逐步建立起科学、规范的政府间转移支付制度。随着我国经济发展和中央财力的增强，中央政府对地方政府的财政转移支付规模迅速增加，中央对地方的转移支付的形式逐渐规范，并成为地方各级政府重要而且较为稳定的收入来源。

一、我国财政转移支付制度的现状

分税制改革后，经过多年的规范与调整，我国形成了以一般性转移支付、专项转移支付和税收返还为主体框架的财政转移支付制度。如表7-2所示，2015年，中央对地方税收返还与转移支付的数额为55097.51亿元，其中：一般性转移支付为28455.02亿元，比重为51.64%；专项转移支付为21623.63亿元，比重为39.25%；税收返还5018.86亿元，比重为9.11%。财政转移支付制度在推进基本公共服务均等化、保障和改善民生、推动经济社会发展方面发挥了重要作用。

表7-2　　　　2015年中央对地方税收返还和转移支付　　　　单位：亿元

项　目	数额
一、中央对地方转移支付	50078.65
（一）一般性转移支付	28455.02
均衡性转移支付	18471.96

续表

项　　目	数额
其中：重点生态功能区转移支付	509.00
产粮大县奖励资金	370.73
县级基本财力保障机制奖补资金	1778.00
资源枯竭城市转移支付	178.00
城乡义务教育补助经费	1232.82
农村综合改革转移支付	323.20
老少边穷地区转移支付	1256.95
成品油税费改革转移支付	770.00
体制结算补助	993.64
基层公检法司转移支付	434.05
基本养老金转移支付	4405.18
城乡居民医疗保险转移支付	2123.24
（二）专项转移支付	21623.63
一般公共服务支出	197.32
国防支出	27.22
公共安全支出	207.45
教育支出	1654.59
科学技术支出	64.07
文化体育与传媒支出	293.00
社会保障和就业支出	2567.12
医疗卫生与计划生育支出	1206.91
节能环保支出	1854.40
城乡社区支出	124.16
农林水支出	5957.97
交通运输支出	3752.46
资源勘探信息等支出	322.76
商业服务业等支出	335.09
金融支出	6.49
国土海洋气象等支出	255.22
住房保障支出	2450.02
粮油物资储备支出	313.79

续表

项　　目	数额
二、中央对地方税收返还	5018.86
增值税返还	3000.53
消费税返还	1010.92
所得税基数返还	910.19
成品油税费改革税收返还	1531.10
地方上解	-1433.88
中央对地方税收返还和转移支付	55097.51

资料来源：《2015年中央对地方税收返还和转移支付决算表》，财政部网站，http://yss.mof.gov.cn/2015js/201607/t20160713_2354962.html。

（一）一般性转移支付

一般性转移支付，是指上级政府对有财力缺口的下级政府，按照规范的办法给予的补助。一般性转移支付不规定具体用途，由下级政府根据本地区实际情况统筹安排使用。

在一般性转移支付的具体构成中，均衡性转移支付是主体，主要参照各地标准财政收入和标准财政支出的差额及可用于转移支付的资金规模等客观因素，按统一公式计算分配。除均衡性转移支付外，一般性转移支付还包括老少边穷地区转移支付、成品油税费改革转移支付、体制结算补助、基层公检法司转移支付、基本养老金转移支付、城乡居民医疗保险转移支付等多项转移支付，这些转移支付主要用于解决地方政府基本公共服务方面的问题，并且按因素分配，具有一般性转移支付特征。

一般性转移支付包括了多个转移支付项目，每个项目的诞生不仅具有特定的时代背景，而且都紧紧围绕社会经济体制改革这一主题，转移支付承担着减轻阻力，为特定改革保驾护航的重任。

1. 均衡性转移支付

均衡性转移支付是在1995年过渡期转移支付的基础上逐步形成的。1994年分税制改革时，考虑我国地区的实际情况，实行规范化、公式化的转移支付制度的条件尚不成熟，因此，从1995年起，中央对财力薄弱地区实施过渡期转移支付，作为分税制财政管理体制改革的配套措施。其基本思路是，从中央财政每年增收的收入中拿出一部分，主要用于对少数民族地区和贫困地区的转移支付，调节这些地区的最低公共服务水平。过渡时期转移支付办法在一定程度上调节了地区间最低公共服务水平差距，更重要的意义还在于进行了实行中央与地方之间规范化转移支付制度的实验，也推动了地方各级政府之间转移支付制度的建设。

2002年，过渡期转移支付改称一般性转移支付。一般性转移支付额主要按照各地标准财政收入和标准财政支出差额及转移支付系数计算确定，将标准财政支出大于标准财政收入的地区纳入转移支付范围。转移支付系数参照当年一般转移支付总额、各地区标准支出大于标准收入的收支差总额以及各地区财政困难程度确定。

2009年，中央进一步规范财政转移支付制度，将一般性转移支付改为均衡性转移支付。依据《2016年中央对地方均衡性转移支付办法》，为建立现代财政制度，提高地方财政积极性，缩小地区间财力差距，逐步实现基本公共服务均等化，中央财政根据《中华人民共和国预算法》设立中央对地方均衡性转移支付（不含列均衡性转移支付项下单独设立办法分配的项目）。中央对地方均衡性转移支付不规定具体用途，由各省、自治区、直辖市、计划单列市（以下统称省）政府根据本地区实际情况统筹安排。中央财政建立均衡性转移支付规模稳定增长机制，确保均衡性转移支付增幅高于转移支付的总体增幅。对于中央出台增支政策需要纳入均衡性转移支付测算的，中央财政相应额外增加转移支付规模。

均衡性转移支付资金分配选取影响财政收支的客观因素，按照各地标准财政收入和标准财政支出差额及转移支付系数计算确定。其中，标准财政收入根据工业增加值等客观因素及全国平均有效税率计算确定，用于反映地方收入能力；标准财政支出考虑人口规模、人口密度、海拔、温度、少数民族等成本差异计算确定，旨在衡量地方支出需求。

各地享受均衡性转移支付用公式表示为：

某地区均衡性转移支付=（该地区标准财政支出－该地区标准财政收入）×该地区转移支付系数＋增幅控制调整＋奖励资金＋农业转移人口市民化奖补资金

——标准财政收入的确定。标准财政收入分省计算，各省的标准财政收入由地方本级标准财政收入、中央对地方返还及补助（扣除地方上解）等构成。地方本级标准财政收入主要根据相关税种的税基和税率计算，个别税种根据实际收入适当调整。中央对地方税收返还及补助收入按照决算数确定。主要项目包括消费税基数返还、增值税基数返还、所得税基数返还、成品油税费改革税收返还、一般性转移支付（不包括资源枯竭城市转移支付、重点生态功能区转移支付、产粮大县奖励资金等）、专项转移支付，地方对中央的体制上解、专项上解等。

——标准财政支出测算。标准财政支出根据省、市、县（含乡镇级，下同）三个行政级次分级，按政府收支功能分类分项测算，选取各地总人口、学生数等与该项支出直接相关的指标为主要因素，按照客观因素乘以单位因素平均支出计算，并根据海拔、人口密度、温度、地表状况、运输距离、少数民族、地方病等影响财政支出的客观因素确定各地成本差异系数。考虑到各地市辖区、市本级支出责任划分的差异，部分支出项目根据实际情况适当调整市辖区、市本级等人均支出标准。

——转移支付系数的确定。均衡性转移支付系数按照均衡性转移支付总额、各地区标准财政收支差额以及各地区财政困难程度等因素确定。其中，困难程度系数根据地方"保工资、保运转、保民生"支出占标准财政收入比重及缺口率计算确定。

困难程度系数＝标准化处理后("保工资、保运转、保民生"支出÷地方标准财政收入)×50%
　　　　　　　＋标准化处理后(标准收支缺口÷标准支出)×50%
　　　　　标准化处理＝(某指标－该指标均值)÷该指标标准差

$$指标均值 = \ln \sum x$$

指标标准差：$var(X) = n\sum x2 - (\sum x)2n(n-1)$

——增幅控制机制。为保障各地财政运行的稳定性，以中央对地方均衡性转移支付平均增长率为基准，对超过（或低于）基准增长率一定幅度的地方适当调减（或调增）转移支付额。调减（或调增）相关地区转移支付所余（或所需）资金，中央财政不调剂他用（或另行安排），在保持转移支付总规模稳定的基础上，通过同比例放大（或压缩）享受转移支付地区转移支付的办法处理。对享受均衡性转移支付资金规模时间较短和收入下降较多财政较为困难的地区适当放宽增幅限制。

——农业转移人口市民化奖补资金。为健全财政转移支付同农业转移人口市民化挂钩机制，促进地区间公共服务均等化，中央财政在均衡性转移支付资金中设立农业转移人口市民化奖补资金，具体测算分配办法另行印发。

——奖惩机制。为促进省以下推进基本公共服务均等化，对省对下均等化努力程度较好的地区，考虑当年测算情况给予奖励。

省对下均等化努力程度 = 标准化处理后(上年省以下人均支出差异系数 – 省以下人均支出差异系数) × 权重 + 标准化处理后(省以下人均支出差异系数) × 权重

标准化处理办法与困难程度系数中的办法相同。

均衡性转移支付测算所需资料原则上来源于统计年鉴等公开资料和相关部门提供的数据。均衡性转移支付必须纳入地方政府预算管理，按规定向同级人大或其常委会报告。财政部每年对地方的均衡性转移支付预计数提前下达地方，地方应当将其编入本级预算。按照分级管理的财政体制，省以下均衡性转移支付办法由各省制定。各省要根据本地对下财政体制、行政区域区内财力分布等实际情况，统筹安排，加强对基层财政部门的指导和监督，加大对财政困难县乡的支持力度，保障县级政府履行职能的基本财力需求。基层财政部门要将上级下达的均衡性转移支付资金，重点用于基本公共服务领域，推进民生改善，促进社会和谐。

均衡性转移支付具有内在的熨平机制。财政越困难的地区，补助程度越高。而且，地方经济发展后，按照工业增加值等税基计算的标准收入增加，标准收支缺口自动缩小，所享受的中央均衡性转移支付会相应减少。均衡性转移支付这种内在的熨平机制，有利于加大对欠发达地区的转移支付力度，促进地区协调发展。

此外，均衡性转移支付项下还包括六项单独设立办法分配的项目：重点生态功能区转移支付、产粮大县奖励资金、县级基本财力保障机制奖补资金、资源枯竭城市转移支付、城乡义务教育补助经费和农村综合改革转移支付。

（1）重点生态功能区转移支付。《2016年中央对地方重点生态功能区转移支付办法》明确，为维护国家生态安全，促进生态文明建设，引导地方政府加强生态环境保护，提高国家重点生态功能区等生态功能重要地区所在地政府基本公共服务保障能力，中央财政设立重点生态功能区转移支付。

重点生态功能区转移支付的支持范围包括：①《全国主体功能区规划》中限制开发的国家重点生态功能区和京津冀协同发展、"两屏三带"、海南国际旅游岛等生态功能重要区域所属县（包括县级市、市辖区、旗等，以下简称重点生态县域）。②《全国主体功能区规划》中的禁止开发区域。③其他生态功能重要区域和在生态环境保护建设方面开展相关工作的地区。中央财政根据相关规划制定和财力情况，加大转移支付支持力度，并根据绩效考核情况建立转移支付范围动态调整机制。

重点生态功能区转移支付按以下原则进行分配：①公平公正，公开透明。选取客观因素进行公式化分配，转移支付测算办法和分配结果公开。②分类处理，重点突出。综合考取生态指标、财力水平、贫困状况等情况对补助县市实施分档分类的补助机制，在补助力度当体现差异，支持生态环境保护和脱贫攻坚。③注重激励，强化约束。建立健全资金分配使用考核和生态环境保护综合评价机制，加大转移支付与考评结果挂钩的奖惩力度，激励地方加大生态环境保护力度，提高资金使用效率。

重点生态功能区转移支付资金选取影响财政收支的客观因素，按县测算，下达到省、自治区、直辖市、计划单列市（以下统称省）。①重点补助：对重点生态县域，中央财政按照标准财政收支缺口并考虑补助系数测算。其中，标准财政收支缺口参照均衡性转移支付测算办法，结合中央与地方生态环境保护治理财政事权和支出责任划分，将各地生态环境保护方面的特殊支出、聘用贫困人口转为生态保护人员的增支情况作为转移支付测算的重要因素，补助系数根据标准财政收支缺口情况、生态保护区域面积、产业发展受限对财力的影响情况和贫困情况等因素分档分类测算。②禁止开发补助：对禁止开发区域，中央财政根据各省禁止开发区域的面积和个数等因素分省测算，向国家自然保护区和国家森林公园两类禁止开发区倾斜。③引导性补助：对省以下建立完善生态保护补偿机制和有关试点示范，适当给予引导性补助，已经享受重点补助的地区不再重复补助。

各省转移支付应补助额按下列公式计算：

某省重点生态功能区转移支付应补助额 = 重点补助 + 禁止开发补助 + 引导性补助

当年测算转移支付数额少于上年的省，中央财政按上年数额下达。为保障各地转移支付的稳定性，根据各地获得资金增幅进行适当控制调整。

财政部对省对下资金分配情况、享受转移支付的县的资金使用情况等进行绩效考核，并会同有关部门完善生态环境保护综合评价办法。根据考核评价情况实施奖惩，激励地方加大生态环境保护力度，提高资金使用效益。对考核评价结果优秀的地区给予奖励。对生态环境质量变差、发生重大环境污染事件、主要污染物排放超标、实行产业准入负面清单不力和生态扶贫工作成效不佳的地区，根据实际情况对转移支付资金予以扣减。

各省实际转移支付额按下列公式计算：

某省重点生态功能区转移支付实际补助额 = 该省重点生态功能区转移支付应补助额 ± 奖惩资金

省级财政部门应当根据本地实际情况，制定省对下重点生态功能区转移支付办法，规范资金分配，加强资金管理，将各项补助资金落实到位。补助对象原则上不得超出本办法确定的转移支付范围，分配的转移支付资金总额不得低于中央财政下达的重点生态功能区转移支付额。

享受重点生态功能区转移支付的地区应当切实增强生态环境保护意识，将转移支付资金用于保护生态环境和改善民生，加大生态扶贫投入，不得用于楼堂馆所及形象工程建设和竞争性领域，同时加强对生态环境质量的考核和资金的绩效管理。

（2）产粮大县奖励资金。为进一步调动地方政府抓好粮食、油料生产的积极性，缓解产粮（油）大县财政困难，促进我国粮食、油料和制种产业发展，保障国家粮油安全，根据《中共中央、国务院关于进一步加强农村工作、提高农业综合生产能力若干政策的意见》及《财政部关于印发〈关于切实缓解县乡财政困难的意见〉的通知》有关规定，从2005年起，中央财政对产粮（油）大县进行奖励。确定粮食商品量、粮食产量、粮食播种面积作为奖励因素，三个因素所占权重分别为50%、25%、25%。

（3）县级基本财力保障机制奖补资金。县乡财政是国家财政的重要组成部分，是维护政权运转和社会稳定、向基层群众提供基本公共服务的物质基础。分税制改革后，财权上移，事权下移。尤其是进入21世纪后，由于"新农合"、"新农保"以及义务教育免学费等社保民生政策的出台，使县级财政面临运转困难，无法达到上级要求的社保标准等诸多问题。一些县级财政基本的人员工资和公用经费都无法保障，基层政府提供公共服务的能力受到威胁。

2005年，针对县乡财政困难状况，中央财政安排150亿元，建立"三奖一补"县乡财政困难激励约束机制，旨在缓解县乡财政困难。所谓"三奖"，一是指对财政困难县政府增加税收收入和省市级政府增加对财政困难县财力性转移支付给予奖励；二是对县乡政府精简机构和人员给予奖励；三是对产粮大县给予奖励。"一补"是对以前缓解县乡财政困难工作做得好的地区给予补助。通过实施"三奖一补"政策，既加快了基层发展经济的积极性，也调动了省市财政向基层加大转移支付的积极性，对提高基层公共服务能力，保证基层政权运转能力发挥了积极作用。

2010年9月，为进一步增强财力薄弱地区基层财政保障能力，财政部印发《关于建立和完善县级基本财力保障机制的意见》，在既有转移支付制度和"三奖一补"政策基础上，全面部署建立和完善县级基本财力保障机制。县级基本财力保障机制以"保工资、保运转、保民生"为目标，保障基层政府实施公共管理、提供基本公共服务以及落实党中央、国务院各项民生政策的基本财力需要。按照"明确责任、以奖代补、动态调整"的基本原则，设立县级基本财力保障机制奖补资金，中央财政根据工作实绩对地方实施奖励。

2013年8月，为推进县级基本公共服务均等化，切实保证县级政府履行基本支出责任的财力需要，促进县域经济社会事业发展，进一步强化中央财政县级基本财力保障机制奖补资金管理，财政部制定《中央财政县级基本财力保障机制奖补资金管理办法》。该办法明确，县级基本财力保障机制奖补资金是指中央财政设立，主要用于支持县级政府提高基本财力保障水平，奖励地方改善县级财力均衡度、加强县级财政管理和提高管理绩效的一般性转移支付资金。县级基本财力保障机制奖补资金的管理和使用应当遵循突出重点、注重实效、公开透明的原则。

该办法还规定了县级基本财力保障机制奖补资金的管理职权、县级基本财力保障范围和标准、县级基本财力保障机制奖补资金分配和下达的相关事项。

①县级基本财力保障机制奖补资金的管理职权。县级基本财力保障机制奖补资金的使用实行分级管理。省以下各级财政部门的管理职责由省（含自治区、直辖市，下同）级财政部门确定。省级财政部门负责制定本地区县级基本财力保障机制奖补政策，向省以下财政部门分配、下达奖补资金。县级财政部门负责管理、安排和使用本地区县级基本财力保障机制奖补资金。

②县级基本财力保障范围和标准。财政部依据县乡政府需要承担的人员经费、公用经费、民生支出以及其他必要支出等，核定各省的县级政府基本财力保障范围和保障标准，并根据政策变化情况，每年适时予以调整。

——人员经费，包括国家统一制定的基本工资、奖金和津贴补贴，离退休人员离退休费，工资性附加支出，地方津贴补贴等项目。

——公用经费，包括办公费等商品和服务支出，办公设备购置等其他资本性支出等。

——民生支出，主要包括国家统一制定政策，涉及农业、教育、文化、社会保障、医疗卫生、科学技术、计划生育、环境保护以及社区和村级组织运转经费等项目的支出。

——其他必要支出，包括必要的基本建设支出和其他社会事业发展支出。省级财政部门可以结合本地区实际情况，以财政部核定的保障范围和标准为基础，适当扩大保障范围、提高保障标准。县级财政部门应当按照财政部和省级财政部门核定的保障范围和标准，统筹上级政府各项补助资金和自有财力，认真落实县级基本财力保障责任。

③县级基本财力保障机制奖补资金的分配和下达。中央财政县级基本财力保障机制奖补资金分配对象是全国的县、县级市和农业人口占辖区内总人口比重超过50%的县级区（以下简称县）。财政部按照奖补结合的原则，结合各地区财政困难程度，采用因素法对省级财政部门分配县级基本财力保障机制奖补资金。其中，对县级政府新增基本财力保障需求予以补助；对县级财力均衡度较高、县级财政管理较为规范和绩效管理水平较高的地区给予奖励。

为鼓励地方提高县级基本财力保障水平，中央财政按照一定比例，对县级政府新增基本财力保障需求给予补助。为激励地方建立稳定的资金投入渠道，改善县级财力分布横向、纵向的均衡度，缩小辖区内财力分布差异，对县级财力均衡度较好的地区给予奖励。

——横向奖励。按照各地上年县级财力均衡度进行奖励，重点奖励均衡度较高的地区。

——纵向奖励。将各地县级财力均衡度进行纵向比较，对上年改善的地区给予奖励。其中，分配2013年中央财政奖补资金时，财力均衡度按照县级人均公共财政支出测算；2014年起按照县级人均财力测算。

县级财力计算公式为：

县级财力＝县级公共财政预算收入＋上级公共财政预算补助收入－上解上级政府支出

为引导地方强化县级财政管理，依据县级财政管理水平，实施正向或逆向激励。

——人员控制逆向激励。为落实财政供养人员"只减不增"的要求，对财政供养人员增加的地区实施扣款。

——收入质量奖励。为促进县级政府提高收入质量，对县级税收收入占公共财政收入比重列前20名的省（自治区、直辖市），给予分档奖励。

——绩效评价奖励。为促进县级政府优化支出结构，加强资金监管，保障和改善民生，中央财政依据县级财政支出管理绩效评价结果，安排一定奖励。

从2014年起，中央财政考核各地上年县级基本财力保障状况，对县级财力水平低于财政部核定标准、县级财力占全省财力比重低于60%、县级财力均衡度低于0.6的地区，相应扣减对所在省的均衡性转移支付或税收返还，直接分配下达给县，并根据有关规定予以相应处罚。省级、市级财政部门可以根据本地区实际情况，安排资金与中央财政下达的奖补资金一并使用。省级财政部门对省以下财政部门下达县级基本财力保障机制奖补资金，应当根据本地区实际情况，确定补助范围，同时考虑对省以下财政部门管理和使用奖补资金情况的绩效评价结果。

中央财政每年根据国家相关政策，制定县级基本财力保障范围和保障标准。保障范围包括国家制定的工资政策、民生政策，以及机关事业单位公用经费、地方津贴补贴。其中，前两项的保障标准按照国家统一规定执行，后两项的保障标准依据各地区财力状况分省核定。在此基础上，测算确定全国各县的基本财力保障需求，并与各县的同口径财政支出相比较，核定支出缺口。对保障情况较好的地区，给予激励性奖励；对存在财力缺口的地区，依据缺口消化情况，给予保障性奖励。

县级基本财力保障机制是在现行财政体制条件下，通过调动省级政府的积极性，强化其保障责任，提高基层财政保障能力的一项重要举措。在中央财政的引导和激励下，各地积极采取措施，努力提高县级基本财力保障水平，基本财力保障尚有缺口县的个数和缺口额大幅减少。

（4）资源枯竭城市转移支付。资源型城市（包括资源型地区）是以本地区矿产、森林等自然资源开采、加工为主导产业的城市类型，如阜新、盘锦、抚顺等。

长期以来，作为基础能源和重要原材料的供应地，资源型城市为我国经济社会发展作出了突出贡献。但是，由于缺乏统筹规划和资源衰减等原因，这些城市在发展过程中积累了许多矛盾和问题，主要是经济结构失衡、失业和贫困人口较多、接续替代产业发展乏力、生态环境破坏严重、维护社会稳定压力较大等。

为促进资源型城市可持续发展和区域经济协调发展，2007年12月，国务院发布《关于促进资源型城市可持续发展的若干意见》。该意见提出，中央和省级财政要进一步加大对资源枯竭城市的转移支付力度。

根据国务院的意见精神，财政部于2007年设立针对资源枯竭城市的财力性转移支付，增强其基本公共服务保障能力，重点用于完善社会保障、教育卫生、环境保护、公共基础设施建设和专项贷款贴息等方面，以支持这些地区应对金融危机的挑战、加快经济转型。

2007年中央确定首批12家资源枯竭城市名单。其中包括资源型城市经济转型试点城市5个：阜新、伊春、辽源、白山、盘锦；西部地区典型资源枯竭城市3个：石嘴山、白银、个旧（县级市）；中部地区典型资源枯竭城市3个：焦作、萍乡、大冶（县级市）；典型资源枯竭地区1个：大兴安岭。

2009年中央确定的第二批32个资源枯竭城市，并明确近年暂不再审定新的资源枯竭城市。其中包括地级市9个：山东省枣庄市、湖北省黄石市、安徽省淮北市、安徽省铜陵市、黑龙江省七台河市、重庆市万盛区（当作地级市对待）、辽宁省抚顺市、陕西省铜川市、江西省景德镇市。县级市17个：

贵州省铜仁地区万山特区、甘肃省玉门市、湖北省潜江市、河南省灵宝市、广西壮族自治区合山市、湖南省耒阳市、湖南省冷水江市、辽宁省北票市、吉林省舒兰市、四川省华蓥市、吉林省九台市、湖南省资兴市、湖北省钟祥市、山西省孝义市、黑龙江省五大连池市（森工）、内蒙古自治区阿尔山市（森工）、吉林省敦化市（森工）。市辖区6个：辽宁省葫芦岛市杨家杖子开发区、河北省承德市鹰手营子矿区、辽宁省葫芦岛市南票区、云南省昆明市东川区、辽宁省辽阳市弓长岭区、河北省张家口市下花园区。

2008~2010年，中央对上述资源枯竭城市分别安排财力性转移支付34.8亿元、50亿元和75亿元。财力性转移支付的下达，对这些资源枯竭城市加快解决失业、环境等社会问题，有效应对金融危机冲击，实现全面、协调和可持续发展具有重要意义。

2011年，国家发改委会同财政部、国土资源部对伊春市等12座首批资源枯竭城市上报的转型评估报告进行了评估。国务院根据国家发改委的评估结果批准同意对处于不同发展阶段的城市给予分类支持，建立有进有出的支持机制。对于基本步入可持续发展轨道的盘锦市，不再给予中央财力性转移资金，支持其创建转型示范城市。对于历史遗留问题尚未根本解决、可持续发展能力较弱的伊春、辽源、阜新等11座城市，延长中央财力性转移支付年限至2015年（原定为2007~2010年）。

2012年6月14日，财政部印发《2012年中央对地方资源枯竭城市转移支付管理办法》。该办法明确了资源枯竭城市转移支付的补助范围、补助期限、分配原则、分配办法、省级分配、资金使用和资金监管等内容。

①补助范围。中央对地方资源枯竭城市转移支付的补助对象为：经国务院批准的各批次资源枯竭城市，以及参照执行资源枯竭城市转移支付政策的城市。

②补助期限。纳入资源枯竭城市转移支付范围的市（县、区）第一轮补助期限为4年；4年后，根据国务院有关部门对资源枯竭城市转型情况的评价结果，转型没有成功的市县继续延期5年；转型成功的市县按照上一年补助

基数分3年给予退坡补助，补助比例分别为75%、50%和25%。

③分配原则。资源枯竭城市转移支付资金分配遵循以下原则：第一，客观公正。选取影响资源枯竭城市财政运行的客观因素，采用统一规范的方式进行分配。第二，公开透明。转移支付测算过程和分配结果公开透明。第三，分类补助。体现资源枯竭市、县、区的类别差异。

④分配办法。中央对地方资源枯竭城市转移支付按以下公式分配：

$$该资源枯竭城市转移支付额 = 定额补助 + 因素补助$$

其中：

定额补助分为县级、市辖区、参照执行资源枯竭城市转移支付政策的城市三个档次，补助金额根据预算安排情况确定。

因素补助 = 人均补助额 × 各市县非农人口（市辖区采用总人口）× 人均财力系数 × 困难程度系数 × 成本差异系数 × 资源枯竭程度系数 × 资源类型系数

其中：人均补助额 = 按因素法分配的转移支付总额 ÷（各市县的非农人口数 + 各市辖区的总人口数）；人均财力系数，根据各地区财力总额和人口总数分市、县、区分别确定；困难程度系数和成本差异系数，参照当年中央对地方均衡性转移支付办法测算；资源枯竭程度系数，参照可利用资源储量占累计查明储量的比重分档确定；资源类型系数，分林木资源和煤炭等其他资源两类。其中，林木资源类系数为80%、煤炭等其他资源类系数为100%；参照执行资源枯竭城市转移支付政策的城市暂不享受因素补助。

⑤省级分配。中央对地方资源枯竭城市转移支付资金分配到省（自治区、直辖市）。省级财政部门可根据本地实际情况，制定省对下转移支付办法，但补助范围不得超出本办法明确的资源枯竭城市转移支付范围，对下分配总额不得低于中央财政下达的资源枯竭城市转移支付额。

⑥资金使用。中央对地方资源枯竭城市转移支付为一般性转移支付资金。资源枯竭城市应将转移支付资金主要用于解决本地因资源开发产生的历史遗留问题，重点用于社会保障、教育卫生、环境保护、公共基础设施

建设和棚户区改造，以及支持因工矿区治理等非市场因素进行的企业搬迁改造。

⑦资金监管。各省财政部门应强化对辖区内资源枯竭城市转移支付资金监督管理，参照《资源枯竭城市绩效评价暂行办法》有关规定，加强资金使用绩效评价，提高转移支付资金使用效益。

资源枯竭城市转移支付 2012 年为 160 亿元，2013 年为 168 亿元，2014 年为 178 亿元，2015 年为 178 亿元。通过上述转移支付政策的实施，阜新、抚顺、伊春、石嘴山等典型资源枯竭城市政府积累多年的基础设施欠账得以弥补，沉积多年的历史包袱得以化解，规划多年的惠民工程得以实施，增强了当地政府和企业加快经济转型的信心。

（5）城乡义务教育补助经费。2015 年 12 月，国务院印发《关于进一步完善城乡义务教育经费保障机制的通知》（以下简称《通知》），决定从 2016 年起进一步完善城乡义务教育经费保障机制。《通知》要求继续加大义务教育投入，优化整合资金，盘活存量，用好增量，重点向农村义务教育倾斜，向革命老区、民族地区、边疆地区、贫困地区倾斜，统筹解决城市义务教育相关问题，促进城乡义务教育均衡发展。根据该《通知》，进一步完善城乡义务教育经费保障机制的主要内容是：整合农村义务教育经费保障机制和城市义务教育奖补政策，建立统一的中央和地方分项目、按比例分担的城乡义务教育经费保障机制。

为贯彻落实《通知》精神，2015 年，财政部在均衡性转移支付中设立"城乡义务教育补助经费"。2015 年城乡义务教育补助经费的规模为 1232.82 亿元。该项转移支付的目标在于建立城乡统一、重在农村的义务教育经费保障机制。

2016 年 4 月 15 日，财政部、教育部下发《关于下达 2016 年城乡义务教育补助经费预算的通知》。该《通知》明确：

从 2016 年春季学期起，统一城乡义务教育学校生均公用经费基准定额。中央确定 2016 年生均公用经费基准定额为：中西部地区普通小学每生每年

600元、普通初中每生每年800元；东部地区普通小学每生每年650元、普通初中每生每年850元。对城乡义务教育学校（含民办学校）按照不低于基准定额的标准补助公用经费。在此基础上，对寄宿制学校按照寄宿生年生均200元标准增加公用经费补助，继续落实好农村地区不足100人的规模较小学校按100人核定公用经费和北方地区取暖费等政策；特殊教育学校和随班就读残疾学生按每生每年6000元的标准补助公用经费。各省财政、教育部门要确保城乡义务教育学校公用经费落实到位，在安排资金时要按照"重点倾斜、集中投入"的原则，向寄宿制学校、规模较小学校、接收农民工子女较多的学校和薄弱学校倾斜，并与学校规划布局相结合，集中资金解决最突出、最急需的问题，保证各类学校正常运转。

各地应切实做好免费提供国家规定课程教科书工作，落实好家庭经济困难寄宿生生活费补助政策，巩固完善农村地区义务教育学校校舍安全保障长效机制。中央财政继续支持农村地区公办义务教育学校维修改造、抗震加固、改扩建校舍及其附属设施，同时继续安排资金支持遭受特大自然灾害省份恢复重建毁损学校。各省级财政、教育部门要统筹安排中央补助资金，改善农村地区公办学校办学条件，支持因灾毁损学校的恢复重建工作。

中央财政根据各地确认的2016年招聘计划及以前年度招聘在岗教师人数核定下达农村义务教育特岗教师工资性补助当年预算，下一年度再根据当年新招聘实际到岗、以前年度招聘在岗教师人数以及年度出台的增支政策进行结算。各省要确保特岗教师与当地同等条件公办教师享受同等工资待遇，并及时核拨经费到县级财政，实行统一发放，集中支付，确保特岗教师工资正常发放。落实好特岗教师的周转宿舍等相关生活待遇保障工作，为特岗教师创造必要的工作和生活条件，解决特岗教师后顾之忧。

从2016年起，适当调整农村义务教育学生营养改善计划地方试点中央奖补政策。中央财政根据上一年度地方财政投入、组织管理、实施效果等因素核定当年奖励性补助资金。其中对"地方财政投入"因素，将着重考核各地投入努力程度。即对地方试点膳食补助标准达到每生每天 4 元以上的省份，中央财政按照每生每天 2 元的标准给予奖补；对未达到 4 元的省份，按照每生每天 1.5 元的标准给予奖补。各地要按照《农村义务教育学生营养改善计划专项资金管理办法》规定的标准、程序和时限要求，及时将中央资金足额分解下达；在扩大地方试点范围时，要优先考虑国家扶贫开发工作重点县；要将营养改善计划资金的使用和管理情况列入重点监督检查范围，实现全过程、全方位、常态化监督检查。

有关省要按照《教育部 财政部关于落实中央 1 号文件要求 对在连片特困地区工作的乡村教师给予生活补助的通知》精神，加快推进连片特困地区乡村教师生活补助政策，力争 2016 年实现生活补助政策覆盖所有连片特困地区县，并根据国家相关调资政策合理确定补助水平。从 2016 年起，中央财政适当调整义务教育经费保障机制综合奖补政策。即以各地实际发放乡村教师月人均生活补助标准与中央奖补标准（目前为月人均 200 元）的比值为参考值，设立综合奖补标准调整系数。中央财政按照综合奖补标准、参考调整系数核定各省奖补资金。中央财政安排的综合奖补资金，可以由省级财政统筹用于义务教育经费保障机制改革的相关支出。待乡村教师生活补助政策覆盖所有连片特困地区县后，中央财政将适时调整义务教育经费保障机制综合奖补政策。

（6）农村综合改革转移支付。2014 年，财政部印发《中央财政农村综合改革转移支付资金管理暂行办法》，在均衡性转移支付中设立"农村综合改革转移支付"。2014 年中央财政安排农村综合改革转移支付资金 331 亿元，2015 年中央财政安排农村综合改革转移支付资金安排 323.2 亿元，为农村综合改革顺利推进提供了财力保障。

农村综合改革转移支付主要用于：一是支持一事一议财政奖补和美丽乡村建设试点统筹推进。二是支持农村综合改革示范试点工作；三是支持国有农场办社会职能改革试点；四是支持建制镇示范试点工作；五是支持传统村落保护工作稳步推进；六是支持农村公共服务标准化试点；七是加强农村土地制度改革相关配套政策研究。

2. 老少边穷地区转移支付

为配合西部大开发战略的实施，我国从 2000 年起，对少数民族地区专门实行民族地区转移支付制度，以解决少数民族地区的特殊困难。财政部于 2010 年专门制定《中央对地方民族地区转移支付办法》。民族地区转移支付制度的实施，有力地支持了西部大开发，防止了各地财力差距进一步扩大，促进了民族地区经济和社会事业持续稳定协调发展。

2012 年，在民族地区转移支付的基础上，又增加了革命老区和边境地区转移支付，改为"革命老区、民族和边境地区转移支付"。2015 年，改为"老少边穷地区转移支付"，包括民族地区转移支付、革命老区转移支付和边境地区转移支付。

（1）民族地区转移支付。2010 年 9 月 28 日，为了支持少数民族地区加快发展，促进各民族共同繁荣，按照《中华人民共和国民族区域自治法》和《国务院实施〈中华人民共和国民族区域自治法〉若干规定》的有关规定，财政部制定了《中央对地方民族地区转移支付办法》。该办法明确了中央对地方民族地区转移支付的目标和原则、转移支付范围、转移支付总额确定、资金分配办法、资金下达和使用等内容。

①民族地区转移支付的目标和原则。中央对地方民族地区转移支付的基本目标是增强少数民族地区的财政保障能力，逐步缩小少数民族地区与其他地区的基本公共服务差距，促进少数民族地区科学发展、社会和谐。

中央对地方民族地区转移支付资金分配遵循以下原则：一是公平规范。资金总额的确定方式规范透明，增强转移支付的稳定性和可预见性；资金分配采用规范的公式化方式，力求办法科学、结果合理。二是适度激励。资金分配既有利于均衡少数民族地区间财力差异，促进基本公共服务均等化，又适当考虑相关地区的财政贡献因素，调动少数民族地区科学发展的积极性。三是注重平稳。采用统一规范的方式，保证各地分享的转移支付额不低于以前年度的水平，促进少数民族地区财政平稳运行。

②民族地区转移支付的转移支付范围。

——内蒙古自治区、广西壮族自治区、西藏自治区、宁夏回族自治区、新疆维吾尔自治区，以及财政体制上视同少数民族地区管理的云南省、贵州省、青海省。（以下简称民族省区）。

——吉林延边朝鲜族自治州、湖北恩施土家族苗族自治州、四川阿坝藏族羌族自治州等非民族省区管辖的民族自治州。（以下简称民族自治州）。

——重庆市酉阳土家族苗族自治县、黑龙江省杜尔伯特蒙古族自治县等非民族省区及非民族自治州管辖的民族自治县。（以下简称民族自治县）

③民族地区转移支付总额的确定。中央财政按照上一年度下达的民族地区转移支付额，以及前三年全国国内增值税收入平均增长情况，合理确定当年民族地区转移支付总额。

④民族地区转移支付资金的分配办法。各民族自治县转移支付额在上一年度分配数基础上，统一按照前三年全国国内增值税收入平均增长率确定。用公式表示为：

某民族自治县分配数 = 上一年度分配数 × 前三年全国国内增值税平均增长率

转移支付总额扣除民族自治县分配数后的部分，在民族省份和民族自治州间分配。其中，70%部分按照因素法分配，30%部分考虑各地前三年上划中央增值税收入增量情况分配。用公式表示为：

某民族省区（或民族自治州）分配数 = 按因素法分配数 + 与上划增值税收入增量挂钩的分配数

其中，按因素法分配数参照中央对地方均衡性转移支付办法计算确定。

对于按照本办法分配的转移支付额少于上一年度分配数的民族省区或民族自治州，按照上年实际分配数额下达。

⑤民族地区转移支付资金的下达和使用。省级财政要结合本地实际，优化财政支出结构，积极筹措资金，着力增强财政困难的少数民族地区的财政保障能力。各民族自治地方政府要将转移支付资金用于保证机构正常运转、

保障和改善民生以及偿还到期债务，严禁用于"形象工程"和"政绩工程"等。省级财政要将省对下转移支付办法、分配结果和资金使用情况上报中央财政。

（2）革命老区转移支付资金。2015年7月2日，为促进革命老区各项社会事业发展，支持革命老区改善和保障民生，进一步规范革命老区转移支付资金管理，提高资金使用效益，财政部制定了《革命老区转移支付资金管理办法》。该办法明确，革命老区转移支付资金是指中央财政设立，主要用于加强革命老区专门事务工作和改善革命老区民生的一般性转移支付资金。革命老区转移支付资金分配对象为对中国革命作出重大贡献、经济社会发展相对落后、财政较为困难的革命老区县、自治县、不设区的市、市辖区（以下统称县）。革命老区转移支付资金的管理应当遵循突出重点、公开透明、注重实效、强化监督的原则。该办法还对革命老区转移支付资金的分配和下达、管理和使用、监督检查等相关事项作出安排。

①革命老区转移支付资金的分配和下达。中央财政在年度预算中安排革命老区转移支付资金。省级财政根据本地区实际情况，可在年度预算中安排一定资金，与中央财政补助资金一并使用。革命老区转移支付资金不要求县级财政配套，不得为其他专项资金进行配套。

财政部参考对各地区管理使用转移支付资金的绩效评价和监督检查结果，采用因素法分配革命老区转移支付资金。财政部于每年全国人民代表大会批准预算后30日内，将当年革命老区转移支付下达省级财政部门；9月30日前，向省级财政部门下达下一年度革命老区转移支付预算。

省级财政部门应当根据本地区实际情况，合理确定革命老区转移支付资金的补助范围。省级财政部门分配革命老区转移支付资金时，应当参考对县级财政部门管理使用转移支付资金和项目实施情况的绩效评价和监督检查结果。省级财政部门接到财政部下达的革命老区转移支付资金后，连同自行安排部分，应当在30日内，将当年革命老区转移支付下达省以下财政部门；10月31日前，向省以下财政部门下达下一年度革命老区转移支付预算。

地方各级财政部门应当将上级财政部门提前下达的革命老区转移支付预算，全额列入年初预算。

②革命老区转移支付资金的管理和使用。革命老区转移支付资金的使用实行分级管理。省以下各级财政部门的管理职责由省级财政部门确定。省级财政部门负责制定本地区革命老区转移支付政策，审核、批复省以下财政部门申报的年度项目，分配、下达转移支付资金；组织实施对省以下财政部门管理和使用转移支付资金的绩效评价和监督检查。县级财政部门负责向省级财政部门申报年度项目计划，管理、安排和使用本地区革命老区转移支付资金，组织实施省级财政部门批复的项目。

革命老区转移支付资金主要用于以下方面：一是革命老区专门事务。包括革命遗址保护、革命纪念场馆的建设和改造、烈士陵园的维护和改造、老红军及军烈属活动场所的建设和维护等。二是革命老区民生事务。主要包括乡村道路、饮水安全等设施的建设维护，以及教育、文化、卫生等社会公益事业的改善。

革命老区转移支付资金不得有偿使用，不得用于行政事业单位人员支出和公用支出，不得用于投资经商办企业，不得用于购置交通工具（专用车船等除外）、通信设备，不得用于能够通过市场化行为筹资的项目以及不符合革命老区转移支付资金使用原则及范围的其他开支。使用革命老区转移支付资金实施的项目，应当设立革命老区转移支付资金项目标志。革命老区转移支付资金项目标志的具体样式由财政部统一制定。

省级财政部门年度补助的革命老区县个数不得少于财政部核定的补助县个数，县均补助额不得少于中央财政县均补助额的一半。

③革命老区转移支付资金的监督检查。财政部根据工作需要，对相关省份管理和使用革命老区转移支付资金情况进行监督检查。省级财政部门负责确定省以下财政部门的监督检查职责，定期对省以下财政部门管理和使用革命老区转移支付资金情况开展监督检查，监督检查有关情况应当及时报告财政部。对革命老区转移支付资金管理和使用中的违法行为，依照《中华人民

共和国预算法》《财政违法行为处罚处分条例》等有关规定追究法律责任。

（3）边境地区转移支付。2015年7月2日，为规范边境地区转移支付资金管理，提高使用效益，促进相关地区经济和社会事业协调发展，财政部制定了《边境地区转移支付资金管理办法》。该办法明确，边境地区转移支付资金是指中央财政设立，支持边境地区用于陆地边境和海洋事务管理、改善边境地区民生、促进边境贸易发展的一般性转移支付资金。边境地区转移支付资金的管理和使用应当遵循突出重点、公开透明、注重实效的原则。该办法还对边境老区转移支付资金的分配和下达、管理和使用等相关事项作出安排。

①边境地区转移支付资金的分配和下达。财政部根据陆地边境和海洋事务管理情况，选取相关因素，分配边境地区转移支付资金。财政部于每年全国人民代表大会批准预算后30日内，将当年边境地区转移支付资金下达省级（含计划单列市，下同）财政部门；9月30日前，向省级财政部门下达下一年度边境地区转移支付预算。省级财政部门可以根据本地区实际情况，从自有财力中另外安排资金加强陆地边境和海洋事务管理，并与财政部下达的转移支付资金一并分配。分配时应重点向边境形势复杂、管理事务繁重、资金使用绩效水平高的地区倾斜。省级财政部门接到财政部下达的边境地区转移支付资金后，连同自行安排部分，应当在30日内下达省以下财政部门；10月31日前，向省以下财政部门下达下一年度边境地区转移支付预算。省级及省以下财政部门要提高预算编制的完整性，将上级财政部门提前下达的边境地区转移支付预算，全额列入年初预算。边境地区转移支付资金不要求县级财政配套。

②边境地区转移支付资金的管理和使用。边境地区转移支付资金用途包括：一是建立边民补助机制。各省可结合实际情况，探索建立边民补助机制，对居住在边境一线以及承担守边护边任务的边民给予适当补助，并对补助范围和标准实现动态调整。二是保障口岸正常运转。用于维持边境一类口岸运转，支持改善通关条件等。三是支持边境贸易发展和边境小额贸易企业能力建设。主要用于促进边境小额贸易企业发展以及加强地方政府支持边境小额

贸易企业发展能力建设等，不得用于违法违规安排与企业（及其投资者、管理者）缴纳税收、非税收入以及进出口贸易额、过货量等挂钩的财政奖励或补贴等。四是其他。与边境和海洋事务管理有关的民生等其他支出。

省级及省以下财政部门要加强对边境地区转移支付资金管理，要按照实施中期财政规划要求，编制边境地区转移支付资金使用三年规划，提出明确的绩效目标，提高资金使用效益。省级财政部门每年实地开展省以下边境地区转移支付资金使用情况绩效评价和监督检查，于次年2月10日前将绩效评价和监督检查结果书面报送财政部。

财政部按照《关于推进预算绩效管理的指导意见》等文件要求，每年依据各省上报的绩效评价和监督检查等情况开展绩效评价，评价结果作为以后年度资金分配的重要因素。对于评价结果较差的省，财政部将适时开展监督检查，督促地方强化资金管理，提高资金使用效益。

3. 成品油税费改革转移支付

2009年1月1日起实施成品油税费改革，改革主要内容为：（1）取消公路养路费、航道养护费、公路运输管理费、公路客货运附加费、水路运输管理费、水运客货运附加费六项收费。（2）逐步有序取消政府还贷二级公路收费。（3）提高成品油消费税单位税额。汽油消费税单位税额每升提高0.8元，柴油消费税单位税额每升提高0.7元，其他成品油单位税额相应提高。

2009年成品油税费改革对中央与地方收入分配格局带来一定影响，中央政府收入增加，地方政府收入减少。为保障地方政府既得利益，减轻改革阻力，2009年2月25日，财政部根据《国务院关于实施成品油价格和税费改革的通知》的有关规定，制定《中央对地方成品油价格和税费改革转移支付办法》。该办法明确了成品油税费改革转移支付的基本目标和原则、规模的确定、资金的分配、资金的拨付和使用等相关内容。

①成品油税费改革转移支付的基本目标和原则。成品油税费改革转移支付转移支付的基本目标是：对实施成品油税费改革形成的财政收入，除由中央本级安排的替代性等支出外，其余全部由中央财政通过规范的财政转移支

付方式分配给地方，保证地方政府在原公路养路费、公路客货运附加费、公路运输管理费、航道养护费、水运客货运附加费和水路运输管理费（以下简称"六费"）等收费取消后，通过科学规范、公开透明的资金分配获得相应资金来源，保障交通基础设施养护和建设等需要，逐步推进全国交通均衡发展。

成品油税费改革转移支付转移支付的基本原则是：

——保证基数。对地方既得利益格局原则上不做调整，保证地方"六费"基数。

——增量调节。增量资金分配既充分考虑各地税收贡献，又适当兼顾全国交通基础设施建设的均衡发展。

——统一规范。根据规范的办法，统一确定地方合理的收入基数，并选择影响交通基础设施养护和建设等支出的客观因素进行增量资金分配。

——公开透明。分配办法、分配过程与分配结果公开。办法科学简明，易于操作，便于监督。

②成品油税费改革转移支付规模的确定。每年中央财政用于对地方转移支付的规模，根据当年因实施成品油税费改革形成的财政收入总额和改革基期年"六费"收入等占按改革相关因素测算的财政收入的比例确定。

转移支付总额计算公式为：

转移支付总额＝当年成品油税费改革形成的财政收入×改革基期年"六费"收入等占按改革相关因素测算的财政收入的比例

其中，当年成品油税费改革形成的财政收入包括提高汽柴油等油品单位税额增加的消费税以及由此相应增加的增值税、城市维护建设税和教育费附加。

③成品油税费改革转移支付资金的分配。转移支付采取"基数加因素"的办法，分为替代性返还和增长性补助两部分。计算公式为：

中央对地方转移支付额＝替代性返还＋增长性补助

——替代性返还。替代性返还是指替代地方原有"六费"收入基数给予的返还。即以2007年地方"六费"收入为基础，增加一定的增长率确定。未形成"六费"实际收入、"六费"项目以外的收费一律不作为返还基数。

——增长性补助。从2009年起，如果改革形成的收入能够比原来测算的收入增长超过10%，中央财政将安排增长性补助。增长性补助指当年转移支付总额中扣除替代性返还后的增量资金的分配，60%按照各地成品油消耗量分配，40%按照改革基期年公路规费和水路规费的比重、影响公路养护和建设以及航道养护的客观因素分配。

影响公路养护和建设的因素为当量公路里程、路网密度、路况指数，权重分别为20%、15%和5%。成品油消耗量体现"多交税、多得益"的原则，主要根据各地批发环节销售量等因素计算。当量公路里程主要反映已建成公路养护所需支出，具体以二级公路为标准计算，对其他等级公路（扣除收费的高速公路和一级公路）根据标准中不同公路路基宽度等因素加以调整。路网密度因素主要反映应建未建道路所需支出，根据机动车拥有量、公路覆盖区人口、可居住面积、县镇个数等因素计算。路况指数是指按照《公路技术状况评定标准》测定的反映公路平整程度等状况的指标。

影响航道养护的因素为当量航道里程。当量航道里程主要反映已有航道养护所需支出，以四级航道为标准计算，对于其他等级航道根据标准中不同航道尺度等因素加以调整。

增长性补助计算公式为：

某地增长性补助 = 成品油消耗量分配数 + 公路养护和建设分配数 + 航道养护分配数

其中：

成品油消耗量分配数 = 全国增长性补助总额 × 60% ×（该地上年成品油消耗量 ÷ 全国上年成品油消耗量）

公路养护和建设分配数 = 全国增长性补助总额 × 改革基期年公路规费占比 ×（该地当量公路里程 ÷ 全国当量公路里程 × 20% + 该地路网密度因素 × 15% + 该地路况指数因素 × 5%）

航道养护分配数 = 全国增长性补助总额 × 改革基期年水路规费占比 ×（该地当量航道里程 ÷ 全国当量航道里程 × 40%）

④成品油税费改革转移支付资金的拨付和使用。在年度执行中，财政部根据年初预算和执行情况，按照确定的转移支付数额，及时拨付给地方财政部门。中央拨付的转移支付资金，各地要严格实行专款专用，按照交通资金属性不变、资金用途不变、地方预算程序不变、地方事权不变的原则合理安排用于交通基础设施养护和建设以及原由"六费"安排的其他支出。

4. 体制结算补助

体制补助与上解是中央政府对地方政府的体制补助和地方政府向中央政府的体制上解，是旧体制延续下来的中央政府与地方政府之间的一种双向流动的财政转移支付形式。在1994年分税制改革时，作为保持既得利益格局的一个方面，以1994年前的原有体制补助与上解数额作为基数继续保留下来。原体制中央对地方的补助继续按原规定补助。中央继续对吉林、江西、陕西、甘肃、福建、内蒙古、广西、西藏、宁夏、贵州、新疆、云南、青海、海南等16个地区实施定额补助。

结算财力补助是财政内部上下级之间，因政策变化在某个项目上进行结算出现的差额。如2011年为支持救灾和灾后恢复重建，以及为落实国家制定的区域发展规划，增加了对地方的财力补助。

此外，一般性转移支付还包括基层公检法司转移支付、基本养老金转移支付、城乡居民医疗保险转移支付。这三项转移支付在2009年前原属于专项转移支付，因其补助数额相对稳定，2009年后列入一般性转移支付。

总体而言，一般性转移支付可以分为三大类：第一类是针对财力薄弱地区，为弥补财政实力薄弱地区的财力缺口。如均衡性转移支付、老少边穷地区转移支付、体制结算补助。第二类是出于中央政府某项政策调整导致地方政府收入减少或支出规模增大，进而由中央政府补助资金缺口的转移支付。这类转移支付资金的使用没有比较严格的使用用途指向，或者用途非常宽泛。如成品油税费改革转移支付。第三类是中央按照一定方法测算，转移给地方政府用于某一大类的支出，地方政府在使用过程中有一定的自由度，可以在这一大类中选择自己偏好的项目。后一类转移支付通常也被称为分类拨款。

如基层公检法司转移支付、基本养老金转移支付、城乡居民医疗保险等转移支付。目前，一般性转移支付的问题是种类比较多，这种现象往往是财政体制转型时期频繁出台的中央政策导致的。从短期来看，种类繁杂的一般性转移支付在我国特殊转型时期有存在的客观原因。从长期来看，需要将种类复杂的一般性转移支付整合为种类有限的几种类别。

（二）专项转移支付

专项转移支付是指上级政府为了实现特定的经济和社会发展目标，给予下级政府的资金补助，由下级政府按照上级政府规定的用途安排使用。

1994年实行分税制财政体制后，专项转移支付范围越来越广，规模越来越大。中央对地方专项补助主要是针对中西部地区实施，80%以上的专项转移支付分配到中西部地区。专项转移支付具有特定用途，重点主要用于教育、社会保障和就业、医疗卫生、节能环保、农林水事务、交通运输、住房保障支出等公共服务领域。

2015年12月30日，财政部重新制定《中央对地方专项转移支付管理办法》，就中央对地方专项转移支付的设立和调整、预算编制、绩效管理等作出详细规定。

一是明确专项转移支付五大类别的设立和调整。按照事权和支出责任划分，共分为委托类、共担类、引导类、救济类、应急类。委托类专项是指按照事权和支出责任划分属于中央事权，中央委托地方实施而相应设立的专项转移支付。共担类专项是指按照事权和支出责任划分属于中央与地方共同事权，中央将应分担部分委托地方实施而设立的专项转移支付。引导类专项是指按照事权和支出责任划分属于地方事权，中央为鼓励和引导地方按照中央的政策意图办理事务而设立的专项转移支付。救济类专项是指按照事权和支出责任划分属于地方事权，中央为帮助地方应对因自然灾害等发生的增支而设立的专项转移支付。应急类专项是指按照事权和支出责任划分属于地方事权，中央为帮助地方应对和处理影响区域大、影响面广的突发事件而设立的专项转移支付。该办法明确不得重复设立绩效目标相近或资金用途类似的专项转移支付。设立专项转移支付应当同时符合以下条件：有明确的法律、行政法规或者国务院规定作为依据；有明确的绩效目标、资金需求、资金用途、主管部门和职责分工；有明确的实施期限，且实施期限一般不超过5年，拟长期实施的委托类和共担类专项除外；不属于市场竞争机制能够有效调节的事项。

二是建立健全专项转移支付定期评估机制。财政部每年编制年度预算前，会同中央主管部门对专项转移支付项目进行评估。评估重点事项主要包括是否符合法律、行政法规和国务院有关规定；政策是否到期或者调整；绩效目标是否已经实现或需要调整、取消；资金用途是否合理，是否用于市场竞争机制能够有效调节的领域；是否按要求制定资金管理办法。

三是分地区、分项目编制专项转移支付预算。实行中期财政规划管理。根据需要编制专项转移支付三年滚动规划。分地区、分项目编制，并遵循原则。属于委托类专项的，中央应当足额安排预算，不得要求地方安排配套资金；属于共担类专项的，应当依据公益性、外部性等因素明确分担标准或者比例，由中央和地方按各自应分担数额安排资金。根据各地财政状况，同一专项转移支付对不同地区可以采取有区别的分担比例，但不同专项转移支付对同一地区的分担比例应当逐步统一规范，属于引导类、救济类、应急类专项的，应当严格控制资金规模。提前下达的专项转移支付预计数与其前一年度执行数之比原则上不低于70%。其中：按照项目法分配的专项转移支付，应当一并明确下一年度组织实施的项目；按因素法分配且金额相对固定的专项转移支付预计数与其前一年度执行数之比应当不低于90%。

（三）中央对地方税收返还

1994年分税制改革时设置了增值税返还和消费税返还，2002年所得税分享改革时形成了所得税基数返还。2009年，形成了"成品油税费改革税收返还"和"地方上解"两种税收返还形式。

1. 增值税返还和消费税返还

按 1994 年制定的收入划分办法，原来属于地方支柱财源的消费税全部和增值税的 75% 上划给中央，如果不采取适当措施给予补偿，必然侵害地方的既得利益，并增加改革阻力。为了保护地方既得利益格局，争取地方政府对改革的支持，中央采取"维持存量、调整增量"，逐步达到改革目标的方针，财政部设计了一个兼顾中央和地方利益的"税收返还"政策。

税收返还数额的计算方法是：以 1993 年为基期，按分税后地方净上划中央的收入数额（消费税+75%的增值税-中央下划收入），作为中央对地方税收返还的基数，基数部分全部返还给地方。

税收返还计算公式：

$$R = C + 75\%V - S$$

式中，R 为 1993 年税收返还基数；C 为消费税收入；V 为增值税收入；S 为中央对地方的下划收入。

为了进一步确保地方的既得利益，不仅税收返还基数全部返还给地方，而且决定 1994 年以后的税收返还数额还要有一定的增长。

增长办法是，将税收返还与各地区当年上缴中央金库的"两税"（消费税和增值税的 75%）的增长率挂钩，税收返还的增长率按各地区"两税"增长率的 1∶0.3 系数确定，即各地区的"两税"每增长 1%，税收返还增长 0.3%。

税收返还增长计算公式：

$$R_n = R_{n-1}(1 + 0.3r_n)$$

式中，R_n 为 1994 年以后的第 n 年的中央对地方的税收返还；R_{n-1} 为第 n 年的前一年的中央对地方的税收返还；r_n 是第 n 年的"两税"增长率。

如果 1994 年以后上划中央的"两税"收入达不到基数，相应扣减税收返还数额。

由于"两税"属于中央税，由国税局征收，所以，这种关于"增长"和

"扣减"的规定的目的是将"两税"的增长和地方的利益联系起来,更有利于促进各地方关注"两税"的增长[①]。

2. 所得税基数返还

1994年分税制改革时,企业所得税收入是按照隶属关系在中央与地方政府间划分。随着社会主义市场经济体制的不断完善,依照隶属关系划分企业所得税收入的弊端逐步凸显。中央决定自2002年1月1日起,实施所得税收入分享改革,改革原来按企业的行政隶属关系划分所得税收入的办法,对企业所得税和个人所得税收入实行中央和地方按比例分享。

2002年所实施的所得税分享改革的主要内容是:

——分享范围:除铁路运输、国家邮政、中国工商银行、中国农业银行、中国银行、中国建设银行、国家开发银行、中国农业发展银行、中国进出口银行以及海洋石油天然气企业缴纳的所得税作为中央收入外,其他企业所得税和个人所得税收入由中央与地方按比例分享。

——分享比例:2002年中央分享50%,地方分享50%;2003年中央分享60%,地方分享40%;2003年以后年份的分享比例根据实际收入情况再行考虑。

——基数计算:以2001年为基期,按改革方案确定的分享范围和比例计算,地方分享的所得税收入,如果小于地方实际所得税收入,差额部分由中央作为基数返还地方;如果大于地方实际所得税收入,差额部分由地方作为基数上缴中央。

中央财政因所得税分享改革增加的收入全部用于对地方(主要是中西部地区)的一般性转移支付。地方所得的转移支付资金由地方政府根据本地实际,统筹安排,合理使用。首先用于保障机关事业单位职工工资发放和机构正常运转等基本需要。

3. 成品油税费改革税收返还

2009年中央进行了成品油税费改革,为保障地方政府既得利益,减轻改

---

① 从2016年起,中央对地方实施增值税定额返还,对增值税增长或下降地区不再增量返还或扣减。

革阻力，财政部制定《中央对地方成品油价格和税费改革转移支付办法》。该办法规定，转移支付资金分配采取"基数加因素"的办法，分为替代性返还和增长性补助两部分。其中，替代性返还是指中央按地方原有的公路养路费等"六费"收入基数给予的返还，用于替代地方原有的公路养路费等"六费"收入，列入中央对地方税收返还中的"成品油税费改革税收返还"。

4. 地方上解

2009 年，简化中央与地方财政结算关系，将出口退税超基数地方负担部分专项上解等地方上解收入也纳入税收返还，将地方上解与中央对地方税收返还作对冲处理（冲抵返还额），相应取消地方上解中央收入科目。2009 年地方上解的规模为 1030.8 亿元，2015 年上升至 1433.88 亿元。

二、我国转移支付制度的体制沿革

（一）1995～2008 年的财政转移支付制度

1994 年分税制改革时，为了保护地方既得利益格局，争取地方政府对改革的支持，中央采取"维持存量、调整增量"，逐步达到改革目标的方针，设立了增值税和消费税返还制度。此外，考虑到实行公式化、规范化的政府间财政转移支付制度的条件尚不成熟，从 1995 年起，中央对财力薄弱地区实施过渡期转移支付，作为分税制财政体制改革的配套措施。随后在"两税返还"和过渡期转移支付制度的基础上，财政部不断完善中央对地方的税收返还和转移支付制度，逐步形成了以财力性转移支付、专项转移支付和税收返还和体制补助与上解为主要形式的财政转移支付制度。

1. 财力性转移支付

财力性转移支付是中央财政为弥补欠发达地区的财力缺口、缩小地区间财力差距、实现基本公共服务均等化安排给地方财政的补助资金，以及中央出台减收增支政策对财力薄弱地区的补助。分税制改革后，财力性转移支付的规模从 1995 年的 291 亿元增加到 2008 年的 8746.21 亿元，所占的比重由 11.48% 提高到 38.04%（见表 7-3）。2008 年的财力性转移支付包括一般性转移支付、民族地区转移支付、县乡基本财力保障机制奖补资金、调整工资转移支付、农村税费改革转移支付、义务教育转移支付、农村义务教育化债补助、资源枯竭城市财力性转移支付、定额补助、企事业单位划转补助、结算财力补助、工商部门停征两费转移支付等 12 项（见表 7-4）。

表 7-3　　　　　　　　　1995～2008 年财政转移支付形式及其比重

年份	中央对地方的财政转移支付（亿元）	税收返还和体制补助与上解 数量（亿元）	税收返还和体制补助与上解 比重（%）	财力性转移支付 数量（亿元）	财力性转移支付 比重（%）	专项转移支付 数量（亿元）	专项转移支付 比重（%）
1995	2534.06	1867	73.68	291	11.48	375	14.80
1996	2722.52	1949	71.59	235	8.63	489	17.96
1997	2856.67	2012	70.43	273	9.56	516	18.06
1998	3321.54	2083	62.71	313	9.42	889	26.76
1999	4086.61	2121	51.90	511	12.50	1360	33.28
2000	4665.31	2207	47.31	893	19.14	1648	35.32
2001	6001.95	2309	38.47	1605	26.74	2204	36.72
2002	7351.77	3007	40.90	1944	26.44	2402	32.67
2003	8261.41	3425	41.46	2241	27.13	2392	28.95
2004	10407.96	3609	34.68	2934	28.19	3238	31.11
2005	11473.68	4143.71	36.11	3812.72	33.23	3517.25	30.65
2007	18112.45	4121.55	22.76	7092.9	39.16	6898	38.08
2008	22990.76	4282.16	18.63	8746.21	38.04	9962.39	43.33

表 7-4　　　　　　　2008 年中央对地方税收返还和转移支付　　　　　　　单位：亿元

项　目	数额
一、中央对地方转移支付	18708.60
（一）财力性转移支付	8746.21

续表

项　　目	数额
1. 一般性转移支付	3510.51
2. 民族地区转移支付	275.79
3. 县乡基本财力保障机制奖补资金	438.18
4. 调整工资转移支付	2451.24
5. 农村税费改革转移支付	762.54
6. 义务教育转移支付	269.36
7. 农村义务教育化债补助	150.00
8. 资源枯竭城市财力性转移支付	25.00
9. 定额补助（原体制补助）	136.14
10. 企事业单位划转补助	331.57
11. 结算财力补助	348.88
12. 工商部门停征两费转移支付	47.00
（二）专项转移支付	9962.39
其中：教育	692.72
科学技术	85.88
社会保障和就业	2399.31
医疗卫生	780.02
环境保护	974.09
农林水事务	1513.13
二、中央对地方税收返还	4282.16
"两税"返还	3371.97
所得税基数返还	910.19
中央对地方税收返还和转移支付	22990.76

2. 专项转移支付

专项转移支付是中央财政为实现特定的宏观政策及事业发展战略目标，以及对委托地方政府代理的一些事务或中央地方共同承担事务进行补偿而设立的补助资金，需按规定用途。专项转移支付具有特定用途，主要是用于教育、科学技术、社会保障和就业、医疗卫生、环境保护、农林水事务等。

1994年实行分税制财政体制后，专项转移支付范围越来越广，规模越来越大。专项转移支付规模从1995年的375亿元增加到2008年的9962.39亿元,所占的比重由14.8%提高到43.33%。中央对地方专项补助主要是针对中西部地区实施,80%以上的专项转移支付分配到中西部地区。

3. 税收返还和体制补助与上解

为保证地方政府的既得利益,减轻改革阻力,1994年分税制改革时设置了增值税返还和消费税返还,2002年所得税分享改革时形成了所得税基数返还。

体制补助与上解是20世纪80年代财政包干体制的产物,在1994年分税制改革时,作为保持既得利益格局的一个方面,以1994年前的原有体制补助与上解数额作为基数继续保留下来。原体制中央对地方的补助继续按原规定补助,对实行递增上解的地区,按原规定继续递增上解;对实行定额上解的地区,按确定的上解额继续定额上解;对总额分成和分税制试点的地区,暂按递增上解办法,即按1993年实际上解数,并核定一个递增率,递增上解(见表7-5)。

表7-5　　　　　　　　体制补助与上解

1988年	1994年	1995年
定额补助地区(吉林、江西、陕西、甘肃、福建、内蒙古、广西、西藏、宁夏、贵州、新疆、云南、青海、海南等16个地区)	定额补助	定额补助
定额上解地区(上海、黑龙江、山东)	定额上解	定额上解
递增上解地区: ——收入递增包干(北京、河北、江苏、河南、宁波、哈尔滨); ——上解额递增包干(广东、湖南)	递增上解	定额上解
总额分成地区(山西、安徽)		
分税制试点地区(大连、辽宁、天津、浙江、青岛、武汉、重庆、沈阳)		

自1995年起,中央政府取消了对地方体制上解的递增率,实行定额上解办法。原体制上解总规模1998~2008年均为538.15亿元。原体制补助总规模,1998年为113.28亿元,2001年为122.14亿元,2008年为136.14亿元,

逐年略有增长。其中原体制上解或补助地区的分布没有发生变化；同时，绝大多数省份的上解或补助规模也固定不变，只有西藏等个别省份的补助额有所增加，这反映出中央对其的政策倾斜。

为应对东南亚金融危机，1998 年我国开始实行积极的财政政策，多次调高出口退税率，中央出口退税负担不断加重。在此背景下，2003 年 10 月中央决定对出口退税机制进行改革。自 2004 年开始，出口退税将由中央和地方共同负担，办法是以 2003 年出口退税实退指标为基数，对超基数部分的应退税额，由中央与地方按 75%：25% 的比例分别承担。2005 年 1 月 1 日起，各地区出口货物所退增值税中，超基数部分的退税额，中央和地方分担比例从原来的 75%：25% 改为 92.5%：7.5%，由此增加了"出口退税超基数地方负担部分专项上解"。

（二）2009 年财政转移制度形式的规范

2009 年，中央进一步规范财政转移支付制度，将中央对地方的转移支付简化为：一般性转移支付、专项转移支付和税收返还。具体变化包括：（1）将财力性转移支付改为一般性转移支付；（2）将补助数额相对稳定、原列入专项转移支付的教育、社会保障和就业、公共安全、一般公共服务等支出纳入一般性转移支付；（3）原体制补助列入一般性转移支付；（4）原体制上解列入税收返还。"税收返还和体制补助与上解"简化为"税收返还"（见图 7-2）。

2009 年后，中央对地方的税收返还与转移支付结构继续优化。以保持既得利益为目的的税收返还的比重持续下降，由 2009 年的 17.11% 下降到 2015 年的 9.11%。中央政府加大了一般性转移支付力度，清理整合专项转移支付项目，将需要较长时期安排补助经费，且数额相对固定的项目，划转列入一般性转移支付，提高一般性转移支付的规模和比例，具有明显财政均等化效果的一般性转移支付增长较快。一般性转移支付的比重从 2009 年的 39.62% 上升至 2015 年的 51.64%（见表 7-6）。

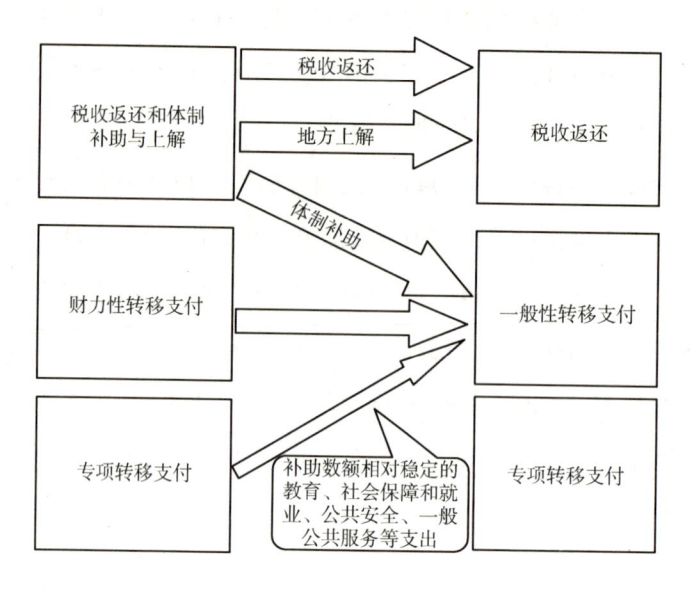

图 7-2　2009 年财政转移支付制度形式的规范

表 7-6　　　　　　　2009~2015 年财政转移支付形式及其比重

年份	中央对地方的财政转移支付（亿元）	税收返还 数量（亿元）	税收返还 比重（%）	一般性转移支付 数量（亿元）	一般性转移支付 比重（%）	专项转移支付 数量（亿元）	专项转移支付 比重（%）
2009	28563.79	4886.70	17.11	11317.20	39.62	12359.89	43.27
2010	32341.09	4993.37	15.44	13235.66	40.93	14112.1	43.64
2011	39921.21	5039.88	12.62	18311.34	45.87	16569.99	41.51
2012	45383.47	5120.77	11.28	21471.18	47.31	18791.52	41.41
2013	48019.92	5046.74	10.51	24362.72	50.73	18610.46	38.76
2014	51591.04	5081.55	9.85	27568.37	53.44	18941.12	36.71
2015	55097.51	5018.86	9.11	28455.02	51.64	21623.63	39.25

第三节　我国财政转移支付制度存在的主要问题与改革方向

财政是国家治理的基础和重要支柱。如何发挥好财政在国家治理体系中的作用，规范合理的政府间财政关系显得尤为重要。财政转移支付制度是政府间财政关系的重要内容和纽带，是实现事权与财力相匹配的重要财政制度安排。完善财政转移支付制度是深化财税体制改革的重要举措，是建立现代财政制度的关键环节，是健全现代国家治理体系、实现国家长治久安的重要保障。1994 年分税制改革后，我国的财政转移支付制度不断完善，在推进基本公共服务均等化、保障和改善民生、推动经济社会发展方面发挥了重要作用。但随着社会经济形势的发展变化，我国的财政转移支付制度也暴露出一些亟待解决的问题，在制度设计、转移支付结构、资金分配、透明度等方面与建设现代财政制度的要求相比仍有不小的差距。针对财政转移支付制度存在的主要问题，需要从优化转移支付结构、完善一般性转移支付制度和专项转移支付制度、强化转移支付预算管理、完善省以下转移支付制度等方面对既有财政转移支付模式进行改革。

一、我国财政转移支付制度存在的主要问题

1994 年实行分税制财政管理体制以来，我国逐步建立了符合社会主义市场经济体制基本要求的财政转移支付制度。中央财政集中的财力主要用于增加对地方特别是中西部地区的转移支付，转移支付规模不断扩大，有力地促进了地区间基本公共服务的均等化，推动了国家宏观调控政策目标的贯彻落实，保障和改善了民生，支持了经济社会持续健康发展。但与建立现代财政制度的要求相比，现行中央对地方转移支付制度存在的问题和不足也日益凸显，突出表现在以下几个方面：受中央和地方事权和支出责任划分不清晰的影响，转移支付结构不够合理；一般性转移支付项目种类多、目标多元，均等化功能弱化；专项转移支付涉及领域过宽，分配使用不够科学；一些项目行政审批色彩较重，与简政放权改革的要求不符；地方配套压力较大，财政统筹能力较弱；转移支付管理漏洞较多、信息不够公开透明等。对上述问题，

有必要通过深化改革和完善制度,尽快加以解决①。

二、改革和完善中央对地方财政转移支付制度的总体要求

(一) 指导思想

全面贯彻落实党的十八大和十八届二中、三中、四中全会精神,按照党中央、国务院的决策部署和新修订的预算法有关规定,围绕建立现代财政制度,以推进地区间基本公共服务均等化为主要目标,以一般性转移支付为主体,完善一般性转移支付增长机制,清理、整合、规范专项转移支付,严肃财经纪律,加强转移支付管理,充分发挥中央和地方两个积极性,促进经济社会持续健康发展②。

(二) 基本原则

1. 加强顶层设计,做好分步实施

坚持问题导向,借鉴国际经验,注重顶层设计,使转移支付制度与事权和支出责任划分相衔接,增强改革的整体性和系统性;同时充分考虑实际情况,逐步推进转移支付制度改革,先行解决紧迫问题和有关方面认识比较一致的问题。

2. 合理划分事权,明确支出责任

合理划分中央事权、中央地方共同事权和地方事权,强化中央在国防、外交、国家安全、全国统一市场等领域的职责,强化省级政府统筹推进区域内基本公共服务均等化的职责,建立事权与支出责任相适应的制度。

3. 清理整合规范,增强统筹能力

在完善一般性转移支付制度的同时,着力清理、整合、规范专项转移支

---

①② 《国务院关于改革和完善中央对地方转移支付制度的意见》,http://www.gov.cn/zhengce/content/2015-02/02/content_9445.htm。

付，严格控制专项转移支付项目和资金规模，增强地方财政的统筹能力。

4. 以市场调节为主，促进公平竞争

妥善处理政府与市场的关系，使市场在资源配置中起决定性作用，逐步减少竞争性领域投入专项，市场竞争机制能够有效调节的事项原则上不得新设专项转移支付，维护公平竞争的市场环境。

5. 规范资金管理，提高资金效率

既要严格转移支付资金管理，规范分配使用，加强指导和监督，做到公平、公开、公正；又要加快资金拨付，避免大量结转结余，注重提高资金使用效率。

三、改革和完善中央对地方财政转移支付制度的政策思路

（一）优化转移支付结构

合理划分中央和地方事权与支出责任，逐步推进转移支付制度改革，形成以均衡地区间基本财力、由地方政府统筹安排使用的一般性转移支付为主体，一般性转移支付和专项转移支付相结合的转移支付制度[①]。属于中央事权的，由中央全额承担支出责任，原则上应通过中央本级支出安排，由中央直接实施；随着中央委托事权和支出责任的上收，应提高中央直接履行事权安排支出的比重，相应减少委托地方实施的专项转移支付。属于中央地方共同事权的，由中央和地方共同分担支出责任，中央分担部分通过专项转移支付委托地方实施。属于地方事权的，由地方承担支出责任，中央主要通过一般性转移支付给予支持，少量的引导类、救济类、应急类事务通过专项转移支付予以支持，以实现特定政策目标。

---

① 《国务院关于改革和完善中央对地方转移支付制度的意见》，http://www.gov.cn/zhengce/content/2015 - 02/02/content_9445.htm。

（二）完善一般性转移支付制度

1. 清理整合一般性转移支付

逐步将一般性转移支付中属于中央委托事权或中央地方共同事权的项目转列专项转移支付，属于地方事权的项目归并到均衡性转移支付，建立以均衡性转移支付为主体、以老少边穷地区转移支付为补充并辅以少量体制结算补助的一般性转移支付体系。

2. 建立一般性转移支付稳定增长机制

增加一般性转移支付规模和比例，逐步将一般性转移支付占比提高到60%以上[①]。改变均衡性转移支付与所得税增量挂钩的方式，确保均衡性转移支付增幅高于转移支付的总体增幅。大幅度增加对老少边穷地区的转移支付。中央出台增支政策形成的地方财力缺口，原则上通过一般性转移支付调节。

3. 加强一般性转移支付管理

一般性转移支付按照国务院规定的基本标准和计算方法编制。科学设置均衡性转移支付测算因素、权重，充分考虑老少边穷地区底子薄、发展慢的特殊情况，真实反映各地的支出成本差异，建立财政转移支付同农业转移人口市民化挂钩机制，促进地区间基本公共服务均等化。规范老少边穷地区转移支付分配，促进区域协调发展。建立激励约束机制，采取适当奖惩等方式，引导地方将一般性转移支付资金投入到民生等中央确定的重点领域。

（三）从严控制专项转移支付

1. 清理整合专项转移支付

清理整合要充分考虑公共服务提供的有效性、受益范围的外部性、信息获取的及时性和便利性，以及地方自主性、积极性等因素。取消专项转移支付中政策到期、政策调整、绩效低下等已无必要继续实施的项目。属于中央

[①]《国务院关于改革和完善中央对地方转移支付制度的意见》，http://www.gov.cn/zhengce/content/2015-02/02/content_9445.htm。

委托事权的项目，可由中央直接实施的，原则上调整列入中央本级支出。属于地方事权的项目，划入一般性转移支付。确需保留的中央地方共同事权项目，以及少量的中央委托事权项目及引导类、救济类、应急类项目，要建立健全定期评估和退出机制，对其中目标接近、资金投入方向雷同、资金管理方式相近的项目予以整合，严格控制同一方向或领域的专项数量。

2. 逐步改变以收定支专项管理办法

结合税费制度改革，完善相关法律法规，逐步取消城市维护建设税、排污费、探矿权和采矿权价款、矿产资源补偿费等专款专用的规定，统筹安排这些领域的经费。

3. 严格控制新设专项

专项转移支付项目应当依据法律、行政法规和国务院的规定设立。新设立的专项应有明确的政策依据、政策目标、资金需求、资金用途、主管部门和职责分工。

4. 规范专项资金管理办法

做到每一个专项转移支付都有且只有一个资金管理办法。对一个专项有多个资金管理办法的，要进行整合归并，不得变相增设专项。资金管理办法要明确政策目标、部门职责分工、资金补助对象、资金使用范围、资金分配办法等内容，逐步达到分配主体统一、分配办法一致、申报审批程序唯一等要求。需要发布项目申报指南的，应在资金管理办法中进行明确。补助对象应按照政策目标设定，并按政府机构、事业单位、个人、企业等进行分类，便于监督检查和绩效评价。

（四）规范专项转移支付分配和使用

1. 规范资金分配

专项转移支付应当分地区、分项目编制。严格资金分配主体，明确部门职责，社会团体、行业协会、企事业单位等非行政机关不得负责资金分配。专项转移支付可以采取项目法或因素法进行分配。对用于国家重大工程、跨地区跨流域的投资项目以及外部性强的重点项目，主要采取项目法分配，实施项目库管理，明确项目申报主体、申报范围和申报条件，规范项目申报流程，发挥专业组织和专家的作用，完善监督制衡机制。对具有地域管理信息优势的项目，主要采取因素法分配，选取客观因素，确定合理权重，按照科学规范的分配公式切块下达省级财政，并指导其制定资金管理办法实施细则，按规定层层分解下达到补助对象，做到既要调动地方积极性，又要保证项目顺利实施。对关系群众切身利益的专项，可改变行政性分配方式，逐步推动建立政府引导、社会组织评价、群众参与的分配机制。

2. 取消地方资金配套要求

除按照国务院规定应当由中央和地方共同承担的事项外，中央在安排专项转移支付时，不得要求地方政府承担配套资金。由中央和地方共同承担的事项，要依据公益性、外部性等因素明确分担标准或比例。在此基础上，根据各地财政状况，同一专项对不同地区可采取有区别的分担比例，但不同专项对同一地区的分担比例应逐步统一规范。

3. 严格资金使用

除中央委托事项外，专项转移支付一律不得用于财政补助单位人员经费和运转经费，以及楼堂馆所等国务院明令禁止的相关项目建设。加强对专项资金分配使用的全过程监控和检查力度，建立健全信息反馈、责任追究和奖惩机制，重点解决资金管理"最后一公里"问题。

（五）逐步取消竞争性领域专项转移支付

1. 取消部分竞争性领域专项

凡属"小、散、乱"，效用不明显以及市场竞争机制能够有效调节的专项应坚决取消；对因价格改革、宏观调控等而配套出台的竞争性领域专项，应明确执行期限，并在后期逐步退出，到期取消。

2. 研究用税收优惠政策替代部分竞争性领域专项

加强竞争性领域专项与税收优惠政策的协调，可以通过税收优惠政策取得类似或更好政策效果的，应尽量采用税收优惠政策，相应取消竞争性领域专项。税收优惠政策应由专门税收法律法规或国务院规定。

3. 探索实行基金管理等市场化运作模式

对保留的具有一定外部性的竞争性领域专项，应控制资金规模，突出保障重点，逐步改变行政性分配方式，主要采取基金管理等市场化运作模式，逐步与金融资本相结合，发挥撬动社会资本的杠杆作用。基金可以采取中央直接设立的方式，也可以采取中央安排专项转移支付支持地方设立的方式；可以新设基金，也可以扶持已有的对市场有重大影响的基金。基金主要采取创业投资引导基金、产业投资基金等模式。基金设立应报经同级人民政府批准，应有章程、目标、期限及指定投资领域，委托市场化运作的专业团队管理，重在引导、培育和发展市场，鼓励创新创业。基金应设定规模上限，达到上限时，根据政策评估决定是否进一步增资。少数不适合实行基金管理模式的，也应在事前明确补助机制的前提下，事中或事后采取贴息、先建后补、以奖代补、保险保费补贴、担保补贴等补助方式，防止出现补助机制模糊、难以落实或套取补助资金等问题。

（六）强化转移支付预算管理

1. 及时下达预算

加强与地方预算管理的衔接，中央应当将对地方的转移支付预计数提前下达地方，地方应当将其编入本级预算。除据实结算等特殊项目可以分期下达预算或者先预付后结算外，中央对地方一般性转移支付在全国人大批准预算后 30 日内下达，专项转移支付在 90 日内下达。省级政府接到中央转移支付后，应在 30 日内正式下达到本行政区域县级以上各级政府。中央下达的财政转移支付必须纳入地方政府预算管理，按规定向同级人大或其常委会报告。

2. 推进信息公开

中央对地方转移支付预算安排及执行情况在全国人大批准后 20 日内由财政部向社会公开，并对重要事项作出说明。主动向社会公开一般性转移支付和专项转移支付的具体项目、规模、管理办法和分配结果等。

3. 做好绩效评价

完善转移支付绩效评价制度，科学设置绩效评价机制，合理确定绩效目标，有效开展绩效评价，提高绩效评价结果的可信度，并将绩效评价结果同预算安排有机结合。逐步创造条件向社会公开绩效评价结果。

4. 加强政府性基金预算和一般公共预算的统筹力度

政府性基金预算安排支出的项目，一般公共预算可不再安排或减少安排。政府性基金预算和一般公共预算同时安排的专项转移支付，在具体管理中应作为一个专项，制定统一的资金管理办法，实行统一的资金分配方式。

5. 将一般性转移支付纳入重点支出统计范围

大幅度增加一般性转移支付后，中央财政对相关重点领域的直接投入相应减少。由于中央对地方税收返还和转移支付最终形成地方财政支出，为满足统计需要，可将其按地方财政支出情况分解为对相关重点领域的投入。

（七）调整优化中央基建投资专项

在保持中央基建投资合理规模的基础上，划清中央基建投资专项和其他财政专项转移支付的边界，合理划定主管部门职责权限，优化中央基建投资专项支出结构。逐步退出竞争性领域投入，对确需保留的投资专项，调整优化安排方向，探索采取基金管理等市场化运作模式，规范投资安排管理；规范安排对地方基本公共服务领域的投资补助，逐步减少对地方的小、散投资补助；逐步加大属于中央事权的项目投资，主要用于国家重大工程、跨地区跨流域的投资项目以及外部性强的重点项目。

（八）完善省以下转移支付制度

省以下各级政府要比照中央对地方转移支付制度，改革和完善省以下转移支付制度。与省以下各级政府事权和支出责任划分相适应，优化各级政府转移支付结构。对上级政府下达的一般性转移支付，下级政府应采取有效措施，确保统筹用于相关重点支出；对上级政府下达的专项转移支付，下级政府可在不改变资金用途的基础上，发挥贴近基层的优势，结合本级安排的相关专项情况，加大整合力度，将支持方向相同、扶持领域相关的专项转移支付整合使用。

（九）加快转移支付立法和制度建设

为增强转移支付制度的规范性和权威性，为改革提供法律保障，需要加快转移支付立法，尽快研究制定转移支付条例，条件成熟时推动上升为法律。相关文件中涉及转移支付的规定，应当按照《国务院关于改革和完善中央对地方转移支付制度的意见》进行修改完善。

回顾与总结：财政转移支付制度是现代财政制度的重要内容，是政府管理的重要手段。在现代市场经济条件下，财政转移支付制度既是一种经济手段，又是一种政治手段，是中央财政进行宏观调控的重要工具。财政转移支付制度作为协调各级政府间财政分配关系的基本手段，在财政体制的运行中发挥着举足轻重的作用，而其制度设计以及成效取决于合理的政策目标组合。

财政转移支付制度的政策目标具体包括弥补纵向财政失衡，实现各级财政收支平衡；弥补横向财政缺口，推进基本公共服务均等化；矫正地方公共产品供给中的外溢性问题；增强国家凝聚力，实现社会政治目标。

1995年，中央对财力薄弱地区实施过渡期转移支付，作为分税制财政体制改革的配套措施。随后，财政部不断完善中央对地方的税收返还和转移支付制度，逐步形成了以税收返还和体制补助与上解、财力性转移支付和专项转移支付为主要形式的财政转移支付制度。

2009年，中央进一步规范财政转移支付制度，将中央对地方的转移支付简化为：税收返还、一般性转移支付和专项转移支付。一般性转移支付是指上级政府对有财力缺口的下级政府，按照规范的办法给予的补助。一般性转移支付不规定具体用途，由下级政府根据本地区实际情况统筹安排使用。专项转移支付是指上级政府为了实现特定的经济和社会发展目标，给予下级政府的资金补助，由下级政府按照上级政府规定的用途安排使用。专项转移支付主要根据党中央、国务院确定的政策，重点用于农林水、教育、医疗卫生、社会保障和就业、交通运输、节能环保等领域。1994年分税制改革时设置了增值税返还和消费税返还，2002年所得税分享改革时形成了所得税基数返还。2009年，形成了"成品油税费改革税收返还"和"地方上解"两种税收返还形式。

1994年分税制改革后，我国的财政转移支付制度不断完善，在推进基本公共服务均等化、保障和改善民生、推动经济社会发展方面发挥了重要作用。但随着社会经济形势的发展变化，我国的财政转移支付制度也暴露出一些亟待解决的问题，在制度设计、转移支付结构、资金分配、透明度等方面与建设现代财政制度的要求相比仍有差距。

针对财政转移支付制度存在的主要问题，需要从优化转移支付结构和分配方式、强化转移支付法治建设等方面对既有财政转移支付模式进行改革与完善。具体的政策措施包括优化转移支付结构，完善一般性转移支付制度，规范专项转移支付，强化转移支付预算管理，调整优化中央基建投资专项，完善省以下转移支付制度以及加快转移支付立法和制度建设。

参考文献

[1] 郭永芳:《网络模式视阈下的政府间财政关系》,《当代财经》,2009年第7期。

[2] 李万慧:《财政管理体制改革的现实因应:自治模式抑或命令模式》,《改革》,2012年第5期。

[3] 寇明风:《政府间事权与支出责任划分研究述评》,《地方财政研究》,2015年第5期。

[4] 于树一:《对财政体制"事权与支出责任相适应"原则的几点思考》,《财政监督》,2014年第14期。

[5] 李俊生、乔宝云、刘乐峥:《明晰政府间事权划分构建现代化政府治理体系》,《中央财经大学学报》,2014年第3期。

[6] 徐阳光:《论建立事权与支出责任相适应的法律制度——理论基础与立法路径》,《清华法学》,2014年第5期。

[7] 辛方坤:《财政分权、财政能力与地方政府公共服务供给》,《宏观经济研究》,2014年第4期。

[8] 吕冰洋:《现代政府间财政关系的构建》,《中国人民大学学报》,2014年第5期。

[9] 刘银喜:《财政联邦主义视角下的政府间关系》,《中国行政管理》,2008年第1期。

[10] 蔡春红:《完善财政转移支付制度的政策建议——兼论基本公共服

务均等化和主体功能区建设的关系》,《中国行政管理》,2008年第4期,第78~81页。

[11] 财政部财政科学研究所、吉林省财政厅联合课题组:《中国财政体制改革研究》,《经济研究参考》,2011年第50期,第2~22页。

[12] 陈金海:《关于财税体制改革的理论研究》,《经济研究参考》,2012年第22期,第73~79页。

[13] 陈弦:《以促进地方公共治理为目标推进房地产税制改革》,《经济体制改革》,2012年第2期,第123~126页。

[14] 陈娴、孙文基、林鹏生:《我国税权划分的现状、问题与对策》,《财政研究》,2011年第10期,第45~47页。

[15] 程黎、刘刚:《"十二五"时期环境税成为地方主体税种的可能性分析》,《宏观经济研究》,2013年第1期,第38~44页。

[16] 胡洪曙:《构建以财产税为主体的地方税体系研究》,《当代财经》,2011年第2期,第27~35页。

[17] 贾康:《中国财税改革30年——简要回顾与评述》,《财政研究》,2008年第10期,第2~20页。

[18] 贾康:《"十二五"时期中国的公共财政制度改革》,《财政研究》,2011年第7期,第2~13页。

[19] 贾康:《服务全局的财税体制改革与财税调控》,《广东商学院学报》,2012年第4期,第4~13页。

[20] 贾康:《中国财政体制改革之后的分权问题》,《改革》,2013年第2期,第5~10页。

[21] 贾康、刘微:《"土地财政":分析及出路——在深化财税改革中构建合理、规范、可持续的地方"土地生财"机制》,《财政研究》,2012年第1期,第2~9页。

[22] 李华、任龙洋:《中国省级税制结构优化——效率与公平的双重红利》,《财贸经济》,2012年第10期,第34~40页。

［23］李升：《地方税体系：理论依据、现状分析、完善思路》，《财贸经济》，2012年第6期，第36~42页。

［24］楼继伟：《中国政府间财政关系再思考》，中国财政经济出版社2013年版。

［25］孟春：《深化税制改革 增强经济发展后劲》，《中国经济时报》，2013年3月4日。

［26］倪红日、张亮：《基本公共服务均等化与财政管理体制改革研究》，《管理世界》，2012年第9期，第7~18页。

［27］欧文汉：《"十二五"时期我国经济形势及财政政策展望》，《中国财政》，2011年第2期，第20~24页。

［28］孙开：《省以下财政体制改革的深化与政策着力点》，《财贸经济》，2011年第9期，第5~10页。

［29］王恩奉：《财力能否绕过财权直接与事权匹配值得商榷》，《财政研究》，2010年第6期，第53~55页。

［30］王韬：《中国地方税体系存在的问题及完善构想》，《经济与管理》，2011年第3期，第63~66页。

［31］王振宇、于晓骁：《新时期我国财政改革的几个问题》，《财政研究》，2012年第3期，第40~44页。

［32］余梦秋、郑巧一：《基于分权视域的省管县改革框架构建》，《求索》，2012年第4期，第57~59页。

［33］苑新丽、孙晶映：《推进主体功能区建设的财政政策取向》，《地方财政研究》，2012年第10期，第49~55页。

［34］赵桂芝：《完善财政转移支付制度推进主体功能区建设》，《中国财政》，2011年第4期，第48~49页。

［35］郑贤操：《基本公共服务均等化视角下的财政体制改革》，《南方日报》，2011年2月1日。

［36］中国社会科学院财政与贸易经济研究所课题组：《"十二五"时期

的财政体制改革》,《经济研究参考》,2011年第4期,第16~42页。

[37] 朱青:《从国际比较视角看我国的分税制改革》,《财贸经济》,2010年第3期,第34~38页。

[38] Christine I. allich, Fiscal Decentralization Intergovernmental Relations in Russia, *Studies of Economies in Transformation*, December 1992.

[39] William Dillinger, Intergovernmental Fiscal Relations in the New EU Member States, *World Bank Working Paper* No. 111.

[40] 财政部预算司:《外国财政管理与改革》,经济科学出版社2003年版。

[41] 财政部预算司:《预算管理国际经验透视》,中国财政经济出版社2003年版。

[42] 高培勇、杨志勇:《世界主要国家财税体制:比较与借鉴》,中国财政经济出版社2010年版。

[43] 郭小东:《新比较财政学》,广东科技出版社2009年版。

[44] 匡小平:《外国财政制度》,中国财政经济出版社2011年版。

[45] 刘明慧:《外国财政制度》,东北财经大学出版社2012年版。

[46] 楼继伟、张少春、王保安:《深化财税体制改革》,人民出版社2015年版。

[47] 楼继伟:《中国政府间财政关系再思考》,中国财政经济出版社2013年版。

[48] 骆祖春:《政府间财政关系改革的国际经验对中国的启示》,《经济研究参考》,2014年第60期。

[49] 骆祖春:《政府间财政关系改革的经验——基于发达国家改革案例研究》,《国际经济评论》,2014年第4期。

[50] 沙安文、乔宝云:《政府间财政关系国际经验评述》,人民出版社2005年版。

[51] 沙安文、沈春丽:《财政联邦制与财政管理》,中信出版社2005

年版。

[52] 孙开：《各级政府间财政关系的国际研讨与经验借鉴》，《经济学动态》，1994年第12期。

[53] 孙开：《日本各级政府间的财政关系及启示》，《日本经济》，1996年第2期。

[54] 孙开：《政府间财政关系研究》，东北财经大学出版社1994年版。

[55] 谭融、罗湘衡：《论德国的政府间财政关系》，《南开学报》，2007年第5期。

[56] 童伟：《俄罗斯政府间财政关系的改革及对我国的启示》，《中央财经大学学报》，2003年第11期。

[57] 王德祥：《现代外国财政制度》，武汉大学出版社2005年版。

[58] 王军：《中外专家谈公共财政管理》，中国财政经济出版社2006年版。

[59] 夏先德：《发达国家转移支付制度的经验启示》，《经济研究参考》，2014年第60期。

[60] 张青：《外国财政制度与管理》，中国财政经济出版社2007年版。

[61] 张中华、赵英：《俄罗斯各级政府间财政关系改革：进程、问题与启示》，《俄罗斯研究》，2005年第2期。

[62] 政府间财政关系课题组：《政府间财政关系比较研究》，中国财政经济出版社2004年版。

[63] 汪菁：《美国政府间关系的历史演变与"财政联邦制"问题的探讨》，《中共杭州市委党校学报》，2014年第5期。

[64] 张道庆：《美国与法国财政联邦主义比较》，《经济经纬》，2005年第3期。

[65] 国际司：《美国政府部分预算改革》，http：//www.of.gov.cn/mofhome/guojisi/pindaoliebiao/cjgj/201406/t20140627_1105399.html。

[66] 信维薇：《我国政府间财政转移支付研究》，山西大学，2010年。

[67] 尚可文：《政府间转移支付制度的比较研究与借鉴》，《新疆财经》，1998年第5期。

[68] 孙开：《中央对地方转移支付的国际比较与启示》，《税务与经济》，1995年第3期。

[69] 祝小芳：《加拿大财政均衡制度的特点分析》，《中国财经信息资料》，2005年第2期。

[70] 楼继伟：《财政改革发展若干重大问题研究》，经济科学出版社2014年版。

[71] 贾康：《从原则到现实：中央、地方事权与支出责任合理化中的立法思维》，《财会研究》，2014年第5期。

[72] 侯一麟：《政府职能、事权事责与财权财力：1978年以来我国财政体制改革中财权事权划分的理论分析》，《公共行政评论》，2009年第2期。

[73] 马海涛等：《我国中央和地方财力分配的合意性：基于"事权"与"事责"角度的分析》，《财政研究》，2013年第4期。

[74] 金太军：《科学制定国家治理体系现代化时间表》，《中国社会科学报》，2015年4月24日。

[75] 夏先德：《完善中央和地方财政关系的基本设想》，《国家行政学院学报》，2015年第4期。

[76] 马运瑞：《中国政府治理模式研究》，郑州大学出版社2007年版。

[77] 李俊生、乔宝云、刘乐峥：《明晰政府间事权划分构建现代化政府治理体系》，《中央财经大学学报》，2014年第3期。

[78] 张斌：《以财税改革提升国家治理能力》，《光明日报》，2013年11月26日。

[79] 高培勇：《中国财税体制改革30年研究——奔向公共化的中国财税改革》，经济管理出版社2008年版。

[80] 贾康：《财政的扁平化改革和政府间事权划分》，《中共中央党校学报》，2007年第12期。

［81］楼继伟：《中国政府间财政关系再思考》，中国财政经济出版社2013年版。

［82］楼继伟：《财政改革发展若干重大问题研究》，经济科学出版社2014年版。

［83］楼继伟：《深化财税体制改革》，人民出版社2015年版。

［84］李齐云：《建立健全与事权相匹配的财税体制研究》，中国财政经济出版社2013年版。

［85］谭建立：《中央与地方财政事权关系研究》，中国财政经济出版社2010年版。

［86］文政：《中央与地方事权划分》，中国经济出版社2008年版。

［87］Bird, R. M., Subnational Taxation in Developing Countries: A Review of the Literature. *Journal of International Commerce, Economics and Policy*, Vol. 2, No. 1, 2011, pp. 139–161.

［88］Bird, R. M. and F. Vaillancourt, *Fiscal Decentralization in Developing Countries*. New York: Cambridge University Press, 1998.

［89］Bird, R. M., J. M. Mintz and T. A. Wilson, Coordinating Federal and Provincial Sales Taxes: Lessons from the Canadian Experience. *National Tax Journal*, Vol. 49, No. 4, 2006, pp. 889–903.

［90］Martinez-vazquez, J., Revenue Assignments in Practice of Fiscal Decentralization. In N. Bosch and J. Duran (eds.), *Fiscal Federalism and Political Decentralization: Lessons from Spain, Germany and Canada*, Northampton: Edward Elgar, 2008, pp. 27–55.

［91］Musgrave, R. A., *The Theory of Public Finance*. New York: McGraw-Hill, 1959.

［92］Rodden, J. A., G. S. Eskeland and J. Litvack, *Fiscal Decentralization and the Challenge of Hard Budget Constraints*. Cambridge, MA: MIT Press, 2003.

［93］肖捷：《论中央与地方财政关系》，中国财政科学研究院，1995年。

［94］谷成、曲红宝：《个人住房财产税征收要件与中国房地产税改革》，《财经问题研究》，2015 年第 10 期。

［95］谷成：《财产课税与地方财政——一个以税收归宿为视角的解释》，《经济社会体制比较》，2005 年第 5 期。

［96］谷成：《房产税改革再思考》，《财经问题研究》，2011 年第 4 期。

［97］庞凤喜：《开征物业税是开启我国社会变革的一个窗口》，《税务研究》，2009 年第 10 期。

［98］王智波：《物业税可行吗？一个否定的判定》，《税务研究》，2008 年第 4 期。

［99］吴俊培：《论我国的财产税》，《涉外税务》，2003 年第 7 期。

［100］夏先德：《完善中央和地方财政关系的基本设想》，《国家行政学院学报》，2015 年第 8 期。

［101］杨斌：《关于房地产税费改革方向和地方财政收入模式的论辩》，《税务研究》，2007 年第 3 期。

［102］杨志勇：《分税制改革中的中央和地方事权划分研究》，《经济社会体制比较》，2015 年第 2 期。

［103］周天勇：《卖地财政的危害及改革措施》，《当代社科视野》，2008 年第 3 期。

［104］白景明：《进一步理顺政府间收入划分需要破解三大难题》，《税务研究》，2015 年第 4 期。

［105］财政部预算司：《财政部有关负责人就推进中央与地方财政事权和支出责任划分改革答记者问》，财政部官网，http://yss.mof.gov.cn/zhengwuxinxi/gongzuodongtai/201608/t20160825_2403502.html，2016 年 8 月 25 日。

［106］许宏才：《贯彻落实党的十八大精神，加快推进财政体制改革》，财政部官网，http://jgdw.mof.gov.cn/xxyd/201302/t20130220_734014.html，2013 年 2 月 20 日。

［107］［美］罗宾·鲍德威、沙安文：《政府间财政转移支付：理论与实

践》，中国财政经济出版社 2011 年版。

[108] 李万慧：《中国财政转移支付制度优化研究》，中国社会科学出版社 2011 年版。

[109]《国务院关于改革和完善中央对地方转移支付制度的意见》，人民出版社 2015 年版。

[110] 董艳梅：《中央转移支付与欠发达地区财政的关系》，社会科学文献出版社 2014 年版。

[111] 李杰刚：《基本公共服务视角下的转移支付制度重构研究》，中国财政经济出版社 2014 年版。

[112] 陈旭佳：《中国均等化财政转移支付制度研究》，中国社会科学出版社 2014 年版。

[113] 张侠、刘小川：《完善我国财政转移支付制度研究——基于公共服务均等化的视角》，《现代管理科学》，2015 年第 2 期。

[114] 赵云旗：《我国财政转移支付总体结构优化研究》，《经济研究参考》，2013 年第 67 期。

[115] 谢宗博：《构建统一规范的财政转移支付制度》，《中国财政》，2014 年第 1 期。

[116] 李奕宏：《完善政府间转移支付制度》，《宏观经济管理》，2015 年第 5 期。

[117] 夏先德：《重构我国财政转移支付制度的路径思考》，《中国财政》，2014 年第 15 期。

[118] 李新民：《完善转移支付均等化的政策建议》，《经济研究参考》，2015 年第 6 期。

后　　记

　　为推进现代财政制度的建立，进一步提高财政干部的业务素质，经财政部领导批准，我们立项开发了我国现代财政制度系列教材课题，包括一个总课题和六个子课题，由中央财经大学牵头，联合其他五所部省共建院校共同研究，财政部有关司局也参与了研究。本书是在东北财经大学孙开教授主持的子课题之三《现代政府间财政关系研究》的基础上编写而成。

　　现代财政制度的核心内容是由现代预算制度、现代税收制度以及现代政府间财政关系构成的。现代政府间财政关系是由政府间事权和支出责任安排、政府间财权和收入划分以及财政转移支付制度三个部分构成的有机整体。本书基于现代财政制度的基本内涵，重点阐释了事权和支出责任、财权与财力问题提出的背景和基本涵义，梳理了分税制改革以来政府间财政关系的发展与演变进程，分析了联邦制和单一制典型国家政府间财政关系的经验及启示，在此基础上提出建立事权和支出责任相适应的财政体制、政府间收入划分与财力配置以及财政转移支付制度优化与财力配置的改革思路。本书既有对分税制改革以来我国政府间财政关系演变的分析，也有对党的十八届三中全会以来政府间财政关系改革的深入探讨。《现代政府间财政关系研究》一书借鉴了国内外诸多理论界和实务界专家、学者的研究成果，力图探索我国现代财政制度下政府间财政关系构建的制度框架与实现路径，使本研究成果既有一定的理论前沿性，又有一定的实践操作性，同时具备较强的科学性和规范性；使之不仅适用于财政干部培训的基本要求，同时又适合于财政教学、研究人

后　记

员及广大财经爱好者了解和掌握新一轮财政体制改革的阅读需求。

本书由东北财经大学财政税务学院孙开教授教授主持，孙开教授、崔惠玉教授负责全书的总纂和统稿。各章的写作分工如下：第一章，孙克竞副教授；第二章，孙开教授；第三章，田丹博士；第四章，周波教授；第五章，崔惠玉教授；第六章，谷成教授；第七章，彭健副教授。

在课题研究和书稿写作过程中，财政部预算司积极参与了课题研究和书稿审核；中央财经大学马海涛教授对本书进行了审阅；中国财经出版传媒集团经济科学出版社在本书的出版编辑过程中给予了大力帮助。在此，对参与课题研究、书稿写作、审核和编辑出版的各个单位和各位专家表示衷心感谢。

目前，财税体制改革正处于攻坚克难的关键时期，现代财政制度的构建也在不断实践和推进之中，加之我们的理解和研究水平所限，书稿中的疏漏和不足之处在所难免，欢迎读者予以批评指正，以便再版时修正。